国家社科基金后期资助项目
出版说明

后期资助项目是国家社科基金设立的一类重要项目,旨在鼓励广大社科研究者潜心治学,支持基础研究多出优秀成果。它是经过严格评审,从接近完成的科研成果中遴选立项的。为扩大后期资助项目的影响,更好地推动学术发展,促进成果转化,全国哲学社会科学工作办公室按照"统一设计、统一标识、统一版式、形成系列"的总体要求,组织出版国家社科基金后期资助项目成果。

全国哲学社会科学工作办公室

国家社科基金
后期资助项目
GUOJIA SHEKE JIJIN HOUQI ZIZHU XIANGMU

产权界定的社会逻辑

中国国企产权变革进程的社会学分析

The Social Logic of Property Rights Definition

王庆明　著

上海三联书店

序 一

　　王庆明教授在吉林大学获得社会学博士学位,2012 年他到中国社会科学院社会学所从事博士后研究,我是他的合作导师。现在他已经是南开大学社会学院的教授,并成为"青年长江学者"。由于他具有长期在东北学习、工作和生活的经历,也因为对 20 世纪 90 年代产生巨大社会影响的东北国有企业体制改革有浓厚兴趣,所以他的研究一直聚焦于东北国有企业的改革和发展问题,特别是国有企业的产权问题。

　　产权问题本是经济学研究的一个核心问题,社会学在这方面的介入非常谨慎。经济学的产权理论强调产权归属明晰化的效率意义,但也有越来越多的研究表明,产权问题不能简单地从经济和法律的方面来理解,它也受所嵌入的社会、历史、制度和文化的影响。我国社会学较早就从农村股份合作制的研究中体悟到这个问题,并提炼出"关系产权""产权连续谱"等概念。

　　在国有企业产权研究方面,庆明的研究方法展现了其独特的优势,他非常舍得下大力气研究国有企业的发展历史,收集了大量国有企业的史料,也非常舍得花时间进行深入的国有企业改革的田野调查,包括口述史调查。在他从事博士后研究期间,我与他讨论最多的,就是如何从这些丰富的经验材料中提炼出一个理论的分析思路。

　　所以看到他的这本新作《产权界定的社会逻辑》,我虽然惊喜,但并不惊讶。这项国家社科基金后期资助的成果,也是他对国有企业产权问题长期研究和思考的一个阶段性总结。该书通过对东北老工业基地一家大型国企及其内部厂办大集体的长期跟踪调查发现:在国有企业产权变革的整体进程中,产权不单是一种市场性合约,还是一种社会性合约。国有企业运行的社会成本,企业组织及其员工的社会身份等级,国有企业嵌入的多重社会关系网络,国家、企业和职工三者对国企产权的社会认知等,都是影响产权实际界定的重要社会因素。

　　基于这些经验事实的分析,庆明从"产权界定"的维度出发,重新审视国有企业产权变革的整体进程,尝试从过程视角分析产权变革的独特机制。国企的产权界定涉及改革之前产权的初始界定、改革过程中变动的产权界定以及改革之后产权界定的重构。因为国企的产权是嵌入特定的关系结构之中的,不同阶段的产权界定都会涉及国家、企业和职工等多元行动主体的权利诉求。不同于一般的制度分析和组织分析,庆明主张从多元主体的社会互动和关系结构入手,强调"把人带回产权分析的中心",提出"产权界定的社会逻辑",走出了传统的产权经济学的理论框架,深化了产权社会学的理论探索。

中国的经济体制转轨和社会结构转型过程,也是产权关系不断变化的过程。无论是国有企业产权改革、乡镇企业的产权改制、农村集体经济的股份制或股份合作制改革,还是土地产权制度改革和农村土地所有权、承包权、经营权"三权分置"改革,抑或是当前的数据产权和内容生成的知识产权等问题,不同的产权界定都关涉到各种非经济因素。揭示产权界定的社会逻辑,涉及众多领域的改革和发展问题。近几年来,庆明也在尝试从社会学的视角研究数字产权问题,期待他在这个领域不断推出新的研究成果。

是为序。

李路路

2025 年 2 月 15 日于北京

序 二

看到庆明这部书稿,着实替他高兴。庆明 2005 年进入吉林大学读硕士,上课时他就对东北的单位制改革问题很感兴趣。硕士毕业后,他留在吉大读博士,继续关注国企产权改革问题。这本《产权界定的社会逻辑:中国国企产权变革进程的社会学分析》是他在这一领域深耕二十年的重要成果。该书聚焦东北老工业基地国企单位制组织产权变革的整体进程,将单位研究和产权研究两个领域融合起来,揭示了国企产权变革的社会机理,有重要的理论价值。在吸收制度分析和组织分析的基础上,该书把"单位人"引入产权分析之中,并从长时段视角考察"工人是企业主人"这一主人翁话语的认知基础与产权意涵。这深化了"典型单位制"的解释,不单提出单位制研究的新思路,对社会学的产权研究也有理论推进。

我曾将东北老工业基地视为一种"典型单位制"的社会组织形态,并尝试对其内在组织结构和运行机制进行分析。从新中国发展的历史进程看,东北是最早取得解放战争胜利和最早进入计划体制的地域,在东北诞生了中华人民共和国历史上第一批现代意义上的公营企业,这些企业构成了"典型单位制"的重要组织载体。在社会主义建设初期,特别是在"一五"计划期间,苏联对中国援助了 156 个重大工业项目,其中有 55 项落地东北,这使东北成为中国最具典型示范意义的工业基地,强化了其典型单位制的特征。在中国进行市场化改革并逐步退出单位体制的转型过程中,东北地区由于大型国有企业密集分布以及远离东南沿海开放区域等因素,使得"典型单位制"的特征得以延续并再度凸显。如果从产权分析的视角看,一方面,东北作为中国最早解放的地区,它最先实现了产权的政治性重构,最早建立了公有制为基础的经济组织和产权秩序;另一方面,东北也是单位制印记最明显,国企产权改革震荡最剧烈的地区。将单位研究与产权分析结合起来透视国企产权的整体进程,为我们理解单位制度变迁以及不同产权主体的行动策略提供了重要的参照。此外,本书除了分析大型国企这种典型单位制组织外,还关注到厂办大集体这种"非典型单位制"组织。在分析产权界定的社会机制时,本书在类型学意义上将厂办集体分析概括为"单位中的企业",拓展了单位研究的解释边界。

单位研究发端于 20 世纪五六十年代,我曾经在《"单位研究"70 年》一文中概括了单位研究的三个发展阶段:"共产主义中国社会"研究(1950—1980年)、"计划体制批判"时期的单位研究(1980 年—21 世纪初)和社会治理背景下的单位研究(21 世纪初至今),每一阶段都拥有特定的研究主题。显然,单位研究更多关注组织的非经济功能和权属特征,而产权研究则主要聚焦于企业的经济权属。诚如庆明书中所言:既往有关国有企业的产权分析范式与单位研究理路之间并没有实现有效对话,两种谱系下的研究分别偏嗜于企业的经济维度和社会、政治维度。从经验层面看,由于政治体制的连贯性,无论是在传统单位体制下,还是在市场化改革的进程中,国有企业都承载着经济、社会和政治等多种功能,国企的单位制特征并没有完全消失。由此,本书主张把产权分析,特别是产权分析的社会视角带回单位研究的中心,这为我们从学理上进一步认识国企产权改革提供了一个新的思路。

不同于传统产权研究注重企业所有权或股权结构的分析,本书强调,国企产权变革涉及企业所有权(股权)置换和职工身份置换的"双向进程"。单独把身份置换作为产权变革的重要议程,分析了产权界定的身份机制。在产权变革之前,单位职工的身份意味着终生就业权和福利分享权,改革中的身份置换是国家通过一定的经济补偿来"买断"这种身份权利的过程,也是国家、企业和职工三者关系的重构过程。本书指出,在产权变革的不同历史阶段,国家、企业和职工三者共享的社会认知以及产权话语是企业产权界定的重要机制。透过多元行动主体的社会认知以及社会互动,本书提出了产权界定的社会逻辑,这一分析进路对我们重新理解国有企业改革的历史过程以及新时期的混合所有制改革都有重要的启示。

长期以来,学术界对于单位制企业的理论想象是以科尔奈(János Kornai)的"父爱主义"和魏昂德(Andrew Walder)的"新传统主义"依赖结构为基础的。本书研究发现,当单位制企业出现亏损后并不是都能获得软预算约束的财政补贴。国家会根据企业单位的行政级别、所有制等级、组织规模和行业属性等身份特征对其有选择性地补贴扶持,国家与企业之间呈现为一种"等级化的父爱主义"关系。他还发现,国家对企业的"父爱主义"程度,还与依赖结构有关。职工、单位和国家三者之间的依赖性方位一定程度上决定了产权的排他性方位。在公有制企业产权界定过程中,国家、企业和职工呈现出"纵向下排他"的产权配置格局,即在国家、企业和职工构成的纵向等级序列中,向下排他容易,而向上排他困难,并由此形成一种独特的关系产权。本书在理论连接经验基础上提出的"等级化的父爱主义"以及依赖关系中"纵向下排他"的产权配置格局，是对科尔奈和魏昂德理论模型的重要推进，拓宽了单位研究和产权研究的理论视阈。

　　总之，庆明的此部学术专著是他在学术成长期扎根东北老工业基地社会，感应东北典型单位制改革变迁之作，其成果取得饱含着挑灯夜读的艰辛和田野调查的不易。在吉大读博期间，为了穷究产权理论的变动谱系，庆明找来大量与产权相关的中外文图书论文，躲在僻静的萃文楼中苦读。在东北地方文献和口述资料搜集方面，也下了大功夫，其探索用力之专注，在同龄学子中特别突出。当然，作为经济学、社会学等学科共同关注的研究领域，产权社会学学术话语体系的建立尚需进一步厘清理论思路，并与经济学等学科展开积极对话，同时也亟待建立起带有本土特色的社会学分析范式，其中的困难自不待言。期待庆明日后在这一领域持续探索，以取得更多的高质量研究成果。

田毅鹏

2025 年 2 月 10 日于吉林大学东荣大厦

目　　录

第一章 导　论

第一节　研究问题

产权结构的多元化和经济运作的市场化,是中国自 1978 年开启的经济体制改革的基本内涵。①中国改革开放的最初动机是要提高公有制经济的生产力,以便在社会主义体制框架内完善中央计划经济,由此形成了渐进市场化的改革路径。与一些西方理论家的预期相反,中国这种渐进市场化的改革过程带来了经济增长的奇迹。一些规范性理论似乎难以解释中央政府通过行政放权和财政分权等方式逐步调整产权关系助推市场经济发展的独特路径。②诚如新制度经济学创始人科斯(Ronald H. Coase)在纪念中国改革开放三十周年时所言:中国的社会经济体制改革,从始至今都没有想放弃社会主义而转向资本主义,改革的明确目标是"社会主义现代化"。与其他苏东转轨国家通过彻底的产权变革与社会主义公有制一刀两断不同,中国是在政治体制连贯性前提下,坚持公有制产权结构的基础上推进市场化改革的。③中国公有制与市场机制相容的社会事实,不单与现代产权经济学的理论假定不同,与转轨经济学和转型社会学的理论解释也有很大不同④,这种事实与理论之间的"悖论"是本书问题意识的起点。

长期以来,产权研究一度被视为经济学的专擅领域。自科斯 1937 年发表《企业的性质》一文以来,新制度经济学逐步将"交易成本"(transaction cost)概念引入产权分析之中,并力图建构一种有别于新古典经济学的"新企

---

① 孙立平.转型与断裂:改革以来中国社会结构的变迁[M].北京:清华大学出版社,2004:10.
② 倪志伟,欧索菲.自下而上的变革:中国的市场化转型[M].阎海峰,尤树洋,译.北京:北京大学出版社,2016:1 - 2.
③ 罗纳德·H.科斯,王宁.变革中国:市场经济的中国之路[M].徐尧,李哲民,译.北京:中信出版社,2013:205 - 207.
④ 雅诺什·科尔奈.思想的力量:智识之旅的非常规自传[M].安佳,张涵,译.上海:上海人民出版社,2013:290 - 291.

业理论"①。新古典经济学从技术角度理解生产性组织,强调企业是通过投入、产出的技术组合实现利润目标的"黑箱"。在这个意义上,企业是没有结构的,只是生产的函数。科斯以降,经济学家开始关注生产性组织的内部安排和制度结构及其对经济体系运行的影响。与既往经济学者一味强调市场定价机制是最优的资源配置方式不同,科斯发现利用价格机制是有成本的。定价过程所需的谈判、签约、监督、纠纷化解等费用,科斯统称为"交易成本"。企业存在的重要意义就在于避免或减少在市场上依托定价系统进行交易所花费的成本,企业构成替代市场定价机制的另一种配置资源的形式。②交易成本概念"区分了在企业内部与通过市场配置资源的差异,比较了在企业内部组织交易与借助市场交易手段的成本差异"③。科斯开创的交易成本分析范式将"企业"视为一个或一组市场性合约。然而社会主义体制下的公有制企业并不是科斯意义上的"企业",它并非以市场性合约为基础。

在改革前的计划经济体制下,公有制企业也要投入各种生产要素,只不过对生产要素的利用不是所有者基于合约框架下的让渡,而是一切资源归公后的行政指令性调配。由此经济学家周其仁强调,公有制企业的基本特征不是"产权虚置"而是"非市场合约性"。④改革开放以来,公有制企业产权变革以市场化手段推进,但在政治体制延续性的前提下,企业的"非市场合约性"特征依然存在,社会学者开创的"产权的社会视角"将这一研究向前推进一步。⑤这一视角强调企业是嵌入社会关系之中的,企业的产权形态是适应制度环境的结果。较之科斯意义上的"市场性合约",社会学者观照的企业是一

---

① COASE R.The Nature of the Firm[J]. Economica,1937,4(16):386－405；DEMSETZ H.Toward a Theory of Property Rights Ⅱ:The Competition between Private and Collective Ownership[J]. Journal of Legal Studies,2002,31(S2):S653－S672.

② 罗纳德·H.科斯.论经济学和经济学家[M].罗君丽,茹玉璁,译.金祥荣,审校.上海:格致出版社、上海人民出版社,2010:3－9.

③ 罗纳德·H.科斯.企业的性质:起源[G]//奥利弗·E.威廉姆森,西德尼·G.温特.企业的性质——起源、演变和发展.姚海鑫,邢源源,译.北京:商务印书馆,2008:43.

④ 周其仁.产权与制度变迁[M].北京:社会科学文献出版社,2004:179.

⑤ "产权的社会视角"是对社会学产权研究的一种概括性表达,2005年《社会学研究》陆续刊发多篇产权社会学的论文,2006年《中国社会学》第五卷精选五篇代表性论文集中转载刊出。曹正汉和渠敬东后来针对这些文献分别从博弈论和总体性解释框架的视角进行了分析性评述,将"产权的社会视角"提升为社会学者研究产权的一种独特范式。后续很多研究者在此范式的引导下从不同角度出发,如刘世定提出的"组织权"、周雪光提出的"控制权"、折晓叶提出的"追索权"、曹正汉提出的"弱者的产权"、王庆明提出的"身份产权"等,这些研究深化并拓展了产权的社会视角,本书中产权界定的社会逻辑的分析框架亦是在这一研究谱系下的一种努力。

种"社会性合约"①。产权的社会视角为新时期国有企业改革以及相关研究提供了重要的理论参照。

在改革开放历经四十余年后的今天,产权结构的多元化以及经济运作的市场化已然成为当下中国社会的基本事实以及社会经济体制特征的重要表现。然而,对于中国产权变革的整体进程而言,似乎很难用一个统一的产权概念来解释,诚如马克思所言:"在每个历史时代中所有权是以各种不同的方式、在完全不同的社会关系下面发展起来的。"②在中国市场转型进程中,对社会关系结构的洞察是理解产权形态及其演变过程的前提。国有企业作为经典社会主义体制下最重要的产权形式③,其产权是嵌入特定的关系结构之中的,国家与企业、企业与企业以及企业与员工的多重关系是理解国企产权界定的基础。在改革进程中,在同一体制下,甚至在同一企业组织框架内,国有产权、集体产权、个体产权等多重产权结构的并存互融构成了中国产权实践的重要样态。中国这种多元复合的产权形态以及产权界定的社会逻辑与既有产权理论的规范性认知之间存在很大张力。

中国自 20 世纪 50 年代社会主义改造实现了产权的政治性重构之后④,在传统计划经济体制下,无论是全民所有制还是劳动群众集体所有制,公有产权都仅仅是理解社会主义中国的一个基本前提,并不构成"问题"。1978 年改革开放以来,伴随着中国市场秩序的逐步确立,产权"问题"逐渐凸显。然而,中国市场秩序形成过程中,国企产权变革的进路不是简单地从"公"到"私"。实践中,从公有产权到私有产权结构的转变往往构成一种"连续谱",而不是对立的两个类别。⑤在持续变迁过程中,无论是放权让利、抓大放小、主辅分离,还是股权多元和混合所有制改革,都试图寻求市场转型实践和产权适用性的最佳契合点。鉴于此,本书关注的一个重要问题是:在四十余年的改革进程中,作为社会主义最重要产权形式的国有企业,其整体性的产权变革进路为何? 不同历史阶段产权界定又遵循怎样的逻辑? 中国国有企业产权变革进路及其界定的独特逻辑的分析,能为我们反思以苏东国家为经验基础的转型理论提供哪些重要启示?

① 折晓叶,陈婴婴.产权怎样界定——一份集体产权私化的社会文本[J].社会学研究,2005(4):1-43.
② 马克思,恩格斯.马克思恩格斯选集:第 1 卷[M].北京:人民出版社,2012:258.
③ 雅诺什·科尔奈.社会主义体制——共产主义政治经济学[M].张安,译.北京:中央编译出版社,2008:65.
④ 桂勇.私有产权的社会基础——城市企业产权的政治重构(1949—1956)[M].上海:立信会计出版社,2006:3.
⑤ 李培林.村落的终结:羊城村的故事[M].北京:商务印书馆,2004:61.

　　中国与苏东前社会主义国家产权制度变革最根本的不同在于,中国是在政治体制的延续下进行的变革,而苏东地区是彻底抛弃此前社会主义体制后完全市场化和私有化的改革。从产权变革的动力机制上看,中国产权变革的动力机制不是一元的市场机制,其初始动力表现为传统体制(单位体制)松动后的"放权让利"过程。市场作为外部化的环境压力以及配置资源方式,它加速了产权变革进程。在改革历经四十余年后的今天,一些研究者着眼于当下中国市场经济的制度环境,强调中国改革初期产权变革的市场化取向。如果我们回到改革之初的政治环境来思考当时的制度选择,会不难发现,通过调整产权关系来"提高社会主义生产力"似乎是改革的第一目标。①中国社会结构转型与制度体系变迁过程中的"产权关系"是异常独特和复杂的。中国这种独特而复杂的产权关系变革进程作为一个"试验场",对社会科学尤其是经济学和社会学的既有理论提出了重要的挑战。

　　首先,现代产权经济学强调,产权的清晰是效率的前提,充分的市场条件是界定初始产权的基础。而中国市场转型过程中逐步推进的产权关系变革恰恰是在不完全的市场制度条件下不断演化的。由此,本书关注的首要问题是:在市场条件不充分的前提下,产权界定的具体机制为何? 在市场秩序形成过程中的产权变革又遵循何种逻辑?

　　其次,中国国企产权变革历经四十余年,伴随着市场化改革的逐步深入,与传统计划体制相嵌合的完全公有的产权结构正逐步解体,但中国转型过程中逐渐演化的产权结构又不是完全私有的产权形态,而是多元产权并存的"连续谱"。传统单位体制下的再分配机制仍然在诸多行业部门发挥着重要作用,尤其是国家垄断的,关系国民经济命脉、涉及重大战略安全和资源安全的国有企业。②由此,在中国市场秩序形成过程中的产权形态呈现出公有产权和制度化的私有产权相互嵌合的一种关系格局。更重要的是,在中国社会主义市场经济体系下,即保持政治制度连贯性和市场化改革逐渐深化的双重前提下,这种不完全产权变革的体制二元的产权结构就不能简单理解为一种过渡形态。中国这种真实的复合产权形态与产权

---

① 倪志伟,欧索菲.自下而上的变革:中国的市场化转型[M].阎海峰,尤树洋,译.北京:北京大学出版社,2016:1-2.

② 根据天则经济研究所 2011 年公布的一项研究显示,"2001 年至 2009 年国有及国有控股工业企业累计获得利润总额为 58 462 亿元,2009 年的账面利润总额比 2001 年增长了 3.89 倍;累计获得净利润为 40 517 亿元,2009 年的账面净利润比 2001 年增长了 4.37 倍"。通过这些数据不难看出,公有产权结构的企业组织在整个国民经济中仍然发挥着重要作用。参见:天则经济研究所.国有企业的性质、表现与改革(修订稿)[EB/OL].http://www.aisixiang.com/data/40395.html,2011-05-01。

经济学和转型社会学既有理论假定之间的张力是笔者思考问题的起点。由此,本书不得不面对的一个重要问题是,从理论上如何解释和分析这种不完全产权变革的内在机理?

再次,国企产权包括产权制度和产权观念两个重要范畴,作为"制度的产权"是指通过设置制度、确立法规、签订合同等方式,以期对人们的经济行为提供激励机制并确保资源分配与使用效率的一套规则;而作为"观念的产权"是指权利规则的制定者、实施者以及接受者等不同行动主体的权利意识、思想观念等构成的社会认知。前者关注的是制度设定的权利结构,而后者关注的是不同行动主体之间因社会互动而逐步形成的社会关系。由此,一个关键问题是:政府、企业和职工三者关于企业产权的社会认知是如何影响市场转型过程中国企产权界定的? 反过来,国企产权界定的不同机制又是如何形塑不同行动主体的价值观念与产权认知的?

最后,中国国企产权变革涉及企业所有权(股权)置换与职工身份置换的"双向进程",在这双向进程中,身份是国企产权界定以及权利转移的重要条件。无论是企业组织的身份性质还是企业职工的身份等级都对企业的资产归属以及产权界定有重要影响,那么,我们该如何理解产权界定的身份逻辑呢? 此外,每一个不同历史阶段国企产权变革都呈现出不同的机制和特征,如何用一个理论图示来解释中国产权制度变迁的整体进程以及在不同历史阶段产权变迁的多重机制及其交互作用呢?

以上述问题为指引,本书试图以东北老工业基地某大型国企北厂内部的两类产权变革案例为经验基础,通过对系统翔实的经验材料的考察分析,从历时性视角出发,在理论连接经验的基础上揭示产权界定的独特机制。

第二节　研　究　内　容

本书试图透过社会关系结构来理解国有企业的产权变革与产权界定,同时也想透过国企组织产权关系的变革来看社会关系的变化。秉持这种想法,本书聚焦中国国有企业改革的整体进程,以东北某大型国企产权变革实践为个案,在批判吸收产权经济学理论的基础上,将社会成本、社会身份等级、社会关系网络、社会认知等变量引入产权分析之中,进而提出"产权界定的社会逻辑"这一框架。通过对诸多事实的分析,本书试图向读者呈现的是:国有企业的产权形态是嵌入特定的制度环境和社会关系之中的,政府与企业、企业与企业以及企业与职工三种关系结构以及长期积淀形成的社会网络是国有企业获取资源的重要渠道,也是其产权界定的基础。在国企产权变革的不同历史阶段,国家、企业和职工三者共享的社会认知以及产权话语是企业产权界定的重要机制。基于此,本书还试图"把人带回产权分析的中心",分析单位职工的身份置换与企业组织的产权(股权)置换之间的关系,同时从长时段视角考察"工人是企业主人"这一主人翁话语的认知基础与产权意涵。具体而言,本书主要关注如下几个方面的内容。

(一)国有企业产权界定的社会逻辑

国有企业的产权是嵌入特定的社会环境和关系结构之中的。企业与企业、企业与政府、企业与职工三类关系结构以及长期积淀构成的社会关系网络构成产权界定的重要基础。正如前文所述国企产权变革涉及企业所有权(股权)置换和职工身份置换的"双向进程",国企产权是国家(政府)、企业和职工三者互构的结果,三者共享的社会认知是企业产权界定的重要机制。除了社会认知、社会关系网络之外,国有企业运行的社会成本以及国企职工的社会身份等级也是影响企业产权界定的重要变量。

(二)单位视域下的产权分析

单位研究是最具中国特色的组织研究之一,社会学者往往将国有企业视为一种典型的单位制组织。以往有关国企的产权分析范式与单位研究理路分别偏嗜于企业的经济维度和社会、政治维度,两种谱系下的研究没有实现视角融合,而国企单位是包含经济、政治和社会功能为一体的"总体性组织",基于此,本书主张把产权分析带回"单位研究"的中心。单位产权变革历经放权让利、政企分离、抓大放小和身份置换,但等级化的集体资产权和身份权结构仍没有完全转变。单位机制和市场机制共同构成配置资源的方式,在中国身份等级系统存续的改革进程中,身份机制是产权界定的重要维度。

(三)国有企业不完全产权变革进程中"产权连续谱"现象

在改革历经四十余年后的今天,高度总体性的国家体制和迅猛发展的市场经济的相互融合,是中国当下最重要的社会结构特征之一。与苏东前社会主义国家由完全公有产权结构向完全私有产权结构的转型过渡不同的是,中国的国企产权变革不是简单的由"公"到"私",而是"不完全产权变革",位于公私两端之间的是多元复合的产权形态。在社会主义市场经济的制度前提下,不同产权形态的交互作用构成了一种动态演化的"连续谱"。不完全产权变革不单是理解中国转型独特性的制度起点,也是与苏东前社会主义国家产权变革比较的逻辑前提。

(四)破产与产权:中国转型进程中的政企关系

本书以中国首家破产企业为个案,从追问 20 世纪 80 年代中期单位制企业"为何破产""如何破产"与"破谁的产"三个经验问题入手,探究市场转型过程中国家、企业和职工三者关系的变化以及产权界定的独特逻辑。在计划经济体制下,当企业经营出现困难,甚至资不抵债时,企业并不会破产,通常有两种处置方案:一是直接财政补贴的"软预算约束";二是通过行政命令使企业"关停并转","退出单位体系",而不会选择破产这种"市场化的退出机制"。在公有产权为基础的经典社会主义体制下,既不存在企业破产的制度基础与法律设置,也不存在企业破产的适应性环境。在市场经济体条件下,企业破产则是一种常态化的现象。与"市场中的企业破产"之核心问题是所有权重新配置不同,本书中的个案作为"转型中的企业破产"类型是以公有制为基础,以不改变所有权为前提的,主要是通过调整政企关系以及职企关系来实现激励,这与转型视域下产权理论的主导性认识有很大不同。

(五) 国企内部的"等级制"产权结构及其演变

在产权变革之前,中国的国有企业在剩余索取权和控制权的配置过程中呈现出一种"等级制"产权结构。当然这种"等级制"和威廉姆森(O.E.Williamson)对应"市场制"而提出的"等级制"(科层制)概念有所不同,它实际上是一种身份等级制度,其身份等级的最重要标识是"行政级别"。概言之,中国国有企业的"产权"按政治级别的高低在国有制受益集团内部正向配置,具体而言,主管部门及其官员拥有较大产权,国有企业经理次之,国企职工获得的产权较小。[①]而国有企业的产权变革过程,意味着企业经理的剩余索取权和控制权有所增大,一部分企业职工的产权被剥离或曰被置换,而国企主管和部门及其官员的产权或"退出"或"强化"。国有企业内部不同身份主体针对同一企业组织具有不同的产权支配范畴。

第三节　研究方法与个案简介

一、研究方法

既往很多针对国有企业的研究,虽然都强调产权变革的重要性,但大多研究者聚焦于所有权结构的制度分析,并且分析依托的主要是统计资料。这对于把握中国国企产权变革的总体趋向有重要意义。但这些研究往往有两

[①] 曹正汉曾提出国有企业的等级制产权,并试图建构一个等级制模型来分析国企内部的有差等的产权配置。参见:曹正汉.国有经济的产权结构及其演变——一个等级制模型[J].上海经济研究,1997(8):31-37;曹正汉.中国国有经济的等级制产权结构及其演变[J].佛山科学技术学院学报(自然科学版),1998(1):9。

点缺憾:一则,这些统计分析主要观照"总体性"的企业所有权数据及"总体性"的职工权益状况,对于国家、企业与职工三者的关系以及三者的行动选择和互动机制难以揭示;再则,这些统计分析主要侧重于国企产权制度变革的状况、结果以及影响制度演变的关键自变量,而对产权变革过程以及在这一过程中多重机制的交互作用没有足够的关注。这些研究忽略了制度化组织的内在结构以及作为产权改革行动者意义上的"人"的因素。这种研究取向隐含的预设是,企业管理者及普通职工是依附于企业组织而存在的,伴随着企业所有权结构的转变,企业内部职工身份的转换是一个自然而然的过程。

然而,在国企产权改革实践中,国企职工的身份置换构成了产权变革的一个单独议程。以往很多研究者仅仅将身份置换视为一种国家的劳动补偿政策,而没有将之视为产权界定的过程。但现实中国企职工捍卫国有资产流失的集体行动,强调"工人是企业主人"的话语实践以及国企职工依凭此话语对自身权利的追索,构成了改革进程中产权实践的重要事实。这些事实揭示出改革中的国企产权并不是一种法定的静态结构,而是不断被建构、解构和再建构的动态演化过程。国企产权不单是国家法律和制度规约的"权利束",更是国家、企业和职工三者互动的"关系束",三者的关系结构及其变化轨迹会直接影响国企产权的界定。鉴此,本书对国企产权变革过程的分析侧重于个案研究,以东北老工业基地"东市北厂"①这家大型国有企业四十余年的产权变革过程为研究对象,通过对北厂集团以及"北厂东院"和"北厂西院"两个子厂的田野考察来透视国企产权界定的社会逻辑。关于个案研究,本书力图呈现其典型性特征,如果说代表性是要力争达至普遍化的目标的话,典型性则是力图呈现类型化的特征。②在获取研究资料方面,本书主要运用了如下研究方法。

(一)文献法

要研究中国社会转型过程中国企产权关系变迁的整体进程以及不同阶段多重机制的交互作用,首先需要对改革开放以来国有企业产权关系变革的历史有一个清晰的把握。为此,本书首先采用文献法,系统分析梳理中央和地方政府出台的与国有企业产权变革相关的政策文件及各种法规条例。通过对这些政策文件、法规条例以及各种新闻报道等文献资料的系统分析来勾勒改革开放以来国企产权制度变革历史的大致轮廓,这构成本书的第一条主

---

① 本书所涉及的人名、地名、厂名等信息按照学术惯例进行了技术化匿名处理。
② 参见:GOERTZ G, MAHONEY J. A Tale of Two Cultures: Qualitative and Quantitative Research in the Social Sciences[M]. New Jersey: Princeton University Press, 2012。

线。运用历史文献法,本书获得了如下几个方面的材料:(1)1978年十一届三中全会以来中央各部委以及地方政府颁布的与国有企业产权制度相关的各类政策文件、法规和各类资料汇编。(2)权威部门的宏观统计数据,如《中国统计年鉴》和《中国城市统计年鉴》等。(3)东北地区的劳动志、企业厂志以及企业内部的各种规章条例。(4)与本研究个案有关的新闻报道、媒体采访资料。

对国企产权变革相关文件法规的解读是揭示中国产权制度变革整体特征的前提,也是本书从国家的视角来理解产权变革的基点。通过这一线索的展开,本书试图解读国有企业产权关系变革的整体特性和不同阶段的独特逻辑及其相互作用。根据相关政策文件和法规的梳理,本书意识到中国国企产权变革是涉及多重环节的复杂进程,本书按照时间边界大致将其划分为如下五个阶段:第一阶段(1978—1993年),"放权让利"是这一阶段改革的主线;第二阶段(1994—1997年),"产权试验"是这一阶段产权改革的基本特征;第三阶段(1998—2002年),"化公为私"是这一阶段国企产权的重要特征;第四阶段(2003—2015年),本书将这一阶段的国企产权改革的特征形象概括为"活私开公";第五阶段(2016—2022年),"混合所有"是这一阶段国企产权改革的核心特征。本书将在后续章节中专门阐释这五个阶段的改革侧重点。

以上是本书从政策文件和法规条例概括出的国企产权变革进程中的五个重要阶段。由于这些政策文件、法规条例、厂志档案以及采访报道等材料仅仅是官方话语,而且一定程度上是"理念文本",它们所能揭示的产权变革的轮廓虽然清晰,但也不免粗略。鉴于此,本书利用个案法来弥补这种不足。

(二) 拓展个案法

本书以东北老工业基地"东市"一家大型国有企业"北厂"产权变革的实践过程作为具体的研究对象,以此来弥补经由文件法规所勾勒的国企产权变革历史轮廓之不足,并试图揭示政策文件和法规条例中的"理念文本"与具体的国企改革实践过程中的"实践文本"之差别。对国企产权变革相关文件法规的解读是本书揭示中国产权制度变革整体特征的前提,通过这一线索的展开,本书试图回答中国国有企业产权关系变革的整体特性和不同阶段的独特逻辑及其相互作用。本书对东市北厂产权变革过程的考察也是对应上文概括的五个阶段展开的。在这个意义上,本书所考察的东市北厂产权变革的整体过程以及在不同阶段的独特机制具有拓展个案的意义。

本书运用个案法不单满足于对北厂产权变革过程的"分析性概括",还试图通过对该厂产权变革过程的历时性考察,以及对北厂西院和北厂东院两个子厂产权变革动力机制的比较,来揭示产权界定的独特机制。在此基础上分析讨论产权界定的社会逻辑的理论生命力及其拓展意义。这与注重理论建构的拓展个案法有一定的关联性。拓展个案法是美国社会学家麦克·布洛维(Michael Burawoy)提出的一种方法论尝试。这种尝试努力将参与观察法与个案法相融合,将日常生活置于超地方性和历史性的情景之中,使得社会科学研究中的干预、过程、结构化和理论重构成为可能。①拓展个案法不单是要跳出个案的狭小范围置身更宏大的场景之中来体察日常生活,更重要的是经由个案来反思宏观性的因素进而实现理论重构。②

对个案研究局限的反思,早在费孝通先生这一代学人身上就得以体现。费老在英国的同学爱德蒙特·利奇(Edmund Leech)曾提出个别的微观社区能否概括出广大中国国情的"利奇之问"。③费老在后来的研究中试图以"现实类型比较法"来超越个案的局限。费老强调,"单靠江村是不足为凭的"④。所以他运用类型比较法对云南三村进行了研究,并认为"通过类型比较法是有可能从个别逐渐接近整体的"⑤。然而,现实类型比较法可能留存的局限是,因比较的是"现实类型"而非抽象的"理想类型",这可能难以实现超越个体经验的普遍解释力。而且由于现实村落类型是多种多样的,若仅仅是横断面的或共时性的比较很难触及问题的实质,也会限制对话能力和理论解释力。基于此,李培林先生提出了"理想类型法",以"羊城村"这个抽象的个案来分析概括珠三角地区的城中村。⑥该研究通过对这个以多村落原型为底版的抽象个案的分析,拓展了理论的对话空间和解释力。

关于个案研究的代表性问题,也有论者强调由于"异质性问题"的存在,个案研究不可能获得对"实体性整体"的认识,但可以实现对"关系性整体"的追求。⑦本书对北厂这一个案的考察试图在国家、企业和职工三者的互动过程中呈现出一种"关系性整体"的面貌。在清晰刻画中国产权变革的历史轮廓的基础上,本书将着重思考国有企业产权变革的实践逻辑。本书对东北老工业基地大型国企"北厂"产权变革过程的分析构成展开全书的第二条线。通过这条线索,本书试图揭示出中国国有企业产权制度变革的整体进程及其

① 麦克·布洛维.公共社会学[M].沈原,译.北京:社会科学文献出版社,2007:77-78.
② 卢晖临,李雪.如何走出个案——从个案研究到扩展个案研究[J].中国社会科学,2007(1):118-130.
③ 费孝通.人的研究在中国[M].天津:天津人民出版社,1993:1-2.
④ 费孝通,张之毅.云南三村[M].北京:社会科学文献出版社,2006:6.
⑤ 费孝通.费孝通学术文化随笔[M].北京:中国青年出版社,1996:96.
⑥ 李培林.村落的终结:羊城村的故事[M].北京:商务印书馆,2004:8.
⑦ 王富伟.个案研究的意义和限度——基于知识的增长[J].社会学研究,2012(5):161-183.

阶段性特征,通过国家政治经济层面、企业制度层面和工人个体行动层面三个角度来分析中国国有企业产权制度变革的过程。为达到这一目标,在研究方法上本书还运用了访谈法。

(三) 访谈法

访谈是以面对面形式了解国有企业领导、职工和主管部门的重要方式。本书最初的访谈是按照结构式访谈(structured interview)的标准推进的,即以一个明确的提纲为框架面对面进行访问交流。然而几个访谈做下来效果不佳,最后笔者不得不改变策略,以一种非结构性访谈的方式推进,即围绕主办国企及其内部厂办大集体改革的"大事件",分别针对国家(主管部门)、企业(领导)和职工三者设定重要的"话题"。对国有企业上级主管部门领导的访谈,笔者注重询问"产权变革的动力和初衷",对厂长等国企领导侧重于询问"产权变革的阻力和重要节点",而对普通的国企职工侧重于"如何理解国企的产权"。然后从被访问者回应性的话语中寻找更细微的线索,进而深究产权变革过程中的重要事件或故事的具体信息。笔者在 2008 年 7—8 月、2009 年 1 月、2010 年 3 月、2011 年 11 月分别针对工厂的上层管理者(副厂长、技术处长、总工程师等)、一般党政干部(企业党办主任、团委书记、会计、出纳等)、普通工人以及直接相关的政府官员进行了访谈,后来又针对重要人物分别在 2012 年、2013 年和 2014 年不同时期进行了电话回访,形成了访谈资料。在访谈地点的选择上,一部分是在厂区附近的社区和餐馆,另一部分是通过朋友介绍直接到职工家里。本书累计访谈了 41 人,一般人物访谈在1 个小时左右,重要人物访谈达到 2 个小时以上,后又针对 9 人进行了回访,其中对 3 人进行多次电话回访①。

二、个案简介

本项研究以东北老工业基地"东市"的一家大型国有企业"北厂"为个案,探究国有企业产权变革的整体过程以及在这一过程中不同阶段产权界定的独特逻辑。下面笔者将分三个层次来介绍研究个案:其一,首先交代东北老工业基地在社会转型过程中的独特意义;其二,介绍东市作为改革试验场的"体制改革前沿"的特殊意义;其三,通过企业改革的"大事件"来简单呈现东市"北厂"产权改革的实践过程。

从中国改革开放和社会转型的整体进程来看东北老工业基地,它不是一

---

① 本书在行文中引用访谈资料时,统一采用受访人"单位×××访谈资料,某年某月某日"表明出处,受访人的具体情况参见本书附录。

个简单的空间地理概念,而是一种区别于东南沿海发达地区的独特社会类型。[1]东北老工业基地是一种"典型单位制"的社会组织形态[2],主要表现在如下三个方面:其一,从新中国的历史进程看,东北是最早取得解放战争胜利和最早进入计划体制的地域,在东北诞生了共和国历史上第一批现代意义上的公营企业,这些企业构成了"典型单位制"重要组织载体。其二,在"一五"计划期间,苏联对中国援助了156个重大工业项目,其中有55项落地在东北,使之成为中国最具典型示范意义的工业基地,进一步强化了其典型单位制的特征。其三,在中国进行市场化改革并逐步退出计划体制的转型过程中,由于东北地区超大型国有企业过于密集,加之远离东南沿海开放区域等地缘因素的制约,使得"典型单位制"的特征得以延续并再度凸显。[3]

从社会转型和体制转轨的过程和特征看,东北老工业基地同样构成一种独特的社会类型。这种类型学的认识,是以中国改革开放进程的空间差异以及市场化的非均衡发展为事实基础的。中国四十余年社会经济转型的巨大成就,一方面得益于传统体制本身的"改革",另一方面得益于体制外市场的"开放"。对内改革的核心是调整产权关系以提升效率,例如针对国企的放权让利和承包制改革等;对外开放市场的核心是引入竞争,例如设立经济特区、开放外国直接投资等。[4]前者的标志性起点是1979年7月15日,中共中央、国务院批转广东省委、福建省委关于对外经济活动实行特殊政策和灵活措施的报告,决定在深圳、珠海、汕头和厦门试办特区。后者的标志性事件是1978年10月四川省在四川化工厂、重庆钢铁厂、成都无缝钢管厂、宁江机床厂、南充钢厂、新都县氮肥厂进行放权让利的试点改革。前者体现为体制外逻辑的引入,后者体现为体制内逻辑的变革。

虽然"产权改革"和"开放市场"几乎同步推进,但在空间上却存在明显差异,前者最先在单位制企业相对集中的老工业基地展开,后者最先在传统体制控制相对薄弱的沿海地区启动。在改革开放的推进过程中,东北老工业基地与东南沿海地区并没有统一的市场化进程,市场化的发展不仅取决于资本、劳动力等市场要素,还取决于传统单位体制的强弱。由此,单位制和市场构成理解中国改革开放和社会转型进程的两个基点。传统体制较强的东北老工业基地作为一种独特的社会类型具有如下特征:第一,东北老工业基地

① 刘平."人力资本失灵"现象与东北老工业基地社会[J].中国社会科学,2004(3):147-148.
② 田毅鹏."典型单位制"对东北老工业基地社区发展的制约[J].吉林大学社会科学学报,2004(4):97-102.
③ 田毅鹏,漆思.单位社会的终结[M].北京:社会科学文献出版社,2005:5.
④ 玛丽·E.加拉格尔.全球化与中国劳工政治[M].郁建兴,等译.杭州:浙江人民出版社,2010:1-3.

仍是以大型国企为依托、民营小企业及相关市场条件不发达的经济社会。第二，东北老工业基地因为国企产权改革、转属改制等体制转型要承担较多下岗失业人员就业安置的历史责任，由此，还是以选择扶持主导性国企和增强再分配能力为政府主要取向的政治社会。第三，东北老工业基地是以计划经济时期形成的单位制生活方式和价值体系为社会认同基础的习惯社会。此外，老工业基地社会并不限于东北地区，它是以单位制社会组织的过密化结构与市场环境的镶嵌性特征为基础的。[①]

下面笔者简单介绍东北老工业基地东市的基本情况。东市是全国著名的重化工业和装备制造业基地，作为东北老工业基地的龙头，国有企业在东市整个经济中占据绝对比重。另外，东市也是反映中国社会结构变迁和体制变革最剧烈，受社会变迁的持续影响最深刻、最具典型性的地区之一。作为中国工业改革的试验场，中国第一家租赁企业、中国第一家破产企业、中国第一批被拍卖的国有工商企业以及中国第一家大型股份制企业等体制变革的"第一"都发生在东市。所以在一定意义上，东市可以被视为认识和理解中国传统体制变革的前沿地带。

本书选择东北老工业基地东市北厂为典型个案，力图追踪北厂产权变革的整体过程以及在这一过程中产权界定的独特机制。北厂成立于1958年，其前身是东市汽车工业公司。1984年，东市成为全国经济体制改革的试点城市，同年国家进行汽车产业大布局。在这种背景下东市政府组建成立了东市汽车工业公司，这标志着中国第一家公司制国有企业的诞生。随后不久，东市汽车工业公司将全市96家与汽车产业相关的企业合并到一起，并成立了由公司领导、专家学者、法律顾问等23人组成的公司董事会，建立了董事会领导下的总经理负责制。

1988年3月25日，经东市体制改革委员会东体改发〔1988〕4号文和东市经济技术协作办公室东经协审字〔1988〕43号文批准，1988年5月3日该企业在工商行政管理局注册，改组为股份有限公司。到1988年3月31日统计在职职工52 000人，其中各类专业人员10 308人，占总人数的19.8%。高级技术职称237人，中级技术职称1 251人，初级技术职称7 089人。技术工人24 689人，占总人数的47.5%。公司占地面积265万平方米，建筑面积119万平方米。该公司是一个融科研、生产、经营、开发、教育、外贸等功能为一体的大型股份制企业，是全国八大汽车制造公司之一，在国家统计局1992年公布的全国500家大企业中位列第37，是东市的支柱企业。当时公司拥

有 50 家生产工厂,并设有物资、销售、配件、进出口、财务、汽车贸易 6 个专业性公司和轻型汽车研究所、汽车工业学院、汽车大厦以及中国汽车工业技工培训中心。1992 年公司上市时旗下共有全民企业 24 家,中外合资企业 2 家,集体所有制企业 34 家。[①]

另外,北厂还是中国国有企业体制改革的典型。改革开放以来,该公司率先在全国创办了第一家具有中国特色的公司制国有企业,最早实行租赁经营制,最早推行资产经营责任制,最早进行企业破产处理和股份制试点,这五项改革都创造了"中国第一"。这"五个第一"为国家深化企业改革提供了重要经验,该公司董事长兼总经理也因此荣获了全国首届经济改革人才奖和全国"五一"劳动奖章。"七五"期间,该公司先后引进日本、美国、德国等国家的先进技术装备,累计投资 72 841 万元。重点改造了 61 条生产线,新增设备4 250 台(套),其中进口设备 586 台(套)。通过技术改造和兴办合资企业,公司生产的厢式客(货)车年产量已达全国同类车总产量的二分之一,轻型载货汽车年总产量占全国同类车产量的四分之一。几年中,公司的产品创国优产品1 种、部优产品 19 种、省优产品 20 种、市优产品 48 种,其中 SY1040、SY6474 两全系列汽车自 1986 年起连续四年在国家质量抽查中双双夺魁。公司生产的汽车系列产品一直畅销全国 30 个省、自治区、直辖市,在相当长的时间里供不应求。公司生产的零部件已出口到美国、日本、东南亚等国家和地区。[②]

东市北厂是一个历史悠久的大型国有企业,1992 年公司上市时内部共有 60 个子厂。不同子厂的身份亦有不同,北厂内部存在明显的"一厂两制",即厂办集体企业和全民企业并行。"北厂西院"破产过程呈现出厂办集体企业产权变革的独特进路。而"北厂东院"最初为厂办集体企业,在 2005 年产权改制过程中"升格"为全民所有制企业,这种逆市场化的产权变革进路与全民企业的产权界定呈现出完全不同的逻辑。两类企业的产权结构不同,产权变革的形式和具体过程也有诸多差异。前文已经交代,为了展现北厂产权变革的整体过程,本书选取北厂不同历史时期产权改革的典型事件"类型",并分别对应于上文勾勒的国企改革的五个阶段。第一个典型事件是 1986 年的破产拍卖,第二个典型事件是 1995 年与中国一汽的重组,第三个典型事件是1998 年"下岗分流,减员增效"背景下的职工"假退",第四个典型事件是 2005年"主辅分离"的变通性策略。对于北厂西院和北厂东院各自发展演变的过程,本书重点放到下文章节中具体叙述。

---

①② 根据 1992 年 6 月 5 日,《东市北厂公司股票上市公告书》整理。

第四节　基本概念与分析框架

一、基本概念

（一）不完全产权变革

在中国四十余年的改革开放进程中，无论是改革初始阶段放权让利的产权试验，还是改革已至深水期的股权多元化改革，产权关系的变革进路都呈现为一种"不完全产权变革"形态。"不完全产权"是一个相对概念，在计划经济体制下全民所有和集体所有的产权是融所有权、收益权、经营权、处置权和分配权于一体的概念范畴；而西方自由市场秩序中的产权概念，既是以市场要素的完整性即土地、货币和劳动力的商品化为前提，又是以个人产权所有的完整性和清晰性为依据。但在中国由计划经济向市场经济渐进转型的过程中，产权转型并不是由前一种完整产权形态向后一种完整产权形态的变革，而是由统一完全的产权关系过渡到不完全的产权关系形态，这主要表现在：一则，中国市场秩序的形成是以不完全的市场要素为条件的，如在乡镇企业改革和国企改革初期的资产估算中，土地价值不在估价范畴之内；再则，在中国市场秩序形成过程中，产权关系变革不是简单地化"公"为"私"，而是由统一完全的公有产权关系过渡到不完全的公有产权关系形态。一如在大型国有企业改革中，保持所有权（全民所有）不变的前提下，企业获得经营权、处置权、收益权和分配权。本研究试图运用社会学视角对不完全产权关系变革背后的社会界定逻辑予以揭示。

在西方经济学的视域下，由于信息不完全、不对称以及行为主体的有限理性，当事人可能会出现机会主义行为。当难以一一列出合约条款或实施完全合约不可能的前提下，剩余控制权的收益该如何分配就成为关键的问题。[1]格罗斯曼（Sanford J. Grossman）和哈特（Oliver D. Hart）就是在此基础上提出了"有成本的契约理论"，当契约缔结过程中完全列明对资产的所有权利存在高昂成本时，让一方购入所有剩余权利就是最优的。所有权就是所购买的这些剩余权利。[2]简言之，剩余权利应该归资产的所有者所有。不完全

① WILLIAMSON O E, OLIVER E, et al. Understanding the Employment Relation: The Analysis of Idiosyncratic Exchange[J]. The Bell Journal of Economics, 1975(Spring): 250 - 278.

② GROSSMAN S J, Hart O D. The Costs and Benefits of Ownership: A Theory of Vertical and Lateral Integration[J]. Journal of Political Economy, 1986, 94(4): 691 - 719.

契约理论揭示出,以合同没有规定的方式控制资产的权利(企业资产的剩余控制权)以及分享企业利润。产权的两个基本特征是排他性与可转移性(可让渡性),就排他性而言,无论是"向上排他"还是"向下排他"都是限定权利的边界;就可转移性而言,无论是理论意义上的完全转移,还是实践中常见的不完全转移,都关注权利的让渡与分割。

首先,在改革进程中,中国国有企业是不完全的权利主体。自科斯以降的新制度经济学中,产权研究主要关注市场条件下私有产权结构的形成及演变,强调企业是市场性合约的结集(nexus of contracts)。①科斯笔下的企业是拥有完全经济权属的市场主体,在价格机制和竞争机制的作用下,企业组织之间以及组织与个人之间可以实现平等交易。然而,无论是在改革前计划经济体制下,还是在改革以来市场经济条件下,中国的国有企业都是"不完全的"权利主体。在改革开放之前,国企产权是外部化控制的,即企业组织的生产、销售以及诸多事项的决策都是由企业组织之外的上级行政主管部门来决定。此外,在企业单位内部生产与生活高度嵌合的实践中,国企工人被形塑为"企业主人",在全方位的单位福利保障、社会主义劳动竞赛以及"以厂为家"的意识形态渲染下,这种产权认知被强化。这种不完全产权状况决定了国企单位的行动选择并不是由其自身完全支配的,而是由国家、企业和职工等多元行动主体决定的。国有企业改革一定程度上就是这三者产权关系的调整。

其次,不完全的产权变革过程。在改革开放以来的产权变革进程中,国有企业多元主体产权支配的形态仍然发挥着重要作用。与苏东国家转型进路不同的是,中国产权制度演变的整体过程并不是由公到私的线性转变过程,而是表现为一种不完全产权变革的特征。中国国有企业不完全产权变革过程,既不是完全的公有产权的解构过程,亦不是完全的私有产权的建构过程。这种双向不完全的产权结构,是理解中国社会主义市场经济和改革发展中的"中国奇迹"的制度起点。

(二)"产权连续谱"

在产权主体不完全和产权变革过程不完全的双重前提下,国企产权变革过程呈现为一个动态演化的"连续谱"。中国市场秩序形成过程中的产权并非公有、私有简单的二分,而是介于公有和私有两端,往往构成一种"产权连续谱"。②产权秩序是人类基础性的制度设置,不同的产权类型并不是一个个

---

① 罗纳德·H.科斯.企业的性质:起源[G]//奥利弗·E.威廉姆森,西德尼·G.温特.企业的性质——起源、演变和发展.姚海鑫,邢源源,译.北京:商务印书馆,2008:22-40.
② 李培林.村落的终结:羊城村的故事[M].北京:商务印书馆,2004:61.

孤立的散点,而是围绕着稀缺性资源占有及权利界定这一主线彼此关联的一束关系。政治体制的延续性以及市场化改革进程中"产权连续谱"的结构性特征构成了理解中国产权变革独特性的基础。不同的产权形态之间并非彼此独立,而是相互嵌合的。①在不同的历史阶段,"产权连续谱"上的产权形态及其变革的动力机制呈现出不同的特征。在四十余年的改革进程中,中国产权制度演变的整体过程表现为"产权连续谱"的动态演化过程。在不同历史阶段"产权连续谱"呈现为不同的结构性特征,但不完全的公有产权结构与不完全的私有产权结构的相互作用是其重要特征。

(三) 身份产权

在本书中,笔者把身份认可定义为:在社会主义体制中,纵向等级序列中一个结构性位置或同一层级不同组织(个体)之间的横向连接关系及其认同。无论是纵向等级序列中的优势位置还是横向连接关系中的致密节点,都是组织或个人竞相争夺的稀缺性资源。组织的身份性质抑或个体的身份等级都能影响资源占有状况及产权界定。诚如马克思所言:"私有财产的真正基础,即占有,是一个事实,是无可解释的事实,而不是权利。只是由于社会赋予实际占有以法律的规定,实际占有才具有合法占有的性质,才具有私有财产的性质。"②刘世定教授从对经济资源占有的社会认可出发来讨论产权问题。③在吸收前辈学人研究的基础上,笔者将身份产权的概念定义为:行为主体(组织或个人)经由身份获得社会认可的对经济资源的占有。

二、分析框架:产权界定的社会逻辑

本书是对社会学者开创的"产权的社会视角"的进一步拓展。在与现代产权经济学对话的基础上,笔者从经验事实出发,尝试概括提炼产权社会学的理论命题。在中国社会经济体制转型过程中,国有企业的产权不单是一种市场性合约,还是一种社会性合约。中国的改革开放进程以及国企产权改制实践表明,国企产权界定除了受到市场等经济因素影响外,还受到四个非经济因素的影响:国有企业运行的社会成本、国有企业及其员工的社会身份等级、国有企业嵌入的多重社会关系网络以及国家、企业和职工三者对国企产权的社会认知。

首先,国有企业运行的社会成本。本书中使用的"社会成本"概念不同于

---

① 王庆明.产权变革路径与起源之争:立足转型中国的思考[J].社会科学,2018,(6):72-81.

② 马克思,恩格斯.马克思恩格斯全集.第3卷[M].北京:人民出版社,2002:137.

③ 刘世定.私有财产运用中的组织权与政府介入——政府与商会关系的一个案例分析[G]//周雪光,刘世定,折晓叶.国家建设与政府行为.北京:中国社会科学出版社,2012:73.

科斯在《社会成本问题》中使用的概念①,而是借鉴社会学者李培林和张翼在《国有企业社会成本分析》一书中使用的概念,即是指"国有企业为实现其社会职能而投入的成本"②。国有企业的社会成本主要涉及为其员工所支付的福利费用,包括显性福利和隐性福利。这使得国有企业不仅在固定资产设置上要增加社会的生产成本,在企业内部职工的配置上,也要扩大资本的开支,由此形成国有企业福利功能内卷化以及国有企业人员过密化两个特征,而且这二者之间相互影响。③

其次,国有企业的产权嵌入多重的社会关系网络之中。通过理论连接经验的实证研究,本书发现,国有企业的产权嵌入特定的社会环境和关系结构之中,企业与企业、企业与政府以及企业与职工三类关系结构,以及长期积淀构成的社会关系网络构成产权界定的重要基础。多重社会关系网络的交叠互动构成理解国有企业产权界定的重要基础。

再次,国有企业以及企业职工的社会身份等级对产权界定具有重要的影响。在社会认可的前提下,组织或个体依凭身份获得、占有资源,就意味着拥有一种产权。不同身份性质的企业组织以及不同身份等级的职工对国企产权界定有重要影响。④如果说企业组织的身份性质是理解破产操作过程中产权界定的重要"组织"视角的话,那企业职工的身份等级以及身份认知则是透视企业破产后职工安置与产权诉求的"个体"视角。与以往聚焦于制度分析的产权研究不同,笔者主张"把人带回产权分析中来",通过国家、企业和职工三者关系来理解企业破产过程中的产权界定。

最后,国家、企业和职工对国有企业产权的社会认知构成国企产权界定的重要基础。正如前文所述,国有企业产权变革涉及企业所有权置换和职工身份置换的"双向进程",国有企业产权是国家、企业和职工三者互构的结果,三者共享的社会认知是企业产权界定的重要机制,并由此形成了一种独特的产权话语。⑤

---

① 1960 年科斯在《社会成本问题》一文中针对如何处理某工厂(甲)对邻近财产所有者(乙)的烟尘污染问题,提出了不同于庇古福利经济学的解决方案——责令工厂赔偿、征税或迁出该地区。科斯指出,甲对乙虽然构成侵害,但让甲对乙赔偿也会损害甲的利益,由此他提出外部效应并非一方侵害另一方的单向度问题,而是具有交互性。参见:罗纳德·H.科斯.企业、市场与法律.盛洪,陈郁,译校.上海:格致出版社,上海人民出版社,2009:96-104;罗纳德·H.科斯.论经济学和经济学家.罗君丽,茹玉骢,译.金祥荣,审校.上海:格致出版社·上海人民出版社,2010.
② 李培林,张翼.国有企业的社会成本分析[M].北京:社会科学文献出版社,2007:199.
③ 同②:200-206.
④ 王庆明.身份产权:厂办集体企业产权变革过程的一种解释[J].社会学研究,2019(5):165.
⑤ 王庆明.口述史研究的方法论悖论及其反思:以单位人讲述为例[J].江海学刊,2022(2):117-124.

第五节　研究意义与篇章结构

一、研究意义

在理论意义上,本书在批判现代产权经济学理论的基础上,将产权视为一个"连续谱",通过对一个大型国有企业长时段历时性的考察,在理论连接经验基础上,提炼出不完全产权、身份产权等有解释力的理论概念和"产权界定的社会逻辑"这一分析框架,弥补了以往经济社会学和新制度经济学关于产权演变过程分析的不足。产权界定的社会逻辑以及市场秩序形成的不完全产权变革等认知丰富了中国转型研究的学理性内涵。此外,单位制产权分析和产权界定的身份机制分析拓展了"产权的社会视角"的研究空间和解释范畴。

在现实意义上,本书通过对中国城市工业组织产权变革的整体过程的研究,可以为国企改制中历史遗留问题的治理提供重要的学理依据和事实参照。此外,新时期国有企业改革的一个重要方向就是厂办大集体的产权改制和职工安置问题。这既是党的十八大报告中提出的继续深化国有企业改革的重要内涵,也是《东北振兴"十三五"规划》的重要内容。本书从产权界定的社会逻辑对大型国企产权改革过程及其内部厂办集体的研究,可以为当下深化国企改革提供重要的政策参照。

二、篇章结构

本书第二章从反思经济学的"产权神话"入手,检视"产权清晰是效率的前提"这一假设所面临的困境。在中国转型过程中,产权清晰并不必然导致效率的提升。与经济学着眼于产权的效率机制不同,社会学关注产权的动态演化过程及产权界定的社会基础。本书从科斯悖论的化解、习俗性产权的运行以及产权的国家悖论来透视产权经济学的理论困境。而后立足转型中国开放提出了产权社会学关注的几个议题:(1)产权界定和交易过程中的身份机制,关注交易者身份不同占有同一物品时拥有不同权利的现象。(2)体制二元的产权结构,关注中国政治体制延续性和市场化改革继续深化的双重前提下,公有产权与私有产权在同一体制和同一组织框架内并存互融的独特形态。(3)不完全产权变革,关注不完全市场条件下公有产权制度变迁的整体进程以及在这一进程中不同阶段表现出的多重机制的交互作用。

第三章立足转型中国的经验事实,从产权界定的社会维度出发,讨论了社会学和经济学视角融合的可能性与可行性。20 世纪 70 年代新制度主义经济学和新经济社会学兴起之后,这种疏离暂告终结。两派的关注点都集中在整合利益驱动和制度约束之上,沿袭了韦伯(Max Weber)的思想进路。既往关于社会学与经济学视角融合的讨论多集中在经典文本之上,容易忽略掉学理背后的现实问题意识。本书尝试从"问题"出发,以社会学的产权研究为基点,透过产权分析的社会维度来探究社会学和经济学融合的基础及方向。本书指出,产权社会学的研究为本书解释以公有产权制度为原点的中国产权变革进程提供了一种有说服力的分析框架。但产权的社会学视角并不是与经济学相悖的,而是相互补充的。

第四章从检讨国企研究中单位制视角与产权分析视角的背离出发,指出既往产权分析范式聚焦于国企的经济维度,而单位制研究则偏重国企的社会和政治维度,两种研究范式之间没有实现视角融合。鉴于此,本书尝试把两种视角结合起来并主张把产权分析带回"单位"研究的中心。本章以国企单位组织变迁为经验基础,指出无论是改革之前还是改革以来,国企拥有的都是"不完全产权",国企的这种不完全产权结构是单位制特征的重要表现。产权的外部化控制、财产权和行政权合一、等级化的异质性结构和身份产权结构是改革前单位产权的基本特征。在经历了四十余年的改革开放之后,整体的单位社会已经趋于瓦解,但单位机制仍在一些行业和部门中保留下来,单位机制和市场机制在同一体制内的融合是社会主义市场经济的内涵之一,也是我们经由单位产权分析视角透视国有企业产权变革进程的重要支点。

第五章以人类历史上重大产权变革为着眼点,指出私人所有制以及制度化的私有产权结构的发展在人类历史上出现过两次高峰:一次是 19 世纪中期,以西欧为中心;另一次是 20 世纪的最后 25 年,主要是在前社会主义阵营的东欧和中欧国家。[①]这两次私有产权动态演变的过程也是人类历史发生重大社会转型的过程。西方 19 世纪市场制度确立过程中所发生的封建社会产权结构向资本主义产权结构的变革被卡尔·波兰尼(Karl Polanyi)称为"第一次大转变"(the first great transformation),而苏东前社会主义国家由公有产权结构向私有化和市场化的转型被布洛维称为"第二次大转变"(the second great transformation)。基于此,本章追问了人类历史上这两次私有产权发展的高峰是如何实现的? 从封建社会产权结构向"市场社会"产权结构

---

① DEMSETZ H. Toward a Theory of Property Rights II: The Competition between Private and Collective Ownership[J]. Journal of Legal Studies,2002,31(S2):S653 - S672.

演变的古典变迁,与从社会主义公有产权结构向制度化的私有产权结构演变的这种"新古典变迁",除了地域和时间上的差异之外,其产权变迁的动力机制有何不同? 中国的产权制度变革,无论是动力机制,变革的形式和过程,还是变革的结果都体现为体制二元的特征。这种体制二元的特征表现在具体的国企产权制度变革上就是明显的不完全产权关系的变革。

第六章通过对北厂集团产权关系变革进程中的"产权重组"和"下岗分流"事件过程的考察发现:中国国有企业产权关系的变革是一个涉及多重机制的复杂进程,在改革的不同历史阶段国企产权关系演变具有不同的机制和特征。但总体看来国企工人的身份关系变革是贯穿始终的。国有企业职工的身份变革,不是简单地体现为工人与国家关系的变革,而是国家、企业和工人三者之间复杂交错的变化与融合。

第七章在对以往单位制研究检视的基础上提出了两点缺憾:一则,既往单位研究缺乏对集体所有制单位组织的关注;再则,既往研究没有对具体单位组织"解体机制"的深入细致分析。鉴于此,本书以一家厂办集体企业从生到死的发展演变过程为个案探讨两个方面的问题:一是在市场化改革进程的初期,单位组织解体的主要动力机制是什么? 二是伴随着单位组织解体,在单位人变成"社会人"的过程中,工人的分化呈现为何种样态,又遵循何种机制? 本章指出,厂办集体企业在单位制变革的过程中表现出很大的灵活性,主要体现在对传统体制的依赖和对市场机制运用的统一。透过这一典型个案,本书指出:改革初期这一单位组织解体的动力机制并非市场竞争,而是地方政府为了减轻财政负担变通操作的过程。这一过程表现为一种有选择的市场化,市场机制在此构成单位体制延伸的一种手段,而且承担了传统体制的运行成本和政治风险。在单位组织解体过程中,工人的分化逻辑表现为父爱主义家长制特征的延续、有原则的特殊主义的功能弱化以及实用主义私人关系作用的增强。

第八章尝试以厂办集体企业产权实际支配状况和法律表述之间的张力为切入点,运用社会学的过程分析视角来透析产权界定的多重逻辑。通常产权是人们围绕着稀缺性资源的使用和收益展开竞争的均衡,但在中国政治体制延续性和市场条件不充分的双重前提下,对资不抵债厂办集体的产权确认却并不意味着稀缺性权利,而更直接的是负债性责任的承担和经济补偿的支出。该章通过对一个厂办集体产权改制过程的分析揭示出:居于主导地位的国家和主办国企不但可以对集体企业的国有资产"积极确权",也可以通过主动"放弃产权"来规避责任。但基于对厂办集体及其职工"连带责任"的制度性承诺,最有效的实现路径是在界定产权的进退之间,通过变通性手段来实现有利于自身的产权转化。但总体上看,国家对集体的产权追索以及职工的身份权利演变是贯穿始终的。

第九章在总结前面几章内容的基础上,提出了几点重要结论:(1)"不完全产权变革"是产权连续谱演变的独特形态。中国改革开放进程是产权关系不断变化的过程,无论是改革的初始阶段还是当下,从产权的动态演变过程看,产权关系的变革都呈现为一种"不完全产权"变革的形态。(2)"等级化的父爱主义"和身份产权是理解国企改革进程中政企关系和职企关系的重要形态。(3)国有企业的产权界定除了受经济因素影响外,还受到社会因素的影响,国有企业的社会成本、社会身份等级、社会关系网络以及多元主体的社会认知构成国企产权界定的社会逻辑的具体内涵。(4)"工人是企业的主人"是贯穿不同历史时期的重要产权话语,也是从工人视角理解国企改革整体进程的重要维度。而后笔者针对全书的研究问题和分析论证作了进一步拓展,同时结合"新东北现象",针对国企改革提出了一些政策建议。

第二章 产权经济学的理论困境
与社会学的产权分析

第一节 重识新制度经济学的"产权神话"

经济学的"产权神话"强调在稳定的产权结构下,产权清晰是效率的前提。然而,在中国急剧的社会转型过程中,产权并不是给定的静态结构,而是不断被界定的动态演化过程。在动态演化的过程中,产权的清晰界定并不必然意味着能直接导致效率的提升。换言之,中国转型过程中的产权变革实践没有直接印证经济学的"产权神话"。新制度经济学的"产权神话"对体制转型的国家而言似乎有着更为特殊的意义,对此,著名经济学家斯蒂格利茨(Joseph E. Stiglitz)在《社会主义向何处去》一书中有一段经典阐述:"经济学中没有一个神话像'产权神话'那样在人们心目中根深蒂固。这一神话认为人们需做的所有事情就是正确地分配产权,如此一来,经济效率就有了保证。产权如何界定是无关紧要的,除了对福利分配有所影响以外。如果有人对产权界定不满意,他可以通过一次性的转让轻易地对其作出调整。这一神话的危害在于,它误导了很多转型中的国家把注意力集中在产权问题上,而不是去关注更大范围内的一系列问题。"①

由此不难看出,对于经济学而言,产权的界定是无关紧要的②,因为经济学关注的是"给定的"产权对行为激励和资源配置绩效会产生怎样的影响③。然而中国改革开放中的产权结构是不断建构、解构与重构的动态演化过程。对处于急剧转型过程中的中国社会而言,更重要的问题似乎是:动态演化的

---

① 约瑟夫·E.斯蒂格利茨.社会主义向何处去——经济体制转型的理论与证据[M].周立群,等译.长春:吉林人民出版社,2010:286.

② 当然,产权界定之所以"无关紧要"是有条件的,下文讨论科斯定理时将详细分析。

③ 刘世定.私有财产运行中的组织权与政府介入[G]//周雪光,刘世定,折晓叶.国家建设与政府行为.北京:中国社会科学出版社,2012:73.

产权是通过何种机制被界定出来的？被一般的经济学家忽略的这一问题恰恰构成社会学产权分析的方向①。

立足转型中国产权变革的经验事实,本书尝试对"产权神话"的意涵进行反思,同时对新制度经济学主导的产权界定的基本原则、产权变革的动力机制等"规范性认知"进行检视,并试图秉持社会学的实体主义产权观对产权经济学解释进行补充和修改。现代产权经济学强调产权是市场性合约,完全的市场条件是界定产权的前提。而中国的产权制度变革恰恰是在不完全的市场制度条件下推进并逐渐深化的,由此不得不思考的一个问题是:在不完全的市场条件下,产权如何界定,产权关系变革又遵从何种逻辑? 要回答这一问题首先必须对产权经济学的固有命题进行反思,或者说从产权经济学所不能解释的悖论出发来引出产权的社会学解释。

在西方社会,从 19 世纪自我调节市场(self-regulated market)制度确立之后,私有产权制度就一直占据支配地位,制度化的私有产权概念长期以来仅仅是经济理论的一个前提,并不构成研究者重点关注的议题。②对转型之前的社会主义国家而言,公有产权结构是政治体制的基本特征,一切私有产权都不具有合法性的制度基础,完全的公有产权构成经典社会主义体制的前提,在这种制度环境下产权似乎也不构成"问题"。恰恰是社会主义国家经济体制转型这个重要背景赋予了产权新的意涵,"产权问题"也由此成为经济学和社会学研究的重要课题。

产权制度是现代国家最重要、最基础的制度设置形式之一,中国四十余年的改革过程亦可以视为产权制度不断变迁的过程。从农地产权制度改革,到乡镇企业产权改革,再到国有企业产权改革,中国产权制度变革的整体进程以及不同历史阶段产权演变的具体形态呈现出了不同特征。针对这种复杂的产权变革进程,中国知识界形成了两种不同的理论分析模式。第一种是以新制度经济学中产权理论的预设为基点,对中国产权变革实践进行分析。然而面对中国产权变革的复杂进程,若以产权经济学中严格界定的产权概念为参照,中国经济学家们所说的产权制度实际上就包含着一些非产权的制度安排,而这些非产权的制度安排又对产权结构的生成及其运行发挥着关键性作用。③正是在

① 特别需要指出的是,经济学家巴泽尔在《产权的经济分析》一书中对于"绝对产权"的观念进行了批判,并明确指出"产权不是绝对的,而是能够通过个人的行动改变的……经济学家过去没有利用产权概念来分析行为,也许是因为他们倾向于认为产权是绝对的缘故"。参见:巴泽尔.产权的经济分析[M].费方域,段毅才,译.上海:上海人民出版社,2008:3.

② 周雪光.关系产权:产权制度的一个社会学解释[J].社会学研究,2005(2):1-31.

③ 刘世定.占有制度的三个维度及占有认定机制[G]//中国社会科学院社会学所.中国社会学(第五卷).上海:世纪出版集团・上海人民出版社,2005:3.

这一背景下,一些社会学家立足中国的社会转型实践,提出了有别于产权经济学的第二种理论模式,这一有重要理论创见的分析模式被称为"产权的社会视角"。

对于"产权的社会视角"的基本内涵,曹正汉将其概括为两点①。一是从中国的实践中提炼出有别于经济学的产权概念,并建立具有普遍意义的分析方法和理论假说。在这一方向上,刘世定使用的"占有"概念以及对占有制度三个维度的分析,周雪光提出的"关系产权"概念以及关系产权理论,折晓叶与陈婴婴提出的"社会合约性产权"②,张小军提出的"复合产权"③等,这些从中国产权变革实践中抽离出的分析概念均具有开创性价值。二是"产权的社会建构逻辑",即具体考察产权的界定过程,理解行动者的动机和价值取向,以此来分析产权如何通过行动者的互动而自发地建构出来,并分析互动过程受到何种社会规范——或者说公平原则——的制约。代表性研究有:申静与王汉生所揭示的集体产权在乡村生活中的实践逻辑④,折晓叶与陈婴婴提出的"产权选择中的'结构—主体'关系"以及对乡镇企业改制中资本能动性的运作逻辑的分析,张小军所揭示的土地制度中的"象征地权"问题⑤,张静从一个财产纠纷案中所挖掘出的"二元整合秩序"⑥等。

产权的社会视角是在对现代产权经济学的修正补充基础上提出的,由此,本章首先尝试对以科斯为代表的现代产权经济学进行知识社会学的检视,揭示其理论困境,而后对产权社会学视角开放出来的问题予以呈现,进而透过"产权分析"这一维度来探究社会学和经济学两个学科融合的基础及其方向。

第二节　市场性契约与法定权利边界:
科斯产权理论及其局限

长期以来产权问题似乎一直是经济学的专擅领域,现代西方经济学中

---

① 曹正汉.产权的社会建构逻辑——评中国社会学家对产权的研究[J].社会学研究,2008(1):200-216.
② 折晓叶,陈婴婴.产权怎样界定——一份集体产权私化的社会文本[J].社会学研究,2005(4):1-43.
③ 张小军.复合产权:一个实质论和资本体系的视角[J].社会学研究,2005(4):23-50.
④ 申静,王汉生.集体产权在中国乡村生活的实践逻辑[J].社会学研究,2005(1):113-148.
⑤ 张小军.象征地权与文化经济——福建阳村的历史地权个案研究[J].中国社会科学,2004(3):121-135.
⑥ 张静.二元整合秩序:一个财产纠纷案的分析[J].社会学研究,2005(3):1-19.

产权研究的兴起也主要是在新制度经济学的脉络之下展开的。新制度经济学由威廉姆森最早提出,以区别于康芒斯(J. Rogers Commons)等提出的"旧制度经济学"。1937 年,科斯发表了《企业的性质》,作为新制度经济学的开山之作,该文明确提出将"交易成本"概念引入经济分析之中。但这篇文章在发表后的几十年间并没有引起多大反响。在该文中,科斯试图论证企业是除了市场之外另一种配置资源的重要方式。科斯之所以要为证明这种在今天看来似乎是常识性的理论作出努力,是因为自亚当·斯密发表《国富论》后的两个世纪以来,经济学家的主要活动似乎就是在修正弥补斯密的理论体系。斯密的基本假设是:国家调控和中央计划并不是经济体系良性运行的前提,经济体系效率的实现以及人类福利的增进只有通过价格体系这只"看不见的手"才能达致。恰恰是在这样的理论前提下,经济学家认定追求个体利益最大化的个人会在价格体系的支配下作出理性选择。当然,在真实的日常生活情景中,价格失控、市场失灵以及理性人假设的危机不断上演,相应的经济学家就不断弥补和修正斯密的理论体系。面对这种研究现状,科斯受莱昂内尔·罗宾斯(Lionel Robbins)的启发,意识到古典经济学的一个重要缺失:长期以来经济学家仅仅关心市场体系中发生的生产要素的购买,而不关注生产组织的内部安排和制度结构。①换言之,经济学家的兴趣主要集中在探讨市场体系这一变量对经济体系运行的影响。鉴于此,科斯思考的起点和努力的方向就是试图追问生产性组织(企业)的制度结构对经济体系运行的影响。

科斯在对经济学理论两个世纪以来发展状况反思的基础上,力图建构一种有别于古典经济学的"新企业理论"。他试图对古典经济学中自由市场定价机制(pricing mechanism)的功能进行反思。特别需要注意的是,科斯对古典自由市场功能的反思不仅是学理意义上的理论反思,更是对当时"真实世界"社会变迁的思考。

科斯《企业的性质》一文从 20 世纪 30 年代初酝酿到 1937 年发表,此时正值大萧条(Great Depression)时期。自由市场的失灵再一次对经济学的理论模型提出了挑战,同时也为科斯的理论创建提供了现实灵感。科斯从1931 年开始参加阿诺德·普兰特(Arnold Plant)组织的学术讨论,普兰特作为一位恪守自由市场信念的经济学家引导科斯认识到了亚当·斯密那只"看不见的手"。然而,席卷欧美的大萧条,自由市场的溃败,人们日常生活的困

---

① 罗纳德·H.科斯.生产的制度结构[G]//罗纳德·H.科斯.论经济学和经济学家.罗君丽,金祥荣,译.上海:格致出版社·上海人民出版社,2010:3-5.

窘等诸多市场失灵的事实逼迫着科斯不得不对普兰特坚信的——"竞争通过价格体系发挥作用,它可以完成所有必需的协调功能"——自由市场主张产生怀疑。科斯疑惑的是:如果定价系统提供了所需的全部协调功能,那么为什么还需要管理来进行生产的协调? 此外,迫使科斯思考这个问题的另一个重要社会事实就是苏联社会主义国家的成功建立以及蓬勃发展。列宁强调苏联的经济体系同一个"大工厂"一样,这促使科斯反思此前经济学家们恪守的自由市场中定价系统的"全能"以及中央计划经济不可能成功的信条。面对苏联社会主义计划经济取得的成功,又该如何理解经济体系内的管理以及计划经济下企业的存在呢? 科斯自称在 1932 年夏天找到了答案,他开始意识到使用定价机制是需要花费成本的,此即"交易成本"。而企业的一个重要特征就是可以通过内部等级制配置资源,并可以降低市场的交易成本。这是科斯所揭示的"企业性质"的关键特征。[①]

显然,科斯的"交易成本"概念区分了在企业"内部"和"外部"配置资源的差别,同时也比较了两种配置资源方式的成本差异。"交易成本"构成科斯创建新企业理论的逻辑起点。《企业的性质》发表半个多世纪之后,1991 年科斯获得诺贝尔经济学奖,在发表获奖演讲时他再一次强调:"如果认为《企业的性质》对经济学的最重要影响是引导人们关注企业在现代经济中的重要作用,那就错了。在我看来,对企业重要性的关注无论如何都会发生。我认为,《企业的性质》的重要贡献在于将交易成本明确引入了经济学分析。"[②]然而,直到 1960 年,科斯发表《社会成本问题》之后,《企业的性质》所开放出来的问题以及"交易成本"概念本身才引起学术界的关注。从新制度经济学后续的发展来看,对科斯研究的关注和回应是轰动性的和持续性的。基于此,道格拉斯·诺思(Douglass C. North[③])将科斯的创见称为一场"经济学的革命"[④]。然而,科斯在这两篇重要论文中并没有对产权的概念进行明确的界定,也由此招致了众多的误解和批评。

在科斯写作《企业的性质》的时代,人们普遍将市场视为实现合作和进行交易的主要手段。科斯经过研究发现,企业同样也可以发挥类似的功能,企业和市场是配置资源的两种互相替代的手段。交易的达成,在企业内部是通

---

① 罗纳德·H.科斯.生产的制度结构[G]//罗纳德·H.科斯.论经济学和经济学家.罗君丽,金祥荣,译.上海:格致出版社·上海人民出版社,2010:7-9.

② 同①:10.

③ 关于 North 的中文翻译主要有"诺思"和"诺斯"两种,本书行文统一使用"诺思",但在引用参考文献时,译名尊重原著用法。

④ 道格拉斯·诺思.经济学的一场革命[G]//科斯,诺思,威廉姆森,等.制度、契约与组织.刘刚,等译.北京:经济科学出版社,2003:48.

过等级制来组织的,而在企业之间则通过市场自发地进行。科斯同样意识到,虽然企业的存在可以减少市场议价造成的交易成本,但企业的运行同样也是有成本的。企业通过权威结构代替议价机制进行资源配置时会产生"代理成本",即上级很难知道下级是否按照他的指示努力工作。①而最终采取何种方式来配置资源,取决于交易(代理)成本的高低。威廉姆森在科斯的基础上,将市场和等级化的科层组织(企业)进行了比较。他指出,市场交易的成本,主要是由于市场信息的不通畅、市场的不确定性以及人的有限理性等因素决定的,而企业这种等级化科层组织的交易成本主要是源于企业的管理成本。②而交易成本的问题得以深化还是在 1960 年的《社会成本问题》一文中展开的。

科斯在《社会成本问题》一文中通过对"外部性"和"交互性"(又译"相互性")问题的分析,进一步明确了产权的清晰化可以使人们有效地分配风险和激励。这篇论文重点讨论了如何有效解决对他人产生有害影响的那些工商企业的行为。科斯在开篇中就给出了一个典型的烟尘污染案例,即某工厂的烟尘给邻近的财产所有者带来有害影响应怎样解决。经济学的一般分析思路是从工厂的私人产品与社会产品之间的矛盾着手。在这一基本思路下,许多经济学家会效仿庇古(Arthur Cecil Pigou)在《福利经济学》中提出的观点,一般会形成如下结论:首先要求制造污染的工厂主对烟尘引起的损害进行赔偿;或者根据工厂排出烟尘导致的危害程度对工厂主进行征税;或者责令工厂从对居民产生有害影响的地区迁出等。但科斯认为,庇古方案并不合适,通常也不会令双方满意。在科斯看来,庇古方案的根本缺陷在于忽略了问题的"交互性",即仅仅看到问题的一个方面。"庇古分析"(Pigou's analysis)的基本思路是将问题视为甲给乙造成损害,因而决定如何制止甲。然而避免对乙的损害将会使甲遭受损害,由此真正的问题就变为,是允许甲损害乙,还是允许乙损害甲? 而问题的关键就在于如何避免较严重的损害。③

为了说明这种"交互性"的特征,科斯又举出了几个典型的案例。一个是糖果制造商因机器噪声干扰医生工作而引发的纠纷。具体情形是:一位糖果制造商在一处房屋中生产糖果已经多年,后来一位医生搬到其隔壁居住,此后的八年间各自相安无事。后来医生在其住所花园内建起一座诊所,不久之

---

① 张维迎.产权、激励与公司治理[M].北京:经济科学出版社,2005:80.

② WILLIAMSON O E. Market and Hierarchies: Analysis and Antitrust Implications[M]. New York: Free Press, 1975.

③ 罗纳德·H.科斯.社会成本问题[G]//罗纳德·H.科斯.企业、市场与法律.盛洪,陈郁,译.上海:格致出版社·上海三联书店·上海人民出版社,2009:96-97.

后他发现了问题：由于诊所紧邻糖果厂，机器的噪声使他无法正常工作，于是医生向法院提出申诉。法院要作出裁定的是，医生是否有权强迫糖果制造商安装减少噪声的新机器或把机器改换到其他地方以减少噪声；或者反过来，糖果制造商是否有权强迫医生在他的房产范围内另选诊所地址或迁往别处。按此逻辑，无论法院作出何种裁决，制止任何一方都会损害另一方。①另一个典型案例是走失的牛损坏邻近土地里的谷物产生的问题。科斯设计的这个案例基于如下几个假定：首先，假定农夫和养牛者在相邻的土地上经营；其次，假定在土地之间没有任何栅栏，由此牛群规模扩大就会自然增加农夫谷物的损失。这时，如果由养牛者对造成的损害承担责任的话，例如减小养牛规模，或者支付修造栅栏的费用，那将损害养牛者的利益。如果要求农夫设置栅栏避免牛越界，将给农夫带来损失。在一般经济学家看来，定价制度的运行是无需成本的，所以当造成损害的一方赔偿所有损失，这一问题会得到令人满意的解决。②然而，在真实的世界中，市场定价体系的运行是有成本的，科斯在1937年《企业的性质》中就已经说明了这一点。科斯通过对损害负责的定价制度运行和对损害不负责的定价制度运行的比较，进一步说明了当事者双方的法定权利边界和交易成本对于契约达成的重要意义。

科斯所揭示出的相互性定理强调，损害是以产权未能明晰界定为前提的，而解决损害必定导致的所谓交互性问题则以产权的明晰界定为前提。③刘世定提出的这一"科斯悖论"对理解科斯所说的"真实世界"中的产权界定和产权运行开放出一条新的路径。要化解科斯的逻辑矛盾首先必须明确科斯交互性问题的前提条件：首先，法定的权利边界是不完全的，但它却足以使当事者双方形成各自明确的认知权利边界；其次，在法定产权的不完全之处，当事者双方对权利边界的认知存在交叉或冲突；最后，当事者在交叉或冲突的认知产权边界区间内行动，并按照各自认知的权利边界预期其收益时，不论按照哪一方认知的边界确立法定产权，都不免使另一方感到受损。由此可见，当事者认识产权的边界以及在此基础上的利益预期是所谓交互性问题存在之前提。由此，化解科斯逻辑悖论的关键就在于明确：产权不仅是由国家法律确立的，而且也是由人们的社会认知来界定的。而更重要的是，可以在此基础上进一步追问：当人们在认知权利边界的交叠区间行动并产生冲突

① COASE R H. The Federal Communications Commission[J]. Journal of Law & Economics, 1959, 2(4):1-40.

② 罗纳德·H.科斯.社会成本问题[G]//罗纳德·H.科斯.企业、市场与法律.盛洪,陈郁,译.上海:格致出版社·上海三联书店·上海人民出版社,2009:98-99.

③ 刘世定.科斯悖论和当事者对产权的认知[J].社会学研究,1998(2):14-23.

时,除了庇古方案和科斯方案之外,是否还可能存在更有效率的方案? 无论是庇古方案还是科斯方案都是以法定产权的界定为前提的,前者强调通过法律权威来裁决当事者双方谁受到了损害,进而对损害行为进行惩罚;而后者则强调损害具有交互性,关键要明确界定双方的法定权利边界,通过双方的交易达到有效率的结果。同样的道理,当面临烟尘污染,糖果制造商和医生的纠纷,养牛者和农夫纠纷等诸多冲突时,不必先界定法定产权,双方即可在认知权利的基础上协商、谈判和交易,并形成一种双方认可的产权界定方案。在一定条件下,这种"认知权利基础上的交易"可能比科斯方案更有效率。

虽然科斯方案存在着内在的逻辑张力,但科斯对问题的交互性质的关注,以及在此基础上形成的所谓"科斯定理"对经济学也产生了重要贡献。首先,科斯把经济学家的注意力转移到真实的世界中来。科斯在诺贝尔获奖演讲中批评很多经济学家研究的是"黑板经济学"(blackboard economics),因为这些经济学家所关注的是一个存在于他们心目中的而非现实世界中的经济体系,企业和市场都是有名无实的。[1]其次,在学术脉络上,庇古方案采用政府行为(如征税)来限制对他人可能产生有害影响的行为。但科斯的研究揭示出,只要交易成本为零,无论权利如何界定,各方的谈判将会导致财富增加到最大化的社会安排。而这一结论就是由施蒂格勒(George J. Stigler)最早命名的"科斯定理"的基本内涵。这一定理表明,庇古方案在交易成本为零的情况下是不必要的。在交易成本为零的前提假设下,市场的作用会将所有费用内化,由此产权的界定就无关紧要,因为权利不能改变资源的配置效率,这就从根本上动摇了庇古的理论体系。当然,自科斯以来新制度经济学对产权界定的忽略,也为产权社会学的开创埋下了伏笔。

综上所述,虽然科斯并没有对产权进行明确的界定,但通过对科斯两个重要文本的挖掘不难看出,科斯在这里为现代产权经济学确立了两个基本前提:首先,市场是界定产权的前提。虽然科斯强调企业是可替代市场进行资源配置的另一种方式,但充分的市场条件和制度环境才能保障交易的有效进行,这几乎是包括科斯在内的所有新制度经济学家都共享的基本前提。其次,法定权利边界的清晰是界定产权的前提。科斯特别强调,市场中所进行的交易并非经济学家通常所认为的那样是物质实体,而是法律确定的个人所拥有支配行动的权利。而且人们的交易往往是为了实现将权利配置给那些

---

① 罗纳德·H.科斯.生产的制度结构[G]//罗纳德·H.科斯.论经济学和经济学家.罗君丽,金祥荣,译.上海:格致出版社·上海人民出版社,2010:6.

最富有成效地使用它们的人,以实现个人利益最大化。科斯认为,只有在一个适当的产权体系下人们才能够顺利实现这种交易。①恰恰是在这两个前提之下才形成产权经济学家所恪守的一个基本命题,即产权是一束权利(a bundle of rights)。后继的产权研究者在科斯的研究基础之上共同关注的一个基本问题是:由法律所确定的制度化私有产权形成和演变的条件和基础是什么?

第三节　习俗性产权:制度化私有产权运行过程的分析

与科斯强调问题的"交互性"类似,德姆塞茨(Harold Demsetz)则通过"外部性的内部化"来解释私有产权的形成和演变。德姆塞茨认为产权是界定人们如何受益、如何受损以及谁必须向谁提供补偿以修正人们行动的一套规则,这一认识揭示出了产权界定的外部性特征。外部性包括外部成本、外部收益以及现金和非现金的外部性。②德姆塞茨遵循这一思路,分析了北美土著印第安人土地私有产权兴起的根源。最初印第安人的狩猎仅仅是为了食物和家庭所需的少量皮毛,狩猎能够自由地进行。虽然"外部性"明显存在,但外部效应如此之小以至于无须考虑补偿性支付的问题。但随着外来白人引入皮革贸易之后,狩猎变得非常频繁,加之狩猎在公共狩猎区不受限制,由此,造成外部性效应加大,最终出现了任何一个人的狩猎都可能威胁到其他人狩猎收益的情形。要化解这一矛盾就必须明确每个人狩猎的区域,亦即明确土地的产权归属以弱化外部性效应。

在此基础上,德姆塞茨指出,如果稀缺资源置于公共领域之中,那对个人而言这些资源就是外在的,每个人都会竞相使用以增进个人的利益。然而由于公共领域中的资源并不属于个人,他们并不爱惜而只是竞相争得,即只获得收益而不付出成本,不久就会使资源的可得性降到理想水平以下。由此,只有通过建立私人所有制以排除其他非所有者对资源的使用(产权排他性的体现),同时所有者对资源的使用成本和收益进行理性计算,即将外部性内部化为收益成本时才能从总体上更节约资源,亦获得更高的收益。另外,如果

① 罗纳德・H.科斯.生产的制度结构[G]//罗纳德・H.科斯.论经济学和经济学家.罗君丽,金祥荣,译.上海:格致出版社・上海人民出版社,2010:12-13.

② 哈罗德・德姆塞茨.关于产权的理论[G]//科斯,阿尔钦,诺斯,等.财产权利与制度变迁——产权学派与新制度学派译文集.刘守英,等译.上海:上海三联书店・上海人民出版社,1994:97-98.

所有权转让给出价最高的人(产权可让渡性的体现),那社会的收益就将趋于最大化。由此不难看出,德姆塞茨与科斯相似,强调理想化的状态就是每种资源都集中于对他评价最高的人手中。所以,在使外部性内部化的过程中产权制度起到了关键作用。①基于此,本书将德姆塞茨产权研究的基本命题概括为:制度化私有产权的兴起是为了将外部性较大的内部化以消除非效率的资源配置形式。在这个意义上新的私有产权的形成是相互作用的人们对新的收益—成本结构进行调整的回应。

与德姆塞茨相似,菲吕博腾和配杰威齐(E.G. Furubotn and S. Pejovich)也指出,新产权结构的形成是相互影响的人们为适应新的成本责任所作出的回应。换言之,当内部化的收益变得大于内部化的成本时,产权的发展是为了使外部性内部化。内部化的增加主要是由于经济价值的变化,而经济价值的变化又是由于新技术的发展、新市场的开辟以及原有界定不清的产权变化引起的。②恰恰是在这个意义上,他们强调产权并非简单指人与物的关系,而是指由物的存在及关于它们的使用所引起的人们之间相互认可的行为关系和社会关系。③

以上这些经济学家基于效率的考量,将收益和成本作为最基本的变量,在他们看来真正有效的产权结构是能够降低成本并获得更大收益的制度性手段和工具。正是在这个意义上,德姆塞茨认为产权是在界定人们如何受益及如何受损的行动时产生的。但对于从收益回报的关系中来界定产权的有效性时,有研究者提出了异议,如经济学家青木昌彦(Masahiko Aoki)指出:"有效的产权法律来自实践和惯例,而不是相反;社区规范在私有产权制度和市场失效的情况下可以成为社会的治理机制,这在现代环境下也是如此。"④青木昌彦提出的关于产权有效运行的理论基于如下事实,即任何产权制度都隐含着能解决个人(家庭)因资源稀缺而引起利益纠纷的稳定方式。那么,稳定的产权制度又如何从理性和信息有限的自私自利的个体中间产生呢? 与之相关的是,即便法律规定了私有产权,而且国家被认定为产权实施的最终源泉,但毕竟国家不能对每一笔产权交易的过程进行监督,由此而产生的一

① 哈罗德·德姆塞茨.关于产权的理论[G]//科斯,阿尔钦,诺斯,等.财产权利与制度变迁——产权学派与新制度学派译文集.刘守英,译.上海:上海三联书店·上海人民出版社,1994:96-113.
② 菲吕博腾,配杰威齐.产权与经济理论:近期文献的一个综述[G]//科斯,阿尔钦,诺斯,等.财产权利与制度变迁——产权学派与新制度学派译文集.刘守英,译.上海:上海三联书店·上海人民出版社,1994:233.
③ 同②:204.
④ 青木昌彦.比较制度分析[M].周黎安,译.上海:上海远东出版社,2001:36.

个问题是:在一个稳定的社会中,产权制度如何得到人们的普遍尊重,在不受第三方监督的情况下能够自我实施和良好运行呢? 质言之,青木昌彦在这里实际上追问了两个问题:一是,私有产权制度的产生何以可能? 再是,私有产权制度的自我运行何以可能? 为了对产权制度安排不受第三方监督而能够自我实施的实践形态作出解释,他引入了"习俗性产权"的概念。习俗性产权不依赖界定和实施所有权的法律规则而自组织,它产生于自利和理性有限的个人之间的相互作用。德姆塞茨也认为,产权是一种能够帮助一个人形成他与其他人进行交易的合理预期的社会工具,而这些预期的表达除了借助社会的法律之外,还有习俗和道德。①

青木昌彦虽然注意到了正式的法律制度之外的习俗和道德的作用,但忽略了国家作为一种组织机制和制度设置对产权界定以及产权运行的意义。当然,在市场经济体制中"最小国家"是在确保市场秩序有效运行的前提之下,这种对国家的忽略在很多新制度经济学家那里并不构成问题。自我调节性市场制度以及自由主义国家体制确立之后,国家作为资本主义"守夜人"的角色,常常被视为市场经济及其制度体系的一种补充性力量。恰恰在这个意义上,威廉姆森指出:经济学家对于管制(regulation)一贯的态度是"不屑和轻蔑"。②

然而,与此不同的是,另一些经济学家用告诫的口吻说道,"如果没有一个关于国家的理论,也不能真正完成关于产权的理论"③。其实科斯本人除了强调市场中的交易者的行为需要经由国家法律来约束之外,他还特别指出产权运行以及交易发生的制度环境对产权的重要意义。科斯指出:"由于交易赖以发生的制度背景会影响对生产的激励和交易的成本,因此,对经济学家而言,如果没有对制度背景进行具体说明就来讨论交换过程,则没有任何意义。"④科斯这里开放出来的制度约束与市场交易和经济绩效的关系这一问题,一直以来被视为新制度主义经济学的主要关注点。而国家作为法律等

① 哈罗德·德姆塞茨.关于产权的理论[G]//科斯,阿尔钦,诺斯,等.财产权利与制度变迁——产权学派与新制度学派译文集.刘守英,译.上海:上海三联书店·上海人民出版社,1994:97.
② 奥利弗·威廉姆森.一般行业及 CATV 行业中治理自然垄断的特许投标[G]//奥利弗·威廉姆森,斯科特·马斯滕.交易成本经济学.李自杰,蔡铭,等译.北京:人民出版社,2008:399.
③ 菲吕博腾,配杰威齐.产权与经济理论:近期文献的一个综述[G]//科斯,阿尔钦,诺斯,等.财产权利与制度变迁——产权学派与新制度学派译文集.刘守英,等译.上海:上海三联书店·上海人民出版社,1994:206.
④ 罗纳德·H.科斯.生产的制度结构[G]//罗纳德·H.科斯.论经济学和经济学家,罗君丽,金祥荣,译.上海:格致出版社·上海人民出版社,2010:14.

制度的最重要的制定者和维护者,对于产权的界定和运行有特别的意义。在新制度经济学的理论脉络中,从"国家视角"进行产权分析的最重要的研究者当属道格拉斯·C.诺思。

第四节 "诺思难题"与"阿尔钦之谜":公私边界之困

一、"诺思难题":产权运行中的国家悖论

诺思关于欧洲封建社会的财政困境及其化解机制的分析是对西欧封建产权结构变迁的重要解读。诺思指出,14 世纪鼠疫和肺炎在欧洲的蔓延使城市人口急剧下降,这导致贸易和商业数量下降,从而致使国王可征收的税收直接减少。为了增加税收以化解财政危机,当时的统治者一般会采取三种主要措施:首先是充公(confiscate),这是一种饮鸩止渴的方式。其次是借款,主要是向佛罗伦萨的银行家们伸手。借款往往产生两种结果,一是这些银行家们从统治者让予的垄断权力中获得丰厚利润;另一种情况可能是统治者拒绝支付债务而导致银行家们破产。最后一种尝试则是,统治者向经济群体提供服务——尤其是产权的授予和实施——以换取税收,这引起了政治、经济层面一系列的结构性变化。[①]

恰恰基于此,诺思指出:"封建主义的产权,实际上是一种土地使用权的有条件的转让,而得到的回报则为兵役。"[②]在罗马覆灭后的几个世纪的动乱中,军事实力和技术往往决定了资源占有的状况,这是封建主义产权在战乱秩序中确立的基础。无论是诺思的产权变迁模型还是韦伯关于占有的分析理路都直接触及了"国家"在产权界定和占有的社会认可过程中的角色与功能问题,而这恰恰是诺思的"难题"。诺思关于产权的分析可以视为建构产权国家理论的一种努力。诺思和托马斯在分析庄园制的兴衰时提出了两种制度设置形态,一种是"基础性的制度设置"(foundamental institutional arrangements),另一种是"第二层级的制度设置"(secondary institutional arrangements)。前者主要表现为政府制度或法律制度,具有公共选择的性质,而后者则主要是市场制度或合约形式(contractual forms),具有个人

---

① 道格拉斯·C.诺思.理解经济变迁过程[M].钟正生,等译.北京:中国人民大学出版社,2008:117-118.
② 道格拉斯·C.诺思.经济史上的结构和变革[M].厉以平,译.北京:商务印书馆,2005:144.

交易的性质①。在诺思和托马斯看来,国家是制度设置的第一前提,其次才是市场。秉承这种分析逻辑,诺思和托马斯在分析西方世界的兴起时也提出了与其他经济学家不同的理论创见。

很多经济学家将西方国家近代兴起和经济增长的关键变量视为技术、资本或市场等,但诺思和托马斯则强调经济组织的高效运行才是经济增长的关键。②有效率的产权安排是一个经济组织增长的关键,也是确保国家兴盛的奥秘。但诺思这里更关键的问题是:为什么人类历史过程中有效率的产权安排总是少之又少? 或者说无效率的产权安排为什么会长期存在? 诺思认为国家的行为是基于两个重要的动机:一是国家力争使统治者租金最大化,二是国家要尽量降低交易成本以使税收增加。但诺思认为这两个目标之间存在着内在的张力,“在使统治者(和他的集团)的租金最大化的所有权结构与降低交易费用和促进经济增长的有效率体制之间,存在着持久的冲突。这种基本矛盾是使社会不能实现持续经济增长的根源”。③由于诺思、托马斯成功地将产权理论运用于经济史的研究,并在此基础上对整个西方世界的兴起作了重新解释,因此,有研究者将他们对西方经济史的考察称为“产权运动”的四大支柱之一。

诺思认为,国家是私有产权兴起的基本保障,是推动经济发展的前提,同时国家又可能是侵蚀产权并引发经济衰败的一股重要力量。④诺思这里关于国家和产权关系的判断是以两个假设为前提的:一则,假定国家统治者为社会界定产权合约,同时保障产权的有效实施,并试图以此来获得更多税赋;再则,假定国家的统治者可以凭借其垄断的权力直接损害其他个体的产权,使得自身收益最大化。基于此,诺思强调,国家界定并保护有效率的产权与其自身收益最大化之间的矛盾是永恒的。

诺思所揭示的国家自身的矛盾一度被很多学者称为“诺思悖论”。然而,若没有国家的保护,新兴的产权不可能得到有效实施和普遍推行。由此更重要的问题是,什么力量可以约制国家严守保护产权的立场,而不是轻易地侵犯产权呢? 这被周其仁先生称为“诺思难题”。⑤要破解诺思难题,首先不得不面对的一个基本问题是:如何定义国家?

---

① NORTH D C, THOMAS R P. The Rise and Fall of the Manorial System: A Theoretical Model[J]. Journal of Economic History, 1971, 31(4):777-803.
② 道格拉斯·诺思,罗伯特·托马斯.西方世界的兴起[M].厉以平,蔡磊,译.北京:华夏出版社,2009:4.
③ 同②:25.
④ 道格拉斯·C.诺思.经济史上的结构和变革[M].厉以平,译.北京:商务印书馆,1992:25.
⑤ 周其仁.产权与制度变迁:中国改革的经验研究[M].北京:北京大学出版社,2004:9.

福格森(Adam Ferguson)指出:"国家的偶然建立,的确是人类行为的结果,但并非靠任何的人类计划来实现的。"①虽然"国家"在古典经济学家那里被视为利维坦(Leviathan,意指一种难以控制的怪兽),其功能及作用的空间要被最大限度地制约。福利经济学家更进一步指出,国家只在"市场失灵"的领域中发挥调节作用。但即便如此,在自由市场经济条件下,"界定产权"都被视为国家不得不发挥的作用。②在这里,如何准确界定国家构成一个重要问题。在诺思看来,只有依托产权才能将国家界定清楚,因为离开产权就不能提出一种有用的国家分析。就国家的功能和作用而言,一方面,在行使暴力上,国家既能获得合法性又能获得比较利益;另一方面,国家潜在地利用暴力来实现对各种资源的控制。③诺思理解的国家是制度变迁过程中的一个基础性的力量。

在诺思的理论模型中,社会经济变迁过程关涉三个领域的变化:首先是人口数量和质量;其次是人类的知识存量,尤其是人类用于控制自然的知识存量;最后是界定社会激励结构的制度框架。所以诺思认为,一个完整的经济变迁理论不应该仅仅是制度理论,还应该包含人口统计变动理论和知识存量理论。④就制度理论而言又包含三个方面的内容:(1)产权理论,关注个人和团体的激励制度;(2)国家理论,规定和实施产权的制度;(3)意识形态理论,解释各种不同的观念如何影响个人对变革环境的反应。⑤这三大理论构成诺思制度变迁理论的三块基石。诺思在他的诸多著述中将社会行动的个人、组织(企业和政府)为节约交易成本而诉诸的各种努力视为社会变迁的动力源泉。虽然诺思没有明确表述,但可以看出诺思将交易成本和产权结构视为制度变迁的基础。⑥

在诺思这里,产权结构的变化构成了制度变迁的内核,所以产权变迁是诺思考察经济变迁以及制度变迁的前提。诺思指出:"产权是个人支配其自身劳动及其所拥有之物品与劳务的权利。这种支配权是法律规则、组织形式、实施机制以及行为规范的函数。也就是说,是制度框架的函数。"⑦在诺

---

① FERGUSON A. An Essay on the History of Civil Society[J]. History of Economic Thought Books,1966,15(2):129-140.
② 王绍光,胡鞍钢.重新认识国家的作用[G]//胡鞍钢,王绍光.政府与市场.北京:中国计划出版社,2000:2.
③ 道格拉斯·C.诺思.经济史上的结构和变革[M].厉以平,译.北京:商务印书馆,1992:26-27.
④ 道格拉斯·C.诺思.理解经济变迁过程[M].钟正生,等译.北京:人民大学出版社,2008:1.
⑤ 道格拉斯·C.诺思.经济史上的结构和变革[M].厉以平,译.北京:商务印书馆,1992:11-12.
⑥ 韦森.社会制序的经济分析导论[M].上海:上海三联书店,2001:85.
⑦ 道格拉斯·C.诺思.制度、制度变迁与经济绩效[M].上海:格致出版社·上海三联书店·上海人民出版社,2008:46.

思这里,制度框架由三种结构组成,即政治结构、产权结构和社会结构。通常制度结构是社会各种信念的反映,制度的变化是反映过去、现在和未来各种约束的渐进过程。

诺思关于制度变迁过程中国家作用的考察抛弃了制度恒有效的观念,并转而对"无效规则"的长期存在进行解释。诺思提出的一个重要问题是:为何有的国家在确定某种产权制度能推动总收入增加时却选择另一种无效的产权制度?对于无效产权替代有效产权的这种现象,诺思认为是竞争性约束与交易成本约束共同作用的结果。前一种约束使统治者更关注如何降低被竞争者取代的风险;后一种约束呈现出的是一种路径依赖困局,即统治者在面对以较高税收成本确立的新规则与不减少统治岁入维系旧规则的选择时,更倾向于后者。诺思对统治者双重约束的分析,实际上发展出了一套新古典国家理论。①可以将诺思提出的国家视角下的产权形成理论概括为如下命题:产权的形成是国家作用和政体演变的结果。

诺思等人的一个重要贡献是揭示了产权运行的国家悖论,即产权的界定和运行需要国家提供保护,但国家的自利性决定了国家提供保护的同时必然会破坏产权结构。但诺思并没有提供一个有效的解决路径。由于所有权界定从一开始就是"不完全的",它注定要遭到国家的纠缠。而国家作为监管的第三方同样有侵夺产权而自利的原始动机。为了避免这种保护过程中的侵夺,产权的所有者可以向国家缴纳赋税来换取国家的纯粹性保护。基于这种逻辑,有研究者强调,个体性的产权与作为第三方的国家之间的关系就是一种契约关系,而这与任何其他平等的契约关系并没有什么实质性差别②。然而,国家对产权的界定以及运行的介入是一把双刃剑,而这恰恰是诺思难题的真意。然而,诺思难题背后所隐含的另一个基本问题是:国家针对私有产权和公有产权是否会有不同的行动选择呢?对此本章将引入"阿尔钦之谜"(Alchian puzzle)来作进一步的分析。

二、"阿尔钦之谜":私有产权与公有产权的比较

经济学家们往往把所有权的状况分为"全拥有"和"不拥有"两种类型,后者亦称为"共同财产",即没有任何利用限制的财产。产权经济学往往将政府控制下的财产称为"共同财产",或处于"公共领域"之中的财产。他们将这些

① 道格拉斯·C.诺思.绪论[G]//约翰·N.德勒巴克,约翰·V.C.奈.新制度经济学前沿.张宇燕,等译.北京:经济科学出版社,2003:17.
② 周其仁.产权与制度变迁:中国改革的经验研究[M].北京:北京大学出版社,2004:3-7.

财产视为无主财产，并认定"无主的"政府财产转为"产权明晰"的私人财产会提高财产的价值。然而，巴泽尔（Yoram Barzel）却指出，把公共领域中的财产或政府控制的财产视为无主的财产是不恰当的，先验的推理不能表明私人所有一定会比政府所有更有效率。只要共同财产的利用受到限制，那么就不能得出私人拥有比共同拥有会更好界定权利的结论。①对于这种讨论，笔者引入经济学中的"阿尔钦之谜"来作进一步分析。

阿尔钦（Armen Alchian）在《产权的某些经济学》这本小册子中通过一个简单的案例提出了一个关乎产权经济学的重要问题，后人称之为"阿尔钦问题"或"阿尔钦之谜"。阿尔钦假定，在一个正好有 1 000 人的小城中有一座剧院。这座剧院采取"股份所有制"的形式经营，即城中的 1 000 个居民每人都是（平均）"股权所有者"。在这个小城中，同时还存在一座"共同财产"的礼堂。阿尔钦还假定，私人所有的剧院和公共所有的礼堂都通过收门票赚钱为继，又同时服务于这城中的 1 000 个居民。当以上"社会安排"给定之后，阿尔钦追问：二者的区别何在？为什么人们会认定前者是"私有财产"，而后者是"公有财产"呢？阿尔钦进一步的问题是，假定这个小城是与外世完全隔绝的，不必考虑这个小城居民的移入、移出以及新婴儿出生和现有居民（股民）的逝去问题，在现存的剧院与礼堂的"所有制"安排下，这种私有与公有的经济意蕴又何在呢？②

针对"阿尔钦之谜"，韦森引入了"个人与财务的疏离"（the individual's estrangement from the possession）和"个人对财务的关心"（the personal care for the possession）两个概念，并用简单的数学模型推演出，在私有产权安排下人们对财产的总关心值大于在共同拥有的社会安排下人们对拥有物的总关心值。这亦可说明在过去行政控制的经济古典模式中，无人关心国有（全民所有）资产的真正原因。韦森进一步指出，在行政控制经济的古典模式中，国家（全民）所有的财产对社会中的每个人来说都是一种"非我"。韦森认为这种公有产权的"非我"现象可能是"阿尔钦之谜"所昭示的最重要的经济意蕴。③韦森通过对新中国成立以来中国农村社会制度变迁过程的反思指出，在由某种长期文化和历史传统的沿袭以及社会内部的种种张力所决定的既定制度安排下，如果社会无力快速地建构出一种刚性的"真产权"结构，只要

① 巴泽尔.产权的经济分析[M].费方域,段毅才,译.上海:上海人民出版社,1997:97.
② ACHIAN A A. Some Economics of Property Rights[M]. Santa Monica, Cali: The RAND Corporation, 1961.转引自韦森.经济学与哲学:制度分析的哲学基础[M].上海:上海人民出版社,2005:4 - 5.
③ 韦森.经济学与哲学:制度分析的哲学基础[M].上海:上海人民出版社,2005:6 - 9.

通过一种"试错过程"探寻出某种能减少人们与社会生产有关的"拥有物"的社会安排,同样能在一定程度上提高经济运作的实效。①

显然,韦森这里对阿尔钦之谜的破解仍然沿用了新古典经济学中的产权观念,即私有产权的形成和确定是效率机制作用的结果。然而私有剧院和公共礼堂产权性质的比较及其效率的分析并不能推论私有产权比公有产权具有先天的优越性。阿尔钦强调"私有产权的强度由实施它的可能性与成本来衡量,这些又依赖于政府、非正规的社会行动以及通行的伦理和道德规范"②。"私有剧院"和"公有礼堂"的实质性差异在于它们具有不同性质的产权结构和产权运行机制。因为在真实的社会中,产权占有者的自我维护、非产权所有者的侵夺以及第三方的监管,这三种因素都会导致产权结构的变动。从这个意义上讲,产权并不是一个给定的静态结构,而是不断演化的动态过程。

第五节　产权社会学视角的引入

综上所述,现代产权经济学主要关注制度化私有产权的起源和变迁,基本主张是产权界定的清晰是效率的前提。这是"产权神话"的内核。前文讨论科斯定理时指出,当交易成本为零,无论权利如何界定,各方的谈判将会导致财富增加到最大化的社会安排。这一定理也揭示出,庇古方案在交易成本为零的条件下成为没有意义的方案,因为交易成本为零时,市场的作用会将所有费用内化,权利不能改变资源的配置效率,这就从根本上动摇了庇古的理论体系。然而,当交易成本不为零时,产权的初始界定就变得十分重要,由此关键问题是:产权的初始界定是如何形成的? 是由谁以及依凭什么来界定的? 科斯没有对这些问题予以直接回答,这一遗留的空间不单可以构成产权的社会学研究的理论起点,也是社会学与经济学视角融合的基础。

经济学家青木昌彦提出的习俗性产权和诺思关注的国家悖论,都试图揭示私有产权有效运行的制度基础,或者说注意到了制度环境对产权结构的影响。然而,二者对私有产权生成演变的结构基础与市场环境的关系却关注不够。在现代产权经济学那里,完全的市场竞争环境是产权界定的前提似乎是

---

① 韦森.经济学与哲学:制度分析的哲学基础[M].上海:上海人民出版社,2005:10.
② 阿尔钦.产权:一个经典注释[G]//科斯,阿尔钦,诺思,等.财产权利与制度变迁——产权学派与新制度学派译文集.上海:上海三联书店·上海人民出版社,1994:166.

不证自明的。然而市场条件的充分与否与产权界定的关系,恰恰是社会学家和人类学家关注的重要议题。经济人类学家卡尔·波兰尼(Karl Polanyi)指出,经济行为往往是一种"制度化的社会过程",人类经济嵌入并缠结于经济与非经济的制度之中。[①]"嵌入性"(embeddedness)由此也构成社会学家区别于经济学家的一个重要视角。格兰诺维特(Mark Granovetter)也坚持经济行动是嵌入社会结构之中的,但他更进一步指出"制度化的社会过程"是一个人际互动的过程。格兰诺维特在进行组织研究时指出,人际互动产生的信任是组织达成交易的必要前提,而且也是决定交易成本的主要因素。[②]"信任—交易"的分析架构直接对威廉姆森的"交易成本经济学"提出了挑战。这些研究对于思考在不完全的市场条件下产权的界定有重要的启迪。

以科斯为代表的新制度经济学关注的核心是资源配置的效率,强调物品交易的实质是附着在经济物品之上的权利的转移。其隐含的假设是,在完全的市场经济条件下,价格机制与竞争机制是消弭当事人因身份差异影响产权界定的重要保障。换言之,市场经济环境下,无论交易者的身份如何都不会直接影响附着在交易物品上的权利的转移。然而,中国四十余年的改革开放进程呈现出的却是另一种产权实践图景:一方面,参与交易的主体(组织或个人)身份不同意味着他们会拥有不同准入路径以及不同的产权界定机制,即产权交易存在明显的"身份区隔";另一方面,不同身份的主体在占有同一物品时也不一定拥有同样的权利,即因占有主体的身份不同会呈现出"同物不同权"现象。

上述现象在中国公有产权的转型过程中表现得非常明显,以当下中国的土地占有为例,一则无论是耕地还是宅基地的分配都是以村庄成员的身份确认为基础的,身份是产权配置的前提;再则,土地占有者身份不同则对同样的土地也可能拥有完全不同的权利,国家、村集体和农户在土地使用权限上具有不同的约束边界。这套法定约束规则,与中国产权关系变革的制度性起点密切相连。中国产权变革是以公有制为主体的集体主义产权结构的裂变为起点的。一方面,集体主义产权的解构和私有产权的确立是中国产权变革研究的重要议题;另一方面,在社会主义市场经济的运行过程中,集体主义产权的重构和变异则是另一个重要议题。这两种进程的同步推进是从社会学视角理解中国产权变革的重要前提,也是反思经济学产权神话的基点。

---

① 参见:POLANYI K, ARENSBERG C M, PEARSON H W. Trade and Market in the Early Empires: Economies in History and Theory[M]. Florence, MA: The Free Press, 1957。

② GRANOVETTER M. Economic Action and Social Structure: The Problem of Embeddedness [J]. Social Science Electronic Publishing, 1985, 91(3):481-510.

很多研究者都注意到,从"产权界定的清晰是经济效率的前提"的理论预设出发来解释中国产权变革的进程,会面临诸多悖论。例如社会学家和一些经济学家广泛关注的"为什么在产权模糊的情形下乡镇企业获得了很好的发展"、倪志伟(Victor Nee)的"非正式私有化"[①]、魏昂德[②]的"地方国家公司主义"等都是对这一悖论的回答[③]。与这些分析相契合的是,中国呈现出传统体制下的公有产权结构和制度化的私有产权结构相互作用的一种关系格局。而且,在中国政治体制延续性和中国市场经济改革继续深化的"双重前提"之下,公有产权结构与私有产权结构在同一体制内的相互渗透就不是一个短暂过渡,而是一定时期内相对稳定的结构。这种真实的制度结构对既有新制度经济学的产权理论、新经济社会学以及市场转型研究领域的众多理论模型构成了挑战。那么,该如何理解公有产权结构和市场化的私有产权结构在同一体制下的并存互融呢? 又该以何种分析工具来诠释这种体制二元的产权结构特征呢?

回过头来看中国产权制度变迁的整体历程,可以发现,在改革的不同历史阶段产权制度演变具有不同的机制和特征。由此而产生的另一个重要议题是:如何理解中国产权制度变迁的整体进程以及在这一进程中不同阶段表现出的多重机制的交互作用? 更为关键的是以何种分析工具来分析不完全市场条件下的公有产权制度变迁的进程? 这不单是产权的社会学研究直面的问题,亦是立足转型中国破解经济学之"产权神话"的起点。

---

① NEE V. Organizational Dynamics of Market Transition: Hybrid Forms, Property Rights, and Mixed Economy in China[J]. Administrative Science Quarterly, 1992, 37(1):1-27.

② 关于 G.Walder 的中文翻译有沃尔德、瓦尔德以及华尔德等等,本书引文上尊重其他译者的翻译,在行文中一律使用"魏昂德"。

③ WALDER A G. Local Governments as Industrial Firms: An Organizational Analysis of China's Transitional Economy[J]. American Journal of Sociology, 1995, 101(2):263-301.

第三章　产权界定的社会逻辑：
一种理论视角

第一节　产权的社会视角：经济学与社会学的融合

自 19 世纪 70 年代经济学边际革命①之后直至 20 世纪 70 年代初，经济学与社会学一直处于疏远状态，经济学家和社会学家相互漠视，彼此很少关注对方的研究②。自孔德将社会学奉为"科学皇后"而将经济学贬斥成"伪科学"(alleged science)之日起，经济学与社会学的纠葛似乎就一直没有间断。③作为社会科学领域中的后起之秀，社会学之所以被称为"剩余科学"(left-over science)，很大程度上是与经济学的互动过程中选择的一种妥协性策略。④19 世纪末 20 世纪初，社会学的重心逐渐由欧洲移至美国。社会学在与经济学的对话或曰"对抗"过程中，逐渐在社会科学场域中崭露头角，尤其是实证主义社会学在美国获得了重要的学术地位。与此同时，原本强调从总体上把握社会生活的社会学不得不放弃了最初宏愿，并选择经济学研究领域之外的"部分社会"进行研究。这已远不是涂尔干(Émile Durkheim)所确定的社会学研究制度，经济学研究市场的传统"疆界"。

与社会学的境况不同，此时数学分析技术日益精巧，在国家政策制定

---

① 19 世纪 70 年代经济学中边际效用学派出现，使原本强调生产、供给和成本的"古典经济学"转为聚焦消费、需求和效用的"现代经济学"。参见：R.D.C.布莱克，A.W.科茨，克劳弗德·D.W.古德温.经济学的边际革命——说明和评价[M].于树生，译.北京：商务印书馆，2016。

② 理查德·斯威德伯格.经济学与社会学：研究范围的重新界定[M].安佳，译.北京：商务印书馆，2003：1-4.

③ COMTE A, BOURDEAU M, CLAUZADE L, et al. Cours de Philosophie Positive[M]. New York：AMS Press, 1974.转引自理查德·斯威德伯格.经济学与社会学：研究范围的重新界定[M].北京：商务印书馆，2003：10.

④ GIDDINGS F H. Utility, Economics and Sociology[J]. Annals of the American Academy of Political and Social Science，1895(5)：398-404.

需求与科学理性标榜的双重护佑之下，经济学逐渐走向了经济学帝国主义。①社会学研究的剩余策略与经济学帝国主义之间的鸿沟也加深了彼此的隔阂。经济学与社会学的百年疏离逼迫社会科学研究者不得不思考的一个简单问题是：经济学和社会学作为社会科学场域中的两个重要成员，彼此能否分享对方的研究成果？ 或者说社会学和经济学的视角能否融合，且何以融合？②当然，这种"融合"背后的一个基本关切是：经济学视角能够为社会学的学术增进贡献什么？ 社会学的视角对经济学的研究又有何借鉴意义？

20世纪70年代新经济社会学逐步兴起，加之与新制度主义经济学的频繁互动，经济学和社会学近一个世纪的疏离似乎暂告终结。新制度经济学和新经济社会学虽然在研究路径和基本观点上存在差别，但在理论渊源和思想起点上则呈现出一定的契合性。以诺思和威廉姆森等为代表的新制度经济学家从利益驱动入手，试图发展出一套将社会性行为考虑在内的方法。而以怀特（Harrison C. White）和格兰诺维特（Mark Granovetter）等为代表的新经济社会学家的思路正好相反，他们试图分析经济行动和利益关系是如何嵌入社会结构之中的。虽然这两派观照的具体内容有所不同，但二者延续的都是整合利益驱动和制度约束的进路③，并且思考问题的方式和学术路向都深深地打上了韦伯的烙印④。

20世纪70年代美国新制度经济学的勃兴得益于一种新意识形态的助推。1929年美国的"大萧条"促成罗斯福新政出台。以保护劳工权益、国家干预市场以及完善社会保障制度为内核的罗斯福新政，构成对市场主义意识形态的重要修正。从20世纪30年代至70年代，以国家干预为指向的凯恩斯主义一直构成美国经济学的主流。虽然国家干预市场对经济复苏以及社

---

① 刘世定.经济社会学[M].北京：北京大学出版社，2011：8-9.
② 在这里需要特别说明的是，很多研究者所关注的经济学与社会学的"疏离"是一种相对的提法，主要是针对边际革命之后经济学和社会学两个学科之间学术对话减少而言的。斯威德伯格认为20世纪20年代到20世纪60年代是经济学与社会学疏离最为严重的时期。1966年布坎南发表《经济学与相邻学科》一文，文中提到九个相邻学科对经济学的贡献，但并没有提及社会学，这可以视为经济学与社会学疏离至远的一个重要例证。参见理查德·斯威德伯格.经济学与社会学：研究范围的重新界定[M].北京：商务印书馆，2003：2.
③ 苏国勋.马克斯·韦伯与经济社会学思想.中译本序[M]//理查德·斯威德伯格.马克斯·韦伯与经济社会学思想.何蓉，译.北京：商务印书馆，2007：9-10.
④ 韦伯认为"经济社会行动可以被概念化为主要受利益驱动，而且指向他人行为的行动。通过个人赋予其行为的意义，行为成为行动；通过这一意义，行动也指向其他人的行为"。概言之，韦伯经济行为研究的要旨是从受利益驱动的个体出发，在经济分析中引入社会结构。而这恰恰是新制度经济学和新经济社会学两种理论范式共享的前设。参见理查德·斯威德伯格.马克斯·韦伯与经济社会学思想[M].何蓉，译.北京：商务印书馆，2007：217.

会秩序的良性运行起到了明显作用,但官僚化福利制度的高昂成本也一度使国家陷入了债务危机。1973 年至 1975 年,美国以及整个资本主义世界的"滞胀危机"直接促使新古典经济学再次占据主导地位。随后美国的"里根经济学"(Rraganomics)和英国的"撒切尔主义"(Thatcherism)构成新自由主义意识形态的主要标识。①而以批判修正古典经济学为立论之本的新制度经济学和将经济行动视为社会行动并以"嵌入性"视角来研究行动与制度的新经济社会学,恰恰是在这一背景下兴起的。

20 世纪 70 年代之后经济学和社会学的研究开始逐渐呈现出由疏离走向融合的趋势。具体而言:一方面,一些经济学家开始主动关注社会学的研究,将经济学的理论拓展到社会学的研究领域,或者将社会学的视角引入经济学固有的研究之中。如贝克尔(Gary S. Becker)将经济理论扩展到对一切人类行为的研究中去②,对婚姻家庭、犯罪、社会歧视等传统社会学的研究领域提出了很多洞见③。阿克洛夫(George A. Akerlof)等开展了对社会学传统领域"身份认同"的研究④,并将失业问题的社会学解释与经济学的解释相融合⑤。威廉姆森运用交易成本分析框架将市场和等级制勾连起来,对社会学传统的劳动分工理论构成了重要挑战。⑥此外,威廉姆森还直接发表了《经济学和社会学:增进对话》的文章,讨论两个学科的对话空间和前景。⑦这些吸收社会学传统理论视角的经济学研究都取得了卓越成就,并对其他学科产生了重要影响。⑧

另一方面,一些社会学家也开始主动与经济学家就重要议题展开对话,如怀特关于"市场从哪里来"的追问,以及用社会学视角对(生产)市场进行的

---

① 黄宗智.连接经验与理论:建立中国的现代学术[J].开放时代,2007(4):6.

② BECKER G S. The Economic Approach to Human Behavior[J]. University of Chicago Press Economics Books, 1992(4):515 - 518.

③ GARY S, BECKER G S. A Treatise on the Family[M]. Cambridge, MA: Harvard University Press, 1981.

④⑤ AKERLOF G A, KRANTON R E. Identity Economics: How Our Identities Shape Our Work, Wages, and Well-being[M]. New Jersey: Princeton University Press, 2010.

⑥ WILLIAMSON O E. Market and Hierarchies: Analysis and Antitrust Implications[M]. New York: Free Press, 1975.

⑦ WILLIAMSON O E. The Economics and Sociology of Organization[G]//FARKAS G, ENG-LAND P. Industries, Firms, and Jobs. Boston: Springer US, 1988:159 - 185.

⑧ 贝克尔、阿克洛夫和威廉姆森分别于 1992 年、2001 年和 2009 年获得了诺贝尔经济学奖,他们的贡献已经不仅限于经济学界,也对社会学、管理学、心理学等学科产生了重要影响。贝克尔本人除了经济学家的角色之外,还获得了芝加哥大学社会学教授的头衔,也是一个"制度化的"社会学家。

结构主义分析。①格兰诺维特对经济行为嵌入社会结构进行思考,以及从社会学和经济学两种视角出发对劳动力市场进行比较研究②等等。此外,社会学的制度主义范式也开始对经济学的既有理论提出挑战,如约翰·迈耶(John W. Meyer)等针对"制度(组织)趋同性问题"提出的"合法性机制"的解释框架,构成了对经济学"效率机制"的重要补充。③在与经济学对话的基础上,社会学的新制度主义开始在社会科学场域中发挥越来越重要的作用。更重要的是,两个学科也开始关注对方,并借鉴彼此的分析性视角。

社会学与经济学的有效互动可追溯至 19 世纪中后期。社会学创立之初就与经济学有着千丝万缕的联系,从经典社会学家的代表著作可见一斑:马克思的《资本论》、涂尔干的《社会分工论》、韦伯的《经济与社会》、齐美尔(Georg Simmel)的《货币哲学》等都是社会学与经济学视角融合的典范之作。当然,这种融合不是单向的,经济学家熊彼特(Joseph A. Schumpeter)在《经济分析史》第一卷中就强调社会学研究方法对经济学有重要意义,并直接指出经济社会学作为一项分析技术是秉持科学理念的经济学家应该掌握的。④熊彼特在《经济分析史》第三卷中,又特别强调社会学作为临近学科对经济学发展的重要性。⑤

其实,原本经济学与社会学的边界就不清晰。今天认为的社会学家们大部分都曾研究经济行为,经济并不是一个独立的领域,它融会于社会生活之中。在研究方法论上,社会学家和经济学家似乎明显不同。一般而言,社会学家惯于用归纳的方法,从对社会行为的观察分析中提炼出相关理论。经济学家则善于用演绎的方法,从自利驱使个体行为的公理中推导出经济行为理论。自 20 世纪七八十年代以来,随着社会学和经济学的融合,这种知识上的劳动分工边界逐渐变得模糊起来。经济学家开始意识到经济行动由社会所形塑,社会学家则开始从制度、网络、权力和社会认知四个社会机制来解释经济行为。⑥

经济学与社会学从百年疏离到愈渐融合,表面上看这仅仅是西方知识界

① WHITE H C. Where Do Markets Come from? [J]. American Journal of Sociology,1981,87(3):517-547.
② GRANOVETTER M. Economic Action and Social Structure:The Problem of Embeddedness [J]. Social Science Electronic Publishing,1985,91(3):481-510.
③ MEYER J W,ROWAN B. Institutionalized Organizations:Formal Structure as Myth and Ceremony[J]. American Journal of Sociology,1977,83(2):340-363.
④ 约瑟夫·熊彼特.经济分析史(第一卷)[M].朱泱,等译.北京:商务印书馆,1991.
⑤ 约瑟夫·熊彼特.经济分析史(第三卷)[M].朱泱,等译.北京:商务印书馆,1994.
⑥ 弗兰克·道宾.新经济社会学读本[M].左晗,程秀英,沈原,译.上海:上海人民出版社,2013.

的一桩"学术公案",对理解中国社会转型似乎并没有直接意义。然而,这只是问题的一个方面。另一方面,随着新制度经济学与新经济社会学的理论逐渐译介到国内,加之中国市场化改革的逐步深入,不难发现一种非常独特的学术景象:无论是作为市场化改革的理论支撑,还是作为主流意识形态之反衬,新制度经济学无疑是对中国改革影响最大的理论之一[1]。尤其是新制度经济学中的产权理论,在中国市场转型和产权变革过程中发挥着不可替代的作用。无论是在经济学界还是社会学界,很多研究者秉持对产权清晰的迷思,而且这种倾向不单在理论层面,甚至在实践领域中一些人坚信"产权清晰是效率的前提",并将此视为肇始于科斯的"产权定律"。然而吊诡的是,这并非科斯的真实看法,甚至一定程度上是科斯所反对的。[2]更重要的是,中国的产权变革呈现出与西方理论假设完全不同的实践进路。

在四十余年的改革进程中,无论是农村还是城市,产权变革以及对应的经济关系和社会关系的变化都是中国人日常生活世界中最重要的事项之一。在转型过程中,与产权理论相关联的一套无形观念不断形塑着有形的制度设置和行动选择,并逐步改变人们的日常交往模式。但特别需要指出的是,转型过程中形塑人们互动模式的产权观念与现代产权经济学主流性的产权认知并不完全一致,并由此引发频繁的产权纠纷。对于中国而言,20世纪50年代,社会主义三大改造的完成实现了产权的政治性重构,公有制的产权形态成为一切制度的基础。无论是全民所有、国家所有还是集体所有,产权的性质和结构都是给定的前提,都不构成"问题"。恰恰是中国的社会转型,以及产权结构的多元化和经济运作的市场化改革赋予了产权研究新的意涵。[3]

在社会转型的研究视域中,很多研究者将产权分析作为观测转型路径的着眼点。例如魏昂德、戴幕珍(Jean Oi)概括了中国国有产权变迁的五种路径:公有资产的承包和租赁(contracting and leasing)、公有资产的出售和彻底私有化、公有资产向精英的非法转移、国家实体对私营企业的投资、新的家庭

---

[1] 无论是将新制度经济学奉为中国市场化改革之圭臬,还是将其视为批判新自由主义的靶子,它在一定程度上都是学术场域和官方话语互通的一个交会点,恰恰是在这个意义上中国知识界出现了一场独特的"新制度主义经济学运动"。此外新制度主义的理论视角也对社会学、政治学等产生了直接的影响,并进而催生了"新制度主义政治学"和"新制度主义社会学"。参见:张林.中国的"新制度经济学"运动:新自由主义者与马克思主义者一次触及灵魂的斗争[J].政治经济学评论,2006(1):46-54.

[2] 王水雄."产权明晰"的迷思:科斯的权利观[J].中国研究(21).北京:社会科学文献出版社,2015:114-140.

[3] 王庆明.单位组织变迁过程中的产权结构:单位制产权分析引论[J].学习与探索,2015(6):29-35.

产权界定的社会逻辑

经济和其他的私人经济的兴起。①亦有研究者秉持新马克思主义的研究理路把阶级分析与产权分析结合起来，强调阶级系统中的所有权(ownership)问题是理解社会转型和制度变迁的重要基础。②其实，社会学虽然自创生之初就把产权分析作为重要的研究议题，一如马克思对所有制类型及其起源的分析、韦伯对西欧封建产权结构的检讨、涂尔干对产权起源的追溯等经典研究，但后续研究一度中断，且并未形成一致性的分析范式。③社会学家还没有对已相对成熟的产权经济学的理论形成有力挑战。

由于经济学与社会学的疏离，原本作为社会学重要范畴的产权分析，后来一度成为经济学的专擅领域。④现代产权经济学强调产权清晰是效率的前提，秉持这种理念观测中国的产权现象常遇到的困惑是：实践中一些所谓"模糊"的产权形态可能并不是低效率的。例如，为什么产权不清晰的乡镇企业却创造了经济奇迹？此外，从社会学的视角出发，还会发现一些企业主动选择"模糊产权"策略，如有的私人企业通过"借红帽子"来实现身份的合法性。所谓"借红帽子"是指私人投资的企业组织以公有制企业的名义登记注册，或者直接挂靠在公有制企业的名下⑤，这种所谓的产权模糊在经济学看来是违背效率机制的。对于这种不同组织间产权的不明晰以及所谓的产权模糊，产权经济学的解释只强调这是一种低效率的制度设置，而对于为什么产权会不清晰以及产权反复界定的合法性却不能给出解释。恰恰基于此，一度被视为经济学专有领域的产权研究也开始进入社会学家的视野之中。

既往关于社会学与经济学视角融合的讨论多从经济社会学的学理脉络出发进行有针对性的文献梳理，这些研究对于理解整个学术谱系以及学术发展的节点有重要意义。然而，聚焦经典文本从学理出发的讨论，往往容易忽略学理背后的现实关怀。对社会学的研究者而言，除了要从这些经典文本之中抽离出清晰的"学理逻辑"之外，更重要的是如何将"学理逻辑"和"事理逻辑"紧密勾连起来，进而对转型中国的现实难题进行分析。本章则试图从"问

---

① WALDER A G, JEAN C O. Property Rights and Economic Reform in China[M]. Stanford: Stanford University Press, 1999:22.

② 林宗弘,吴晓刚.中国的制度变迁、阶级结构转型和收入不平等:1978—2005[J].社会,2010(6):1 - 40.

③ CARRUTHERS B G, ARIOVICH L. The Sociology of Property Rights[J]. Annual Review of Sociology, 2004, 30(30):23 - 46.

④ 当然,自科斯之后,以产权问题为主要研究对象的"法经济学"作为一个经济学和法学的交叉领域,在社会科学场域中的影响也产生了很大影响。参见:王庆明,蔡伏虹.产权的社会视角:基于对现代产权经济学的检视[J].福建论坛(人文社会科学版),2013(4):172 - 180。

⑤ 刘世定.占有、认知与人际关系[M].北京:华夏出版社,2003:64 - 65.

题"出发,以社会学家对转型中国的产权研究为基点,透过"产权分析"这一维度来探究社会学和经济学两个学科融合的路径和方向。当然,这种探究是立足于转型中国基础之上的,是对社会学和经济学视角融合这一经典问题的"现实主义取向"的拓展。

第二节 产权的起源之争:一种实体主义产权观

长期以来,人们理解的"产权"实际上是两种范畴:产权观念和产权制度。无论是理念意义上的产权还是制度设置意义上的产权,最初都源于古老的财产(继承)制度。[①]产权在这个意义上主要关涉的是财产观念、财产承袭以及排他性的权利边界。当下新制度经济学中讨论的产权概念主要是以西欧资本主义市场制度确立后的私有产权形态为经验基础的,恰恰是在这个意义上,现代产权经济学中的产权概念是以自我调节性市场(self-regulating market)制度为前提的。纵观历史,不难发现,西欧私有产权观念的正式确立发生在近代,而且私有产权发展到19世纪中期才达到一个历史的高点。但西欧诸国自9世纪以来就出现了采地永久私有化现象,并成为西方产权私有的制度性源头。[②]所以,对于私有产权结构在人类历史上第一次高峰的考察,必须要以探究这种产权结构在前市场社会演变的过程为前提。

其实,产权观念的形成及其制度化过程是人类历史上一种古老的现象。"连同家庭一样,产权被认为是人类社会存在的最古老的制度之一。可是事实上,关于产权的初始演进,除了能够猜想到制造和使用工具的同一人首先'占有'工具以排除他人使用之外,我们几乎一无所知。"[③]青木昌彦的这段论述实际上揭示出,对产权的无知与对产权认识的混乱是紧密相连的。现代产权经济学家阿尔钦强调产权主要指涉的是组织或个人使用经济品的权利,且这种权利得到社会认可并能够有效实施。[④]菲吕博腾、瑞切特(Rudolf Richter)认为产权有各种分类,所有权是最广为人知的。而一项资产上的所有权一般包括三种因素:首先是针对这项资产的使用权;其次是经由这项资

① 理查德·派普斯.财产论[M].蒋琳琦,译,张军,校.北京:经济科学出版社,2003:1.
② 贺林平.当采地成为私产时——试论西欧私有产权的封建源头[EB/OL].http://www.libertas2004.net/Article/ShowArticle.asp?ArticleID=341,2009-09-12.
③ 青木昌彦.比较制度分析[M].周黎安,译.上海:上海远东出版社,2001:41.
④ 阿尔钦.产权:一个经典注释[G]//罗纳德·H.科斯.财产权利与制度变迁——产权学派与新制度学派译文集.刘守英,等译.上海:格致出版社·上海三联书店·上海人民出版社,2014:121.

产而获得的收益权；最后是针对这项资产的自由转移权。①从产权的这种界定不难看出，所有权结构包含了使用权、收益权和处置权。

虽然对产权的理解最初是源于关于财产的观念，然而，产权的实质性内涵不单是针对人与物之间的关系而确立的经济权属，还包括针对附着在物上的权利的配置而形成的以相互认可为基础的社会关系。这种关系规约着人们针对稀缺性资源使用时的地位结构及其行动选择。②基于此，有研究者指出，新制度经济学的产权定义也潜藏着两点重要的"社会学意涵"：一则，人们之间的相互认可与社会认知是产权界定的重要前提；再则，产权确立了人们针对稀缺性资源配置的地位结构和行为秩序。③在这个意义上，产权不单是一束权利，还是一束关系。

要想厘清产权的概念，首先需要面对的一个基本问题是：在人类漫长的历史进程中，产权到底发挥着什么作用？ 或者说，人们为什么需要产权？对此，新制度经济学的代表人物德姆塞茨给出的答案是：产权作为法律权威、习俗惯例与日常道德三者形塑的结果，其重要的社会功能体现在，它帮助人与人之间形成有效交易的合理性预期。④德姆塞茨在此处揭示了产权作为一种"社会工具"，是法律、习俗和道德的函数，这与埃克哈特·施里特（Ekkehart Schlicht）在《习俗与经济》一书中所强调的"产权根植于习俗"的判断有很大契合性。⑤

然而，从习俗、道德角度考察产权起源的思路似乎与现代产权经济学的规范性认知有一定差别。在受益和受损的关系逻辑之下，产权经济学的基本主张是：产权会影响行为激励和资源配置效率，不同的产权安排会导致不同的收益—报酬结构，产权的边界清晰是效率的前提。在这里，道德和习俗仅仅是收益—报酬结构下的次级变量。

然而，以上对产权的界定都仅仅是对市场制度确立后的私有产权结构的描述和进一步抽象。且这种界定体现的是一种形式论的产权观念，即仅仅关

---

① 埃瑞克·G.菲吕博腾，鲁道夫·瑞切特.新制度经济学：一个评价[M].孙经纬，译.上海：上海财经大学出版社，1998：6.

② 埃瑞克·G.菲吕博腾，斯韦托扎尔·平乔维奇.产权与经济理论：近期文献的一个综述[G]//罗纳德·H.科斯，等.财产权利与制度变迁——产权学派与新制度学派译文集.刘守英，等译.上海：格致出版社·上海三联书店·上海人民出版社，2014：148.

③ 王庆明.单位组织变迁过程中的产权结构：单位制产权分析引论[J].学习与探索，2015(6)：29-35.

④ 哈罗德·德姆塞茨.关于产权的理论[G]//罗纳德·H.科斯，等.财产权利与制度变迁——产权学派与新制度学派译文集.刘守英，等译.上海：格致出版社·上海三联书店·上海人民出版社，2014：71.

⑤ 埃克哈特·施里特.习俗与经济[M].秦海，等译.长春：长春出版社，2005：119.

注产权的经济权属。所以这种界定难以有效解释产权演变的整体过程,更不能涵括前市场社会产权结构的变迁特征。要回答前市场社会的产权是如何演化成今天的结构形态的,必须对产权的起源作实质性的分析。当然,这种分析须秉持一种与形式论的产权观所不同的"实体论的产权观"。人类学家张小军指出,实体论的产权观强调西方市场条件下的私有产权仅仅是人类产权认知长河中的短暂一瞬,即便是私有产权在人类历史上也早已有之,只不过产权的实质性内涵不单是经济权属,还包括政治、社会、文化以及象征性的权属。[①]

对于私有产权的起源,学术界一直就存在很大争论。在韦伯看来,这种争论带有明显的"意识形态"特征——社会主义作家将私有产权的出现视为美德向罪恶的堕落,而自由主义者则想尽一切办法试图把私有产权的起源追溯到想象中的人类远祖时代。但事实上,关于原始人的经济生活和农业组织形式委实无法作出任何概括性的论断。若从欧洲影响所未触及的人口中去寻求答案,总会发现它们彼此相差悬殊,毫无一致之处。[②]笔者在这里对私有产权起源的讨论并不想陷入这种意识形态的泥沼之中,为了避免这种风险,下文将以巴泽尔关于奴隶自我救赎的分析为基点作进一步探讨。

巴泽尔关于奴隶获得自我救赎的分析揭示了私有产权起源的重要条件。巴泽尔关注的一个基本问题是:奴隶是奴隶主的财产,奴隶主有权利也有能力拿走属于自己的而由奴隶创造的劳动收益,那奴隶又如何可能为自己积累财富,甚至有可能为自己赎身呢? 他的回答是,奴隶主监管奴隶是有成本的。一方面,奴隶主为了增加奴隶们的劳动收益就必须要监督奴隶的劳作;另一方面,奴隶主基于成本—收益的考虑,要尽量降低监督成本以获得更高收益。在这种结构下,奴隶主对奴隶及其劳动产出的占有是不完全的,一种次优的选择是奴隶主让渡一部分产权给奴隶以激励其劳动并降低监管成本。在这种情形下,奴隶能够获得一部分自我支配的权利,随着这种权利的累积,奴隶有可能会为自己赎身。粗看起来奴隶们被剥夺了一切权利,但实际上奴隶主并不享有绝对的所有权。奴隶主们权利遗留空间的生产、累积以及这种权利空间的再生产,是因为他们要节约监督奴隶劳作、维持奴隶消费、防止奴隶逃跑等与奴隶有关的诸多成本。而这一权利遗留空间的存在为奴隶们可能获得自我支配权提供了机会。[③]

---

① 张小军.复合产权:一个实质论和资本体系的视角[J].社会学研究,2007(4):23-50.
② 马克斯·韦伯.经济通史[M].姚曾廙,译,韦森,校订.上海:上海三联书店,2006:16.
③ 巴泽尔.产权的经济分析[M].费方域,段毅才,译.上海:上海人民出版社,2008:109-116.

对于奴隶的自我救赎,诺思则强调在奴隶主和奴隶之间存在着一种隐性契约(implicit contract)。为了得到奴隶们最大限度的劳动付出及其收益,奴隶主必须要投入足够成本来监督和测定每个奴隶的产出,进而根据监测的结果对奴隶们的表现进行奖惩。但由于监管成本极高,奴隶主一般不会实施完全的监管。一般的情形是,奴隶主给予奴隶一定的权利,以此来换取他们更优的劳动表现。表面上看,奴隶的产权来源于自己的劳动,但实质上则源自奴隶主和奴隶之间的隐性契约。因为只有这种隐性契约才能确保奴隶劳动付出的部分收益归自己所有。这种隐性契约在现代科层组织的"委托—代理"关系中也表现得非常明显。在"委托—代理"以及与之相关的监管问题的讨论中,很多研究者都假定委托人有训诫代理人并行使合约的权利。通过对巴泽尔这一经典研究的评析,诺思试图说明,在"委托—代理"关系中,产权的占有以及权利的行使并不是单向度的,代理人也能监督委托人并行使其在合约中的权利。①由此可见,在"委托—代理"关系中,具体的产权实践形态往往是委托人和代理人双方互构的结果。

奴隶产权的生成机制以及奴隶身份的自我救赎,是理解西欧封建领主产权起源的基础。在西欧封建时代,按照司法惯例,原本领主对奴隶拥有无限的司法权。作为非自由民的奴隶,由领主参加审判的官方法庭的刑事裁决是最后判决,而自由民则只受民众法庭的管辖。然而,从公元 8 世纪开始,奴隶的地位逐步提高,领主对奴隶的权力则日益削弱。对于此种现象的解释,韦伯也认同对奴隶监管费用的提高是一个重要原因。尤其是西欧领主又与拉丁所有主不同,他们多是武士出身而非真正意义上的农场主,如此一来,监管奴隶的成本就会更高。除此之外,韦伯认为奴隶的自我救赎还有几个重要的原因:其一,大规模对外征服运动的停止,造成战俘奴隶的交易市场难以为继;其二,土地的大面积开垦,尤其是森林的开辟对奴隶的需求大大提高;其三,领主权力范畴的扩展,由于军事技术的改革,领主权力不再仅仅局限在庄园内部而逐渐扩展至他的整个领土范围之内。这三个方面也是促成奴隶监管费用提高的重要因素。②虽然韦伯关注的奴隶权利的提升与巴泽尔关注的奴隶的自我救赎不属于同一时期,但二人却共同触及了"产权的起源"这一重要议题。

---

① 道格拉斯・C.诺思.制度、制度变迁与经济绩效[M].上海:格致出版社・上海三联书店・上海人民出版社,2008:44-45.

② 马克斯・韦伯.经济通史[M].姚曾廙,译,韦森,校订.上海:上海三联书店,2006:42-43.

第三节 韦伯的"产权命题":社会关系中的占有

虽然罗马帝国在公元 5 世纪就已消失,但罗马文明并没有随之消散,一个明显的事实就是《罗马法》精神被保留下来并对西欧近现代社会产权结构的形成及演变产生了重大影响。[①]在这种精神的指引下,西欧国家在早期现代化过程中较好地解决了私有产权的确立问题。对于西欧封建时代产权观念的确立,需要明确的是:在手工业行会和封建制度确立之前的欧洲,其文明是以奴隶制、家长制为基础的。[②]封建主义政治经济结构的基础是奴隶、农奴(manorial slaves)和自由劳动力,封建时期特有的庄园组织是在佃农和自由人的基础上建立的。这种以自给自足为特征的庄园经济结构、分权的政治组织以及等级制的财政义务构成了封建结构的基本特征。[③]所以对西欧封建社会产权的分析离不开庄园制(manorial system)、封建领主(manorial lords)和农奴这三个基本概念。布洛赫(Marc Bloch)在《封建社会》中指出:"打上封建主义印记的庄园制度在封建主义灭亡后存在了很长时间,并且发生了很多变迁。而在庄园内部的所有依附形式中,最地道的封建依附形式就是农奴制。"[④]

在韦伯看来,封建领主产权以及西方庄园的内部发展,很大程度上取决于政治和社会的阶级关系的变化。领主产权由三个部分组成:第一,土地的拥有,即领土权;第二,人(尤其是奴隶)的占有;第三,通过强夺或封赐而获得的政治权利的擅专,尤其是司法权。[⑤]韦伯在这里实际上提出了土地、奴隶以及政治权利,尤其是司法权的占有是封建领主产权得以存在和维系的基础。韦伯的产权理论是建立在"封闭的社会关系"和"占有"(appropriation)这两个概念基础之上的。韦伯指出,开放的和封闭的社会关系可以受到传统性社会行为、情感性社会行为、目的理性社会行为以及价值理性社会行为这四类社会行为的制约。[⑥]韦伯虽然没有对占有的概念给出一个明确的界定,但土地、奴隶和司法"三重占有"的分析是理解西欧封建产权关系的重要基础。诚如

① 道格拉斯·C.诺思.经济史上的结构和变革[M].厉以平,译.北京:商务印书馆,1992:141.
② 锡德尼·维伯,比阿特里斯·维伯.资本主义文明的衰亡[M].秋水,译.上海:上海人民出版社,2001:3.
③ 道格拉斯·C.诺思.经济史上的结构和变革[M].厉以平,译.北京:商务印书馆,2005:143.
④ 马克·布洛赫.封建社会(下卷)[M].李增洪,侯树栋,张绪山,译.北京:商务印书馆,2007:708.
⑤ 马克斯·韦伯.经济与社会(上卷)[M].林荣远,译.北京:商务印书馆,2006:42.
⑥ 同⑤:72.

斯威德伯格（Richard Swedberg）所言，"占有概念不仅是韦伯产权概念的核心，而且是其总的经济社会学的核心"。①

从韦伯的阐述中不难发现，他所说的"占有"是封闭的社会关系赋予参加者以垄断性的占为己有的机会，韦伯把这种占为己有的机会称为"权利"。而封闭社会关系赋予参加者的占有是经由几种不同形式实现的：首先，给予一定的共同体和社会的参加者。其次，给予个人，此分两种情形，一种是纯粹给个人；另一种是继承从而占为己有。最后，是可转让的占为己有，这又分两种形态：一种是机会的享有者把机会转让给特定的人；另一种是可以把机会自由地转让给任何的其他人。在这里，韦伯将通过个人继承或继承团体（无论是"共同体"还是"结合体"）获得的占为己有的权利，称为个人或团体的财产，可以自由转让的则称为"自由财产"。②以上是韦伯的产权社会学理论中涉及的几个基本概念。

韦伯产权理论的基本观点可以简单概括为：当处于封闭社会关系的行动者成功地占有某些机会时，他们就获得了某种"权利"，而当这种权利可以被继承时，就有了"产权"。③由此可见，韦伯提出的占有与产权概念虽有相似，实有不同。斯威德伯格指出，二者的不同之处就在于，占有加上了一个互动的或社会的维度。韦伯在对开放的社会关系和封闭的社会关系进行比较的基础上提出的占有概念，特别关注了这样的一个事实，即某些行动者被以一种特殊方式排除接近特定事物或个人的可能性。④由此不难看出，韦伯关注的占有的可转让性具有两种形态：一种体现为某些行动者依照特定的条件或者以特殊的方式转让经济机会，而另一种则是可以自由地对任何人转让。前者是有限方位的转让，而后者则是无限方位的转让。与韦伯从占有的形态考察产权结构不同的是，诺思则更注重产权制度变迁的过程这一维度。

第四节　产权界定的多重维度

在社会科学研究中，产权概念是经常被人们使用而又最具争议性的概念

①　理查德·斯威德伯格.马克斯·韦伯与经济社会学思想［M］.何蓉，译.北京：商务印书馆，2007：56.
②　马克斯·韦伯.经济与社会（上卷）［M］.林荣远，译.北京：商务印书馆，2006：73.
③　同①.
④　理查德·斯威德伯格.马克斯·韦伯与经济社会学思想［M］.何蓉，译.北京：商务印书馆，2007：304－305.

之一。与经济学家们对产权实施中权利边界"清晰化"的诉求不相称的是,产权概念的界定往往是模糊不清的。经济学的产权界定一般遵循两个基本预设:一则,产权是指界定清晰的个体性的经济权属;再则,产权界定依凭的主要是法律合约。产权得以强制实施的基础是其法定的权利及约束边界,而实施主要针对的对象是经济物品及其权属。概而言之,长期以来有关产权问题的讨论主要囿于经济学界,而且经济学家界定产权最主要的依凭是法律设定的权利边界,此即"法定产权"。

产权经济学以法定权利(legal entitlements)的界定和交易为基本关注点,物品的交易实则是附着在物品上的权利的转移。要使交易有效进行,必须对附着在物品上的权利进行清晰的初始界定。通常,产权的初始界定是由政府制度或法律制度等基础性制度设置来实现的,交易活动引发的产权的重新界定则主要是由市场制度(或其他合约形式)构成的第二层级的制度设置来实施的。①前一种制度具有公共选择的性质,而后一种制度则具有个人交易的性质。在厘清了产权与制度的关联之后,诺思对产权进行了重新的界定,他强调产权是制度框架的函数,个人对自身劳务和物品的支配权受法律规则、组织形式、实施机制和行为规范的影响。②

产权实际上是人类社会存在的最古老的制度之一,对于产权的初始演进,学术界还缺乏足够的关注。③产权现象是人类一种古老的制度关系的体现。卡尔·波兰尼的研究揭示了实体性的经济观,即人类经济嵌入各种经济的与非经济的制度之中,呈现为一种制度化的社会过程。④市场条件与产权界定的关联,不仅是社会学和经济学展开对话的重要基点,同样也是探究转型国家产权变革的重要前提。近年来一些社会学家和人类学家立足转型中国的"试验场",提出了不同于经济学的产权概念和理论框架。

长期以来现代经济学主要强调产权的经济权属这一维度,这是一种典型的形式论的观念。张小军从波兰尼实体论的经济观出发提出了"实质产权"的概念,并进而强调产权的广泛系统性和嵌入性。他借用布迪厄(Pierre Bourdieu)的"资本"概念并将之对应于产权的范畴,对"产权"概念进行重新构造,强调产权不仅具有经济权属,还包括政治、文化、社会以及象征四种权属。

---

① NORTH D C, THOMAS R P. The Rise and Fall of the Manorial System: A Theoretical Model[J]. Journal of Economic History, 1971, 31(4):777 - 803.
② 道格拉斯·C.诺思.制度、制度变迁与经济绩效[M].杭行,译,韦森,审校.上海:格致出版社·上海三联书店·上海人民出版社,2008:46.
③ 青木昌彦.比较制度分析[M].周黎安,译.上海:上海远东出版社,2001:41.
④ POLANYI K. The Economy as Instituted Process[G]//GRANOVETTER M, SWEDBERG R. The Sociology of Economical Life. Boulder, Colo: Westview Press, 1992:34.

同时,他指出在这种"复合产权"的结构中,这五种产权都是人类产权关系的重要范畴,是"平等的"和相对独立的。①这种实体论意义上的复合产权论,与经济学家对经济之外因素的关注有很大的不同。虽然诺思、德姆塞茨以及青木昌彦等经济学家将产权视为法律、道德、习俗以及行为规范的函数,但张小军指出,不能仅仅将这些因素视为产权的外生变量,因为"产权是一个完整的方程",是一套在日常生活领域真实存在的社会认知和观念体系。②

复合产权论从实体主义的经济观出发,强调真实世界中的产权是融合经济、政治、社会、文化以及象征权属的整体。遵循波兰尼实体论的研究理路,复合产权论是对产权经济学理论前设的一种批判,这种理论创见是要努力将现代产权观念从自由市场以及与之契合的制度化私有产权的泥沼中"解放"出来。这种"解放"的现实性依据是:以市场化和私有财产为出发点的产权概念无法解释中国以制度化的公有产权结构为原点的产权变革进程。在社会学的知识谱系中,复合产权论有丰富的理论传统。一如布迪厄强调资本不单指经济范畴,还包括政治、文化、社会以及象征性的范畴,同样,产权也不仅仅是经验权属,还包括政治权属、社会权属、象征性权属等权利范畴。但也需要明确的是,如果单将产权视为一束排他性的权利,则很难和资本概念对应起来,如果同样将产权视为基于社会合约的"一束关系"的话,则会开放出更多有意义的问题。此外,布迪厄开创了"资本"研究的多维视角,并重点研究了除经济资本以外的政治资本、文化资本、社会资本和象征资本,但在布迪厄这里,经济资本是居于主导地位的。而对于产权的复合性结构而言,张小军强调经济权属和其他几种权属是平等的,并不具有先天的主导性。

秉持实质论的产权观念,折晓叶和陈婴婴强调实践中的产权不是一种静态的法律条文或权利结构,而是不断变动的。产权在不同条件下会出现反复被界定的情形,在不断地界定和建构过程中,产权呈现为对社会权利关系的一种制度化表达。③在这个意义上,产权的实践过程与产权的界定逻辑构成了一个问题的两个方面。在社会学对产权界定的关注中,除了法律合约之外,社会成员的广泛认可是另一个重要的维度。在这个意义上,社会认可构成了对法定权利边界的一种补充。

一、社会认可:法定权利边界的一种补充

很多研究者意识到,若以现代产权经济学的理论框架为基点来分析中国

---

① ② 张小军.复合产权:一个实质论和资本体系的视角[J].社会学研究,2007(4):23-50.
③ 折晓叶,陈婴婴.资本怎样运作——对改制中资本能动性的社会学分析[J].中国社会科学,2004(4):147-160.

产权变革进程会面临诸多矛盾。刘世定指出面对中国复杂的产权结构及其变革形态,研究者往往采取两种完全不同的策略:一种研究策略是把西方产权经济学中的"产权"概念作为基准,将与此种概念内涵和外延不同的制度性成分视为对基准概念的"偏离",如残缺产权、模糊产权等。另一种策略则是跳出产权经济学的传统框架,从更基础的概念出发,如占有、支配等。前一种策略容易和"标准的"产权研究的学术脉络相衔接,但以西方的产权概念为判准来检视中国产权变迁而得出"产权的悖论",往往是中国的"常态"。①在这个意义上,后一种研究策略可能对于理解转型中国的产权演变过程更有帮助。然而,从后一种研究策略出发,要不得不经历一次重要的学术"冒险",因为这要求从经验事实出发对现代产权经济学的前提进行反思。这种"冒险"要求必须跨越经济学、社会学、法学等学科之间的藩篱,同时也要在琐碎的经验事实之中抽离出线索清晰的事理逻辑。而以社会认知为基础的产权分析恰恰是这种努力的表现。

长期以来,法定产权的约束边界实际上主要限定在产权合约确定之前和确定过程之中,对于产权合约确定以后可能发生的产权纠纷,逻辑上认定按照合约规定遵照法律程序执行即可。然而,一方面,法律所规定的产权合约内容不可能是完备的,或者说产权合约不能将所有可能发生的产权纠纷都预想清楚②;另一方面,即便产权的纠纷适用于事先规定的合约范畴,但在实际的执行过程中,当事人往往会绕过合约而采取相互妥协、息事宁人等方式来解决。恰是在这个意义上,威廉姆森指出法学家和经济学家似乎达成了一种默契:经济学家只关注分工交换和经济效益,而法学家则负责推敲合同法的细节条款。③

然而,在实践中产权是一个被反复界定的动态演化过程。由此,如何理解产权的建构及其运作过程就构成一个重要的理论问题。刘世定从科斯讲述的"斯特吉斯诉布里奇曼案"(制糖商和一个医生的纠纷)和"走失的牛损坏邻近土地上的谷物"两个典型案例出发④,归纳了科斯的"相互性定理":假定A有一定排他性的权利,且该权利的行使对B不利或有害。假设通过法律权威消除A的此项权利,就意味着B获得某项权利,由此,B的占有又意味着

---

① 刘世定.占有、认知与人际关系[M].北京:华夏出版社,2003:2.

② 巴泽尔.产权的经济分析[M].费方域,段毅才,译.上海:上海人民出版社,2008:1-3.

③ 奥利弗·E.威廉姆森.资本主义经济制度:论企业合约与市场合约[M].段毅才,王伟,译.北京:商务印书馆,2002:34.

④ 关于这两个案例的详细内容可以参见:威廉姆森,温特.企业的性质:起源、演变和发展[M].姚海鑫,邢源源,译.北京:商务印书馆,2007。

对 A 有损害。事实上，"相互性定理"中隐含着一个逻辑悖论：所谓的"相互损害"是以 A 与 B 之间产权的界定不清为前提，消解一方损害导致另一方受损的相互性问题又是以双方产权的清晰界定为基础的。刘世定以"当事者对产权的认知"为逻辑主线，指出化解这一悖论的关键在于当事者认知权利边界溢出法定权利边界。[①]

以社会认知为基础来界定产权往往能弥补法定产权的不足。恰是在这种意义上曹正汉等指出，中国日常生活中人们公认并遵循的"理"，即便可能与相关的法律条款存在一定冲突，但它作为产权界定的重要依据，总体上有益于社会的稳定。这种民间社会的公理可以弥补、修正法律条款和官方政策在产权界定上的偏差，从而降低产权界定的交易成本。在一定程度上，被普通民众所公认的"理"构成了中国民间社会不成文的"宪法"，能够对一般的政府行为以及市场中的交易行为实现有效规约，这是保证中国经济持续增长以及社会秩序良性运行的一个重要的隐性条件。[②]认知产权模式对法定产权的补充更有利于洞识中国集体主义产权变革的复杂过程，在这一过程中产权作为社会权利关系的制度化表达，依托不同的社会合约而被不断地解构和建构。

基于以上讨论，不难发现，无论是法律界定还是产权实践，所有权是一种具有社会认知性的经济权利。[③]从实践的角度看，产权可以被界定为对经济资源占有的社会认可。社会学者开创的这种产权研究的新视角实则揭示了一个基本的观念：产权的界定是一个社会建构的过程。下文将围绕产权的社会建构这一维度展开讨论。

二、作为"社会性合约"的产权：对市场性合约的补充

社会学的先驱涂尔干曾经把经济学定义为"关于市场的科学"，把社会学定义为"关于制度的科学"。在涂尔干这里，制度是指一切由集体所确定的信仰和行为方式。[④]而经济学家在理解制度的本质、起源、作用和结果方面提出了有别于社会学家的思路。青木昌彦从博弈论的角度指出经济学家定义的制度至少有三种含义：博弈局中的参与者、博弈规则和博弈

---

① 刘世定.占有、认知与人际关系[M].北京:华夏出版社,2003:54 - 58.
② 曹正汉,史晋川.中国民间社会的理:对地方政府的非正式约束——一个法与理冲突的案例及其一般意义[J].社会学研究,2008,(3):92 - 121.
③ CARRUTHERS B G, ARIOVICH L. The Sociology of Property Rights[J]. Annual Review of Sociology, 2004, 30(30):23 - 46.
④ 迪尔凯姆.社会学方法的准则[M].狄玉明,译.北京:商务印书馆,1995:15.

结果(均衡)。①作为博弈局中参与者的制度,通常是指重要的组织机构如政府、大学、公司等,这是"institution"②的本义之一。在诺思看来制度最基本的含义是社会的"博弈规则",是对人们之间的互动关系及行动选择的重要约束机制。③开创制度分析之博弈均衡理论的安德鲁·斯科特(Andrew Schotter)则强调制度是一种均衡,亦即博弈的后果。④经济学家和社会学家在制度内涵上理解的差异,是两个学科在关乎产权的理论预设上产生差异的重要原因。

在现代社会中,不论何种政体,产权制度都是最基础性的制度设置形式之一。新制度经济学家将产权视为市场性合约的组合,市场是界定产权的前提。而波兰尼则指出,在19世纪之前的历史中,经济逻辑是从属于社会逻辑的。而到19世纪,作为自由市场经济体制内核的"自我调节市场"出现之后,经济关系开始从社会关系中"脱嵌"出来,并居于主导地位。但在波兰尼看来,"自我调节市场"并不真实存在,在人与自然和平相处的社会中,市场的自我调节理念只是一种乌托邦。⑤在波兰尼这里,市场是实体主义经济乃至整个社会范畴的重要组成部分。在斯蒂格利茨看来,波兰尼的这一论断实则揭穿了"自由市场的神话"。⑥波兰尼的宏观嵌入性视角是理解产权的社会建构过程的重要基点。

前文已经指出,现代产权经济学在解释中国产权制度变革过程上会面临诸多悖论。以乡镇企业在同一地区产权的多元化为例,产权经济学解释框架的内在逻辑张力在于,它不能既解释了"私有制"的成功,又解释"集体

---

① 青木昌彦.沿着均衡点演进的制度变迁[G]//科斯,诺思,威廉姆森,等.制度、契约与组织.北京:经济科学出版社,2003:10-14.

② 不仅社会学家和经济学家在理解"institution"上有很大差异,经济学家内部对"institution"的理解也大有不同。哈耶克(Friedrich von Hayek)倾向于把他的研究对象视为一种"order"(秩序),科斯则把"institution"视为一种"建制结构"(有点接近英文的"structural arrangement"或"configuration")。诺思则将之视为"约束规则"。在中国知识界,不同学科对"institution"的翻译也有不同。如陈嘉映一般把"institution"翻译为"建制",而杨国荣则将其翻译成"体制",张绍杰则将之翻译为"惯例",等等。参见:韦森.社会制序的经济分析导论[M].上海:上海三联书店,2001.

③ 道格拉斯·C.诺思.制度、制度变迁与经济绩效[M].杭行,译,韦森,审校.上海:格致出版社·上海三联书店·上海人民出版社,2008:3.

④ 安德鲁·斯科特.中级微观经济学[M].李俊青,杨玲玲,译.北京:机械工业出版社,2010:141.

⑤ 卡尔·波兰尼.大转型:我们时代的政治与经济起源[M].冯钢,刘阳,译.杭州:浙江人民出版社,2007:3.

⑥ 约瑟夫·斯蒂格利茨.前言[M]//卡尔·波兰尼.大转型:我们时代的政治与经济起源.冯钢,刘阳,译.杭州:浙江人民出版社,2007:6-8.

制"的不败。折晓叶和陈婴婴以长三角地区的塘村集体企业在产权关系变革过程中屡次界定的实践过程为分析对象，试图重新解释令产权经济学家困惑的悖论性问题。对应于"私有产权的市场性合约"，折晓叶和陈婴婴提出了"集体产权的社会性合约"的分析框架。这是因为以社会权利关系为基础的"社会性合约"，对于深深"嵌入"社区母体中的乡镇企业发挥着重要的影响。"社会合约性产权"将成员权及其连带的社会关系网络看作合约形成的基础，这与新制度经济学中"市场合约性产权"的解释逻辑有很大不同。①

其实，集体产权之社会性合约较之于私有产权的市场性合约的根本不同在于，前者关注在市场条件不完备的前提下公有产权的所有者以及参与者的复杂关系，而后者关注在自由市场前提下个体的排他性权利。恰恰基于这种理解，周雪光在对权利产权观念批判的基础上提出了"产权是一束关系"的命题。②

关系产权理论拓展出了一条经由组织与其所处环境之间的"关系结构"来透视产权的独特路径。在中国四十余年的产权改革进程中，企业与政府以及企业和企业之间，有着长期稳定的关系。这些关系的存在是以企业组织的产权被弱化为前提的，而且这种结构存续依托于这些组织间的彼此认可和承诺。若以产权经济学的理论为出发点来看中国的产权改革进程，会面临诸多困境：一方面，在所谓的产权模糊、主体不明的前提下中国乡镇企业创造了发展的奇迹，产权模糊与发展激励和效率的同在构成对"权利产权"理论的一个重要挑战。另一方面，企业运行和产权变革所面临的复杂关系以及制度环境是界定实践产权的重要依据。由此，周雪光提出了"关系产权"概念，并强调关系产权是一个组织应对所处环境的适应机制。与经济学强调产权的结构形态反映企业的独立性不同，关系产权揭示了企业与政府以及其他组织之间特殊的权力结构和关系网络，这种理解更契合中国产权变革的实际形态。③

不难看出，周雪光所强调的关系产权是基于不同组织之间的社会互动以及组织的制度化过程视角来界定的。这与产权经济学中所强调的产权中的"关系"还有很大不同。前文已经指出经济学家所关注的"关系"也不是简单的基于物的使用价值而形成的经济关系，而主要关注由物的存在及其使用所

---

① 折晓叶.陈婴婴.资本怎样运作——对改制中资本能动性的社会学分析[J].中国社会科学，2004(4)：147-160.
②③ 周雪光.关系产权：产权制度的一个社会学解释[J].社会学研究，2005(2)：1-31.

引起的行为关系和社会关系。①但这种关系是市场制度条件下资源稀缺性所导致的对资源占有的排他性关系。而周雪光所强调的关系是关涉组织、个人、国家在独特的市场条件以及政治环境下,在产权变迁过程中所展现出来的相互交错的复合关系。产权关系的复合性也构成社会学学者分析中国产权关系变革的一个重要出发点。

第五节　小　结

综上所述,产权界定的社会维度为解释以公有产权制度为原点的中国产权变革进程提供了一个新的和更有说服力的分析框架。但这里特别要说明的是,与产权经济学对应的这些社会学的理论视角并不是与经济学相悖的,而是相互补充的。

虽然"产权的社会视角"对产权经济学的局限提出了重要的批评和补充,但目前这种视角的开拓以及在研究对象的选取上还有一定局限,既往研究主要选择农村的地权、林权、水权的纠纷以及乡镇企业改制过程中的产权变革问题作为研究对象,而对最能体现社会主义体制内涵和反映中国产权关系变革复杂性的城市社会国有企业产权变革的问题还没有进行实质性的研究。②官僚化的国有企业是经典社会主义体制中最重要的产权形式③,也应该构成"产权的社会视角"重要的解释和研究对象。即便如此,产权的社会视角的开创,仍有重要贡献。一方面,这些研究都立足于转型中国的具体实践,为理解中国复杂的产权变革历程提供了一种全新的解释框架;另一方面,这些解释框架都从批评和补充新制度经济学出发,产权分析构成了社会学与经济学视角融合的一个重要基点。

虽然新制度经济学是最有可能与经济社会学对话的经济学分支,但有论者指出,新制度经济学仍然是以建构一种一般性的规范性理论为欲求的,这与经济社会学重视不同国家的地域差别,以实证性的中层理论为目标有

---

① 菲吕博腾,配杰威齐.产权与经济理论:近期文献的一个综述[G]//科斯,阿尔钦,诺思,等.财产权利与制度变迁——产权学派与新制度学派译文集.上海:上海三联书店·上海人民出版社,1994:204.
② 王庆明,蔡伏虹.产权的社会视角:基于对现代产权经济学的检视[J].福建论坛(人文社会科学版),2013(4):172-180.
③ 雅诺什·科尔奈.社会主义体制:共产主义政治经济学[M].张安,译.北京:中央编译出版社,2008:5.

很大不同。①作为旧制度主义经济学的"当代传人"，杰弗里·M.霍奇逊（Geoffrey M. Hodgson）强调经济学与其他学科的疏离表现为一种"自我封闭"，这种封闭得以形成以及再生产的前提是，经济学对稀缺性的强调与无限理性、制度给定这一潜在假设之间的矛盾。只有消除这一矛盾，经济学才能吸收其他学科的创见，进而更清晰地解释理性和制度的产生及其性质、边界。②而社会学家关于理性限度和社会化程度的反思以及对制度设置和制度变迁的研究，不仅构成社会学制度学派的基石，也为知识界提供了一条不同于经济学的独特路径。

概而言之，产权经济学主要关注产权特征给定下的行为激励以及特定产权结构下的资源配置绩效。与之不同，产权社会学的研究关心的是，特定的产权特征和结构是在什么样的条件下，通过怎样的社会互动被界定出来的。③换言之，产权社会学恰恰关注产权经济学"不言自明"的前设。产权社会学的关怀能够弥补产权经济学的一些不足。时至今日，越来越多的研究者开始意识到学科的藩篱仅仅是一个没有实质意义的"大幕"，只有拉开这个人为设置的"大幕"，才能看到完整的社会科学景观。产权的社会学研究，恰恰是跨越社会学与经济学的学科藩篱，进而呈现完整的社会科学景观的一种努力。

---

① 高柏.中国经济发展模式转型与经济社会学制度学派[J].社会学研究,2008(4):1-31.
② 杰弗里·M.霍奇逊.制度经济学的演化:美国制度主义中的能动性、结构和达尔文主义[M].杨虎涛,等译.北京:北京大学出版社,2012.
③ 刘世定.私有财产运用中的组织权与政府介入——政府与商会关系的一个个案研究[G]//周雪光,刘世定,折晓叶.国家建设与政府行为.北京:中国社会科学出版社,2012.

第四章　产权分析的单位视角：
单位制组织的产权变革

第一节　把产权分析带回单位研究的中心

在新的历史时期,继续推进国企改革构成中国全面深化体制改革的重要支撑点。与经济学者强调"个体化的产权清晰是实现效率的前提"这一基本假定不同,很多社会学和政治学研究者将中国国企改革视为单位①体制变迁的过程。国有企业的单位化特征主要表现在三个方面:一是企业的行政属性决定其政治和社会资源的获取;二是劳动合约的长期性和资源的低流动性;三是企业和家庭的结合,不单生产与生活高度重叠,在企业内部还造就了一种独特的亲缘网络②。这种类型的企业组织不是一般意义上的经济组织,而是集经济、政治、社会以及自身专业分工等多重功能于一体的总体性组织③,主导组织运行的是以行政权力为基础的权威结构。单位制企业的独特实践及其背后重要的学理价值,吸引了海内外众多研究者的目光。

但遗憾的是,既往有关国有企业的产权分析范式与单位研究理路之间并没有实现有效对话,两种谱系下的研究分别偏嗜于企业的经济维度和社会、政治维度。从经验层面看,由于政治体制的连续性,无论是在传统单位体制下,还是在市场化改革的进程中,国有企业都承载着经济、社会和政治等多种功能,国企的单位制特征并没有完全消失。由此,对国企产权变革整体过程的分析需要将两种视角融合起来。基于此,本书倡导把产权分析带回"单位研究"的中心。

---

① 从宏观上看,单位可以分为企业单位、事业单位和党政机关单位三种类型,本书中使用的"单位"即指企业单位组织,企业单位组织又可以细分为全民所有制单位与厂办集体所有制单位。

② 李新春.单位化企业的经济性质[J].经济研究,2001(7):35-43.

③ 路风.单位:一种特殊的社会组织形式[J].中国社会科学,1989(1):71-88.

20世纪50年代"社会主义改造"完成之后,企业组织的产权结构实现了政治性转换,公有制成为一切组织和社会制度的前提。产权改造从整体上实现了以政治为中心重塑社会结构的意图。①在以总体性权力重构社会基础秩序的过程中,单位成为国家治理的重要途径。国家依照各类单位组织的行政层级和社会分工需要,对权力、资源进行统一配置,并由此形成一种总体性支配的集权体制。单位是这种集权体制层级结构上的一个位点,单位制度则是规范各级权力结构和资源配置的法则。②这套法则在主流意识形态基础上建立起来,形成了以整个社会"一致性"为目的的制度安排。③有论者将单位体制概括为"一极是权力高度集中的国家和政府,另一极是大量相对分散且封闭的一个个的单位组织"④。

相应地,宏观上的"高度整合"与微观上的"低度分化"的社会结构可作为对单位制基本特征的社会学概括。高度整合体现的是一种自上而下的权力机制,低度分化呈现的是在行政等级和社会分工类属差异上的体制内分化。无论是整合抑或分化,所遵循的都是非市场化的治理机制。基于这种判断,单位制研究的早期特征一般都强调"非市场化"逻辑:一方面,侧重于背离市场机制的单位制组织及其运行,另一方面,侧重于不同地区的市场环境对单位组织及其成员的影响。在这一研究谱系下,关于市场化改革以来新单位制的研究以及单位制的多方面、多维度的再研究尚有诸多剩余问题。⑤而市场化改革进程中的单位产权变革研究,恰恰属于此类剩余问题。

在市场化改革之前的传统社会主义体制下,单位组织的产权特征似乎并不构成"问题"。但以政治功能和社会功能为主导的单位组织的产权结构,也着实构成一个理论难题。科尔奈指出:"从理论上说,产权结构的种类是无限的,但事实上,体制的历史决定了产权结构的类型是有限的。"⑥在这个意义上,"体制的历史"是本书界定产权以及探讨产权结构变迁的前提。长期以来,"单位体制"一度被视为认识中国社会主义体制历史的一个重要维度,国内外很多学者都指出这种独特的单位体制不仅在中国以往历史和西方社会

---

① 桂勇.私有产权的社会基础——城市企业产权的政治重构(1949—1956)[M].上海:立信会计出版社,2006:3.
② 渠敬东.项目制:一种新的国家治理机制[J].中国社会科学,2012(5):113-130.
③ 田毅鹏.单位制度变迁与集体认同的重构[J].江海学刊,2007(1):118-124.
④ 李汉林.中国单位社会:议论,思考与研究[M].上海:上海人民出版社,2004.
⑤ 刘平.单位制组织的公共事务职能与分工——北方城市除雪的启示[J].吉林大学社会科学学报,2012(6):13-21.
⑥ 雅诺什·科尔奈.社会主义体制:共产主义政治经济学[M].张安,译.北京:中央编译出版社,2008:62.

中不存在,而且与苏东等前社会主义国家的组织结构亦有差别,是中国社会主义建设过程中的独特形态。①在这种独特的单位体制下,中国产权结构的整体特征为何? 更重要的是,在单位体制演变过程中,产权结构在不同的历史阶段又分别呈现为何种形态? 本书尝试从经典社会主义体制的最重要产权形式——国企单位组织出发②,透过国企产权结构变迁的经验事实来回答上述问题。

第二节　单位产权结构的原初形态

1949 年后中国的社会主义实践造就了一种独特的社会组织类型——"单位"。"单位"是中国社会民众对自己就职的社会组织或机构的"统称",是国家对社会进行直接行政管理的组织手段和基本环节,是中国政治、经济和社会体制的基础。③单位不仅是城市社会的基本单元,而且是国家进行资源配置和社会治理的基本渠道,基于此,当时的社会被称为"单位社会"。在传统的单位体制下,国家垄断一些稀缺资源并形成一种总体性支配的控制体系。在这种体系下,"单位"是国家进行资源整合与再分配的重要环节,并以此为基础形成一种独特的单位化治理模式。④在这种治理模式下,"市场化"作为一种隐秘的逻辑仅在普通民众的日常生活中发挥一定作用。从资源配置和治理方式上看,单位组织的变迁过程就是单位化治理逐渐向市场化治理转变的过程。然而,从中国市场转型的实践进程看,单位制变迁并不是直线型的市场化过程,而是"有选择的市场化"过程,是政府选择与市场机制共同作用的结果。

1978 年以来的市场化改革逐渐使作为整体意义上的单位社会趋于瓦解,个别类型的单位组织(尤其是中小国有企业)的消解构成了中国社会结构变迁的重要事实。然而,这并不意味着单位体制的终结,单位制度作为重要的体制遗产在当下仍然是一种有效配置资源的方式。在改革开放四十余年

---

① 华尔德.共产党社会的新传统主义[M].龚小夏,译.香港:牛津大学出版社,1996:122-132.
② 科尔奈强调,在经典社会主义体制下,无论是从国家利税还是财政积累的角度来看,官僚化的国有企业都是最重要的产权形式。参见:雅诺什·科尔奈.社会主义体制:共产主义政治经济学[M].张安,译.北京:中央编译出版社,2008:5.
③ 路风.单位:一种特殊的社会组织形式[G]//应星,周飞舟,渠敬东.中国社会学文选(下).北京:中国人民大学出版社,2011:446.
④ 李培林.老工业基地的失业治理:后工业化和市场化——东北地区 9 家大型国有企业的调查[J].社会学研究,1998(4):3-14.

后的今天,在外部市场环境相对稳定的前提下,在一些特殊的行业和部门,尤其是国家垄断优质资源的非介入性大型国企内部,单位体制并不是简单的弱化,而是表现为一种新单位制特征,即市场机制和单位体制的融合。①由此,重新思考单位体制变革的动力机制以及变革过程中的产权结构,不但具有重要的学理价值,而且对于理解新时期继续深化国有企业改革,尤其是产权层面的改革具有重要的现实意义。

一般而言,研究者往往在两个层面界定单位制的内涵:一是"单位体制",二是"单位组织"。中国的单位体制是建立在社会主义公有制、中央计划经济体制和共产党领导基础上的,是以公有制产权为前提的。单位组织是国家基于社会主义需要而建立,并直接由国家控制的组织类型。②新中国成立后,优先发展重工业是当时国家发展的基本战略,由此大型国营企业得到了迅速发展。国营企业也一度成为当时最重要或曰最"完整"的单位组织。恰恰是在这个意义上,中国四十余年的国企产权变革进程,被很多社会学家和政治学家视为单位体制变迁的过程。其中隐含的关键问题是,如果要清晰把握单位制产权变迁的整体特征以及在这一进程中不同阶段产权变革的独特机制,首先就需要明晰单位产权结构的初始形态。

长期以来,产权问题一度是经济学家的专擅领域。新制度经济学的代表人物阿尔钦强调,产权是一种通过社会强制实施的对某种经济物品的多种用途进行选择的权利。"产权是一束权利"构成了产权经济学的理论基础。但需要指出的是,经济学对这一束权利的理解并不是仅指附着在物品(或服务)上的经济权属,而是指由物的存在及其使用所确定的被人们相互认可的社会关系。经济学家菲吕博腾与配杰威齐也强调,这种相互认可的社会关系与经济关系是产权界定以及共同体成员获取稀缺性资源的基础。③由此不难看出,在经济学家关于产权的理论阐释中至少暗含了两点"社会学的思路":其一,人们之间的相互认可即"社会认可"是界定产权的要件之一;其二,共同体中的产权是用来确定个人地位及其社会经济关系的基础。那么,在单位共同体中,社会认知及个体身份地位对理解单位产权结构及其演变逻辑有何意义呢? 下面,笔者将集中讨论单位产权的结构特征。

---

① 刘平,王汉生,张笑会.变动的单位制与体制的分化——以限制介入性大型国有企业为例[J].社会学研究,2008(3):58-59.
② 李路路."单位制"的变迁与研究[J].吉林大学社会科学学报,2013(1):11-14.
③ 菲吕博腾,配杰威齐.产权与经济理论:近期文献的一个综述[G]//科斯,阿尔钦,诺思,等.财产权利与制度变迁——产权学派与新制度学派译文集.上海:上海三联书店·上海人民出版社,1994:204.

一、外部化控制的产权

新制度经济学的创始人科斯最初关注的问题是,在资本主义体系下既然自由市场是可以实现一切资源配置的有效方式,那为什么还需要企业？他努力的方向是力图建构一种有别于古典经济学的"新企业理论"。科斯发现,与市场在外部配置资源不同,企业可以在组织内部配置资源并降低市场交易成本。[①]后来,威廉姆森在科斯的基础上,将交易成本理论模型化为市场制和等级制两种资源配置方式,至于选用企业内部的等级制还是外部的市场制,关键在于哪种机制可以节省更多交易成本。[②]然而,在传统的单位体制下,国家计划已经完全取代了市场机制,企业内部的等级制也不构成配置资源的方式。路风强调资源的不可流动性是单位体制的一个重要特征[③],但实际上资源的流动是在单位组织之间通过国家调拨和配给实现的。在这种制度环境下,国家是生产资料和公有财产的实际占有者和支配者,而单位组织则是这些资源的使用者和经营者。这决定了在单位体制下,国有企业组织的产权结构是一种独特的"外部化控制"形态。[④]

二、财产权与行政权的合一

在传统的单位体制下,国家掌握着一切稀缺性资源,并且经由"单位"将这些资源配置给各级组织及其成员。国家在资源配置过程中,会按照单位组织的行政级别和行业部门的特征进行分配。在这种体制下,单位组织是生产资料和公有财产的使用者和经营者。名义上是"全民所有"的产权,实际上则是"国家所有"。如果说国家是全民产权的"代理者"的话,那么,单位组织则又是国家产权的"代理者"。[⑤]虽然多重的委托代理关系一定程度上模糊了国企产权的边界,但在现实中,国有企业的产权似乎并没有那么不清晰,即剩余索取权和剩余控制权主要掌握在企业的主管官员、企业经理

---

① 罗纳德·H.科斯.生产的制度结构[G]//罗纳德·H.科斯.论经济学和经济学家.罗君丽,金祥荣,译.上海:格致出版社·上海人民出版社,2010:7－9.

② 奥利弗·威廉姆森.市场与层级制:分析与反托拉斯含义[M].蔡晓月,孟俭,译.上海:上海财经大学出版社,2011:8－12.

③ 路风.单位:一种特殊的社会组织形式[G]//应星,周飞舟,渠敬东.中国社会学文选(下).北京:中国人民大学出版社,2011:451－452.

④ 刘平,王汉生,张笑会.变动的单位制与体制的分化——以限制介入性大型国有企业为例[J].社会学研究,2008(3):56－78.

⑤ 樊纲,等.公有制宏观经济理论大纲[M].上海:上海人民出版社,1994:53.

和职工手中，只不过很难清晰地落实到个人。与科斯意义上的"市场中的企业"模型不同的是，传统社会主义公有制企业不是在市场合约基础上建立起来的，也没有可追溯的私人产权历史。在计划经济体制下，虽然法律在名义上消灭私产，但事实上"人力私产"仍然保留。而且，大量公有制企业的资源被置于"公共领域"之中，诱发了私人的攫取行为。现实中"事实上的产权"和"法律上的产权"的不一致是理解中国单位体制和社会主义公有制企业性质的关键。①

此外，由于单位组织是国家治理的中介，其政治功能的优先性促使国家将财产权合并到行政权之中，并进而实现对社会的有效控制。由此，国家既是拥有权威性和强制性行政权力的统治者，也是一切稀缺资源的所有者。只不过在实际运行过程中，国家投资且所有的产权由单位组织实际占有，并依照行政等级体系进行再分配，财产权与行政权的合一是单位体制下产权结构的基本特征。②单位组织的产权关系嵌入行政关系之中，产权的经济权属与政治权属高度重叠，单位组织中个体的成员身份是影响其经济和社会地位的主要变量。

三、等级化的异质性产权

长期以来，很多研究者注意到，团体平均主义构成中国集体化时期一般性的制度原则，这在单位组织内部资源配置过程中表现得尤为明显。③在平均主义的认知图示下，研究者往往将单位组织的产权视为一种统一性、同质性的结构。即便有论者注意到单位组织的差异，也主要是从两个层面而言的：一是不同单位组织的所有制性质和级别不同④；二是在大型国企单位内部的异质性产权，如由厂办集体与主办国企两套机制所形成的"一厂两制"⑤。以上区分都是针对生产资料公有制的产权形式来谈的，公有制具体分为全民所有和劳动群众集体所有两种形式，占优势地位和在政治上更具合法性的是全民所有制。一切全民所有制的企事业单位都分别隶属于各级政权组织，行政管理权限的划分使这些组织不仅具有各自的行政"血缘关系"，

---

①　周其仁.产权与制度变迁[M].北京：社会科学文献出版社，2004：175－191.
②　李汉林，李路路.资源与交换——中国单位组织中的依赖性结构[J].社会学研究，1999(4)：44－63.
③　路风.单位：一种特殊的社会组织形式[G]//应星，周飞舟，渠敬东.中国社会学文选(下).北京：中国人民大学出版社，2011：454.
④　冯仕政.单位分割与集体抗争[J].社会学研究，2006，(3)：98－134.
⑤　孙立平.转型与断裂：改革以来中国社会结构的变迁[M].北京：清华大学出版社，2004：10.

而且同样具有行政等级。①除此之外,在现实中,国企单位组织产权的差异不单单限于所有制的等级。例如,同样是全民企业,同样以"国有制"为其实现类型,单位组织的行业属性、行政等级、企业规模都决定着其分享稀缺性资源的能力和行动逻辑。魏昂德意识到这种等级结构的存在,以预算级别、单位规模和行业部门为自变量,以单位的福利服务和住房为因变量考察了再分配体制的产权结构和社会分层状况。他指出,等级化的单位体系是决定单位组织成员社会阶层的主要原因。②

四、身份产权结构

1949 年之后,中国社会结构逐渐呈现出了一种以身份制为基本特征的形态,到 20 世纪 50 年代中后期,一套以身份关系为标识的制度体系基本形成。这种身份社会是依托阶级身份系列、城乡居民身份系列、干部—工人身份系列和所有制等级身份系列实现的。③与这四种身份结构互相嵌合的是,中国农村和城市的高度整合分别经由人民公社制度和单位制度得以实现。人民公社和各种类型的单位构成制度性身份获得的组织基础。当然,本书仅讨论国企单位组织中的产权结构和身份关系,在这个意义上,本书关注的身份实则是一种"单位身份"。在中国的单位体制下,国企产权界定实则是确立一个统一的、等级化的集体资产权和身份权。单位身份不仅意味着身份等级序列中一个重要的结构性位置,即地位权(status rights),也同样意味着稀缺性资源的获得,即资产权(assets rights)。④对应着单位体制下的总体性社会的特征,单位身份既关乎纵向的社会地位,又关乎横向的身份认同——社会认同与自我认同。单位身份实际上就构成了一种总体性的"权利束"和"关系束"。在这个意义上,单位身份意味着一种身份权利,或身份成员权利(membership rights)。

以上四点是本书概括的改革开放之前单位组织产权的基本特征。在改革进程中,国企单位组织经历了复杂的产权变迁过程。若以西方产权经济学

① 路风.单位:一种特殊的社会组织形式[G]//应星,周飞舟,渠敬东.中国社会学文选(下).北京:中国人民大学出版社,2011:446-449.
② 魏昂德.再分配经济中的产权与社会分层[G]//边燕杰.市场转型与社会分层——美国社会学者分析中国.北京:生活·读书·新知三联书店,2002:130-134.
③ 孙立平.转型与断裂:改革以来中国社会结构的变迁[M].北京:清华大学出版社,2004:16-19.
④ 罗小朋.中国的身份游戏[EB/OL]. http://www.aisixiang.com/data/58474.html,2012-10-28.

的理论图示为参照则是明显的产权"残缺"①(truncated)或产权"模糊"②。但若立足中国实践,国企的这种不完全产权结构恰是企业单位制特征的重要表现。国有企业的内部分权及行政化特性、资源配置的国家垄断、固定终身就业制和单位福利保障制是国企单位制的最主要特征。国有企业的全民所有及资源配置的国家垄断决定了国家是国企主要的产权所有者,也是国企改革的理性行动者,而固定终身就业制和单位福利保障制决定了,单位职工也是影响国企改革的重要因素。因此,国家(政府)、企业自身(国企管理者)和职工是影响企业产权界定及产权变革的三个行动主体。李培林和张翼指出,由于三个主体的利益取向不同,有时三者的行动策略并不一致,所以往往通过三者的互动协调来决定企业的行动。③国有企业的三元行动主体决定了国企单位产权变革的复杂性。下文将从国家、企业组织和单位职工三个维度来探讨国企单位产权变革的复杂进程。

第三节 单位组织产权变革的整体过程及独特机制

单位制的功能是复合性的,它既是一种制度设置,也是一种治理模式,还是一种社会结构④,同时还是一种重要的社会调控体系。正是由于这些特性,单位制企业的生产并不是按照市场法则下的供需平衡和竞争机制来推进的,也不必须以生产成本的计算为前提,而首先是执行上级的"行政指令",这构成"命令式经济"的重要表现形式。与经济学家从技术角度关注产权清晰与组织绩效的关联不同,社会学家主要从制度角度关注单位共同体内部权威结构和社会关系的演变。

在市场化的改革进程中,伴随着单位组织的产权变革,单位内部的社会关系也发生了重要变化。原本地位差异不大、同质性极强的"单位人"开始分

---

① 产权残缺是现代产权经济学中一个重要的概念,德姆塞茨关注的是所有权残缺(the truncation of ownership),他认为产权的残缺可以被理解为是对那些用来确定"完整的"产权的权利束中的一些私有权的删除,而产权残缺之根源是由于一些代理者(如国家)获得了允许其他人改变所有制安排的权利。这与巴泽尔的"产权稀释"(attenuation of rights)概念有些相似。巴泽尔指出,在任何社会制度下,任何公民都会享有一定程度和范围的个人私有财产权利;但每个人的私有财产权利又会受到限制和约束,对产权施加约束就是产权稀释。参见:巴泽尔.产权的经济分析[M].费方域,段毅才,译.上海人民出版社,2004.
② 关于"模糊产权的理论",可参见:李稻葵.转型经济中的模糊产权理论[J].经济研究,1995(4):42-50。
③ 李培林,张翼.国有企业社会成本分析[M].北京:社会科学文献出版社,2007:19-20.
④ 李汉林.中国单位社会:议论、思考与研究[M].上海:上海人民出版社,2004:1-13.

化为企业家、普通劳动力、低保救助对象以及继续在传统体制下工作的工人。单位一体化的关系演化出新的雇佣关系和社会救助关系,这种变化几乎渗透于国企产权变革的整体进程之中。在不同历史阶段,国企产权变迁具有不同的机制和特征。国企产权改革自 20 世纪 70 年代末"扩大企业自主权"开始,历经了改革初期的"放权让利""政企分离""抓大放小"和"主辅分离"后,国企产权改革仍在不同区域、不同行业和不同层面推进。本节将结合单位产权结构的初始形态来分析单位产权变迁的独特机制。

一、放权让利:由外部控制向内部转化的新单位制结构

前文已经指出,改革前国有企业并不是独立的产权主体。改革以来,国有企业在经营(使用)权、处置权、收益权和让渡权等方面仍是"不完全"的,这是一种典型的"外部化"控制的产权。针对这种产权结构,国家在改革之初提出了放权让利的改革策略。1978 年四川省最先在六家国有企业试行放权让利①。由于放权让利意味着政府放弃部分权限,最初作为国家代表的各级行政主管部门对这一改革并不积极,只是表面上放权。而国有企业的管理者在扩展权能的激励下非常积极,企业职工在利润留成增加的刺激下也比较支持这一改革。因此,在放权让利的制度化行动中,国企管理者最为积极,国企职工也比较支持,而企业的上级行政主管部门最为消极。这一改革的直接后果是使企业获得了更大的自主性,生产经营的外部化控制开始向内部化控制转变。所谓内部化控制,实质上是在不改变公有产权关系的前提下,在经营方式上对国有资产的改革。具体而言,国企作为经营主体在生产资料的使用权、收益权、处分权、人事任免等方面都有了更大的内部运作空间。企业既可以与外部的市场接轨,又可以规避外部市场的冲击,进而将内部管理国有资产的权限和优势资源的效率转化为新的单位福利。新单位制的实质是"使传统的由外部化管理的、以再分配为主的全民所有制,演化为以内部化管理为主的特定单位或行业集团所有制。这是当下国有垄断行业高福利现象的制度基础,也是新单位制条件下组织成员对单位新依附关系的利益基础"。②

二、政企分开:财产权与行政权的分离

从中国城市社会体制改革的发生机制上看,国企单位组织的改革在很大

---

① 1978 年 10 月四川省在四川化工厂、重庆钢铁厂、成都无缝钢管厂、宁江机床厂、南充钢厂和新都县氮肥厂进行放权让利的试点改革,开创了中国国有企业改革的先河。

② 刘平,王汉生,张笑会.变动的单位制与体制的分化——以限制介入性大型国有企业为例[J].社会学研究,2008(3):56-78.

程度上是由地方政府和企业自身发动的，其动力源于解决当时最直接的经济困难，与之相关的改革策略及政策带有明显的实用主义色彩。最初的放权让利改革本质上是政府部门和国有企业之间订立了某种合约。这就决定了国有企业改革注定要不断调整政府和国有企业之间的关系，在这个意义上，"政企分开"一直是国企改革的重要内容。①在传统单位体制下，企业组织的产权结构是复合性的，经济权属与政治权属高度重叠，而且经济关系从属于行政关系。政企分离的产权改革就是要努力使企业成为独立产权主体，这不但要实现企业组织结构与政府组织结构的分化、企业利益与政府利益的分离，还要努力使企业经营者身份与官阶系列分离。②然而，在四十余年的国企产权变革进程中，虽然政企分离自一开始就被提及，但直到今天，大型国企内部的政企分离仍然没有完全实现。

三、抓大放小：等级化的产权变革进路

20 世纪 90 年代中期，针对国有企业的整体现状，国家提出了"抓大放小"的改革战略。所谓"抓大"就是国家重点扶持关系国家经济命脉、具有重要战略意义的大型国有企业。1996 年，国家确定了对 1 000 家大型国企的指导性方案。"放小"则是国家"放弃"对一些中小企业的全方位扶持和监管，尤其是对那些经营不好的企业不再一味地补贴支持，而是将其"放"到市场中参与竞争。"抓大放小"的改革策略所针对的是国企单位中等级化的异质性产权。在改革前传统单位体制下，国家按照行政级别和社会分工需要对各种类型的单位组织进行统一的权力和资源配置。一般而言，一个单位的行政等级愈高，它获得的资源愈多，对应的国家对它的管控也越严格，预算约束越趋于软化；反之，行政等级愈低的单位，获得的资源愈少，国家管控越松弛，预算约束软化的程度也就越低。与这种等级化的软预算约束结构相关联的是，在市场化改革过程中，单位组织的功能分化也呈现出等级化的特征。具体而言，企业组织的行政等级越低、规模越小，在社会分工中行业类属越不重要、所有制层级越低，且越趋向于进行相对彻底的产权变革。从国企产权变革的路径也不难看出，最初经历破产拍卖、兼并重组等产权变革的几乎都是中小型企业。

四、身份置换：国企产权变革的独特进程

中国国有企业产权关系变革的一个重要特征是，除了要实现企业所有权

---

①　张文魁.中国经济改革 30 年：国有企业卷[M].重庆：重庆大学出版社,2008:12 - 13.

②　蔡禾.政企分离的社会学思考[J].社会学研究,1993(4):96 - 100.

亦即股权结构的变化之外,还不得不通过经济补偿等形式对国企职工的身份进行置换。由此,中国国企产权关系变革就关涉企业所有权(股权)置换和职工身份置换两种内涵。具体而言,股权置换是指在国有独资企业中引入非国有资本,包括出售存量国有资本和新增非国有资本,使原本国家拥有完全产权的企业转变为含有非国有股的股份制企业,或转变为不含有任何国有股的非国有企业。而职工的身份置换是指,在企业进行所有权置换的同时,国有企业通过有偿解除劳动关系的形式,将职工长期以来事实上享受的终身就业、养老、医疗等福利待遇的身份,改为按照企业需要和市场行情确定的合约化就业、纳入社会保障体系享受养老和福利待遇的身份;将原本由企业承担的就业、养老、医疗等方面的责任,改变为由企业和职工缴费、政府及商业机构来承担。双重置换构成中国国有企业产权关系变革的基本特征,有论者将这种双重置换视为产权变革的"中国模式"的重要内涵①。从以上讨论中不难发现,国企产权变革不仅涉及利益相关者权益的重新调整,即国企资产或股权的交易,同时还牵涉国企职工的身份置换。基于此,有经济学者提出,中国国企产权的转让是一种"附加职工安置约束的产权拍卖机制"②。身份置换体现的是在市场经济条件下,对单位职工身份权利的一种社会认可。

综上所述,放权让利、政企分离、抓大放小和身份置换,这四种产权变革进路都体现了国企产权的单位制特征。但需要特别指出的是,不同空间和地域文化对单位组织的形塑也起到了不同的作用,由此,单位组织的多元变异构成本书理解单位产权转型的重要基础。③在改革前的身份制结构中,人们选择能力的范围是由其身份来决定的。换言之,在平均主义的制度前提下,个体性身份的彰显及其差异主要是由单位实现的。由此,单位身份决定了一个人在单位共同体中的产权范围。这种身份关系形塑下的单位产权结构是理解中国公有产权解体与变异的前提。

第四节　国企单位组织产权界定的身份机制

有论者指出,中国企业组织在构成和运行上调动了大量本土性的制度和

① 张文魁.中国国有企业产权改革与公司治理转型[M].北京:中国发展出版社,2007:8-15.
② 汪海,张卫东.附加职工安置约束的国企产权拍卖机制研究[J].经济研究,2007(10):115-125.
③ 田毅鹏,吕方."单位共同体"的变迁与城市社区重建[M].北京:中央编译出版社,2004:187.

文化资源,它们大多嵌入在复杂的制度结构和社会关系之中。①一个组织的产权结构和形式是该组织与其他组织建立长期稳定关系、适应其所处环境的结果。这种稳定的关系为组织提供了一个明确的身份(identity)和可信的承诺,基于此,周雪光提出"产权是一束关系"②。单位组织内产权结构的一个基本特征是,单位身份构成一种总体性的"关系束"与"权利束"。单位体制所确立的分层制度是一种等级间可流动的身份制度,虽然市场化改革逐步推进,但身份等级系统仍然被保留并且不断更新。③从产权结构上看,存续的国有企业,无论是国有独资,还是国有控股,其产权名义上仍然是国家或集体所有。④在外部市场经济环境下,即便是股权多元化的组织内部,国家或集体的产权也不能以个体性的身份来落实。这种产权结构决定了组织及其管理者的行政等级身份仍是规约其行动机制的主要变量。由此可见,虽然经历了一轮又一轮的产权改革洗礼,但存续的国有企业内部集体资产权和身份等级结构仍然没有彻底改变。在这里更关键的问题是,在中国体制转型的进程中,身份等级体系的存续与产权的界定之间是否存在着更一般性的理论关联呢?

在产权经济学理论中,产权是附着在有形的物品(或服务)上的,排他性的个体化产权不关涉身份的问题。交易者的身份被遮蔽在"市场主体"(组织或个人)这个统一的标签之下。然而,中国改革进程中的产权界定与产权交易通常都与身份密切相关。在中国政治体制连贯性的前提下,集体主义身份制度的存续使得同物不同权的现象并不鲜见,而且频发的产权纠纷也涉及身份与产权的关联。⑤由此可见,身份可以构成界定产权的一个重要维度。从这个意义上讲,身份产权不仅对单位组织的产权结构具有解释力,对中国集体主义产权变革过程中的其他产权问题也有重要启示。与此相关联的另一个问题是,不同身份的利益主体对国企单位的产权认知也呈现出很大的差异,尤其是随着国企产权的变革,产权认知的差异表现得更为明显。

在传统的单位体制下,与国有企业员工单位福利的"同质性"相关联的是有关"单位人"的一套相对统一的"集体话语",例如"工人是企业的主人"等。虽然在以往工业历史的文字记录中,以普通工人为主体的单位人难以挣脱

---

① 渠敬东.占有、经营与治理:乡镇企业的三重分析概念(上)[J].社会,2013(1):1-37.
② 周雪光.关系产权:产权制度的一个社会学解释[J].社会学研究,2005(2):1-31.
③ 陈映芳.权利功利主义逻辑下的身份制度之弊[J].人民论坛·学术前沿,2014(2):62-72.
④ 李汉林.变迁中的中国单位制度:回顾中的思考[J].社会,2008(3):31-40.
⑤ 汪海,张卫东.附加职工安置约束的国企产权拍卖机制研究[J].经济研究,2007(10):115-125.

"被表述"的命运,但在单位体制下,工人"自我体认"与"集体话语"是相契合的,这在工人的日记、工厂日志等文字记录中也可见一斑。

"工人是企业的主人"这套话语背后实际上隐含着一种朴素的产权认知和共同的身份印记,而且这种被意识形态渲染、被社会主义劳动竞赛与日常生活实践所形塑的产权认知构成了一种深刻的社会记忆。随着国企产权变革的逐步推进,很多单位化的企业组织转属改制或破产拍卖,传统意义上的单位人开始出现裂变。伴随着产权变革和单位组织解体,单位人统一的组织性身份逐渐消解。然而,在实践中人们不难发现,单位人行动逻辑与单位组织的运行逻辑之间往往并不是完全一致的,因此本书致力于把单位人带回单位研究的中心。

第五节　产权认知与单位记忆:脸谱化的单位人

一、主人翁话语背后的产权认知与单位印记

1948 年 8 月 1 日,中国共产党东北局在《关于公营企业中职员问题的决定》中强调,"首先使工人认清自己是新民主主义社会的领导阶级,是企业主人翁的一分子,过去是为日寇、国民党资本家创造利润而劳动,现在则为人民大众,为自己而劳动"①。作为"企业主人翁的一分子"不单是公营企业的主人,还是国家和社会的主人。"主人翁话语"早在中央苏区时就已萌芽,在边区革命实践中也取得了初步发展。②在新中国成立初期,"工人是企业主人"的主人翁话语与"工人阶级是领导阶级"的政治表达是相契合的,前者强调工人是"国营企业主人",后者强调工人是"社会主义国家主人"。"企业主人翁"的话语是新中国工业建设过程中提升工人单位认同度的基础,亦是伴随着社会主义工厂政体和单位体制形成而出现的一种朴素的有关权利关系的表达。

在社会主义工业体系的建设过程中,中国通过单位组织和单位制度铸造了一种"总体性"的"单位社会","单位"是工人群体互动的独特空间。中国传统社会主义工业系统中的单位组织是以"铁饭碗"和全方位的单位福利为制

---

① 东北解放区财政经济史编写组.东北局关于公营企业中职员问题的决定(1948 年 8 月 1 日) [C]//东北解放区财政经济史资料选编.哈尔滨:黑龙江人民出版社,1988:64.

② 游正林.主人翁话语的兴起(1930—1949)[J].学海,2020(1):73-80.

度内核的。在传统的单位体制下,平均主义的制度文化使单位人的福利配给呈现出同质化的倾向。与之相关联的是,当时国家针对"单位人"为主体的工人阶级也形成了一套相对统一的集体话语,例如"工人阶级是领导阶级""咱们工人有力量""工人是企业的主人""工人老大哥"和"以厂为家"等等。这套单位人的集体话语构成工人阶级身份认同和政治认同的基础。在以往工业历史的文字记述中,普通工人往往是被表述的客体。但另一方面的事实是,在集体化时代很多工人的自我体认与集体话语基本上是相契合的,在工人日记、会议记录、工厂厂志、回忆录、单位人口述以及其他档案文本中也可见一斑。"工人阶级是领导阶级""工人是企业的主人"这套话语背后实际上隐含着一种共同的身份印记和朴素的产权认知。

在当时计划经济体制下,工人个体并没有产权表达的合法性空间以及相应的产权话语,单位人"主人翁"话语背后潜在的产权关系表现为:其一,经济层面,作为企业和国家的"主人",单位人不但能获得国家"再分配"的稳定工资和部分奖金收入,还能获得各类经济(如住房、医疗)补贴为主的稀缺性单位福利,单位人依凭身份能够获得一定的资产权(assets rights);其二,政治层面,社会主义工人作为"领导阶级"不但能直接参与工厂的管理决策,还能有相对充分的政治表达空间,前者在以"两参一改三结合"为主要内容的"鞍钢宪法"中得到了充分彰显①,后者在以家庭出身和政治忠诚为重要标准的干部选拔中得以体现;其三,社会层面,"工人是企业主人"不仅得到法律认可,还得到各个社会阶层的普遍性认可,在等级化的所有制结构中,全民所有制的单位人身份意味着一种特殊的"地位权"(status rights)。在这个意义上,"单位人身份"既关乎纵向的社会地位,又关乎横向的身份认同,是一种总体性的"权利束"和"关系束"。②

在意识形态渲染、社会主义劳动竞赛鼓舞以及单位日常生活实践的形塑下,企业主人"以厂为家"不单是官方话语的宣传口号,也是工人体现主人翁意识的行动化表达。笔者在针对鞍钢工人的口述访谈中发现,20世纪50年代在"技术革命与技术革新"运动实施的过程中,很多厂长和车间主任会带头把"铺盖卷"搬到车间,住到单位,很多工人也会主动加班。社会主义工人劳

---

① 所谓"两参"就是干部参加生产劳动,工人参加企业管理;"一改"是指改革企业中不合理的规章制度;"三结合"是指在技术改革中实行企业领导干部、技术人员、工人三结合的原则。"鞍钢宪法"的主要内涵是:开展技术革命,大搞群众运动,实行两参一改三结合,坚持政治挂帅,实行党委领导下的厂长负责制。在学习贯彻"鞍钢宪法"的过程中,无论是在生产实践环节还是管理决策环节,工人群体都发挥了重要作用。

② 王庆明.单位组织变迁过程中的产权结构:单位制产权分析引论[J].学习与探索,2015(6):29-36.

动的积极性和主动性构成当时集体主义单位文化的重要内涵。在单位的生产实践和日常生活中,单位人在主人翁意识基础上形成的"产权认知"构成了一种深刻的单位记忆。只不过在当时并不存在"产权"的概念,在后续国企改革进程中,产权观念与产权话语才逐渐深入人心。

改革开放以来,随着国有企业放权让利、抓大放小、转属改制、兼并重组、破产拍卖等一系列产权变革实践的推进,传统意义上同质性的单位人开始出现分化,单位人统一的组织性身份逐渐消解。正如前文已经指出的,既往单位研究主要聚焦于单位制度和单位组织的视角①,呈现出只见制度(组织)不见人的现状②。基于此,笔者强调有必要把"单位人"带回单位研究的中心。在很多国有企业经历产权改制或破产拍卖的转型中,在单位解体构成基本事实的前提下,单位人口述史就成为推进单位研究的重要切入点。

笔者在对国企工人的口述史调查时发现,作为"社会主义工业建设者"的单位人讲述和作为"改革进程参与者"的单位人讲述既有连续性,也有差异性。一方面,同一行动主体针对单位变革的同一历史事件的讲述会因自身个体生命历程的变迁而给出不同版本;另一方面,不同单位人根据自身的社会处境和遭际,对曾经认同的单位记忆和集体话语展现出反思性的表述。一如"那时候(想得)太简单啦""挺好的厂子咋就黄了呢""真没想到我也能下岗""幸亏厂子(产权)改制了,要不我还混日子呢"等等。这种个体化讲述呈现出的"个体记忆"与"集体话语"呈现出的"社会记忆"之间形成一种明显的"记忆裂痕"。此外,同一单位人在回忆同一事件时的不同表述也呈现出一种"记忆的偏差"。由此,关键的问题是:不同单位人针对同一事件的记忆裂痕,是该被视为方法论意义上的"交叉验证",还是话语建构的"各抒己见"? 而同一单位人针对同一历史事件讲述的"记忆偏差"又如何直面口述历史之"真实性"的方法论诉求呢? 更重要的是,我们如何从单位人口述和记忆的"裂痕""偏差"中窥见单位组织产权变革的微观机制呢?

二、单位意识与单位人"脸谱":单位记忆的生成图示

单位体制在中国的产生、延续及变异有其特定的历史。概括而言,单位制度由战时共产主义的公营企业发展而来,既沿袭了根据地时期的组织管理经验,又参照了苏联高度集中统一的计划经济体制,并在历经工商业社会主

---

①　李路路.论"单位"研究[J].社会学研究,2002(5):23-32.
②　田毅鹏,许唱."单位人"研究的反思与进路[J].天津社会科学,2015(5):64-70.

义改造之后正式确立。①国内外很多研究者强调,中国的单位组织是一种独特形态。②单位不仅是城市社会的基本单元,而且是国家进行资源配置、有效控制和社会整合的基础管道。③在集体主义时代,单位是获得一切稀缺性物质资源和政治认可的组织载体,集体认同和单位意识构成单位印记的重要内涵。

单位意识是单位记忆形成的前提和基础。伴随着国企单位的解体和产权变革,学界形成了一套针对单位人"单位意识"的批判话语。这套话语一方面强调市场机制优于单位机制,另一方面则强调单位意识是一种僵化与落后的观念。如果细究"单位意识"的起源和形塑过程,不难发现,单位意识是多重文化观念和制度设置形塑的。首先,工厂劳作过程中形成的工业主义的协作观念和集体意识;其次,基于民主革命时期政治动员传统而形成的革命主义的服从意识和参与观念;再次,家国思想影响下形成的"以单位为家"的传统主义归属感和认同感;最后,在计划经济前提下积淀而成的集体主义的平均观和依赖性。④工业主义、革命主义、传统主义和集体主义四者共同构筑成社会主义工厂内部运行的制度文化基础。

从单位制视角看,在新中国七十余年的历史进程中,前三十年的社会主义建设实践是国企单位组织公有产权的建构和形塑过程;后四十年的改革开放实践是单位组织公有产权的解构和重组过程,"产权形塑"始终是政治、经济和社会生活的主线。⑤在集体化时代和改革前期并没有产权话语的背景下,"主人翁意识"和单位福利构成单位体制下产权认知的重要基础;在产权改革过程中,产权清晰、减员增效、主辅分离和股权多元构成市场经济体制下产权话语的重要内涵。在单位研究的理论脉络中,单位人的理论形象是标准化和"脸谱化"的。脸谱作为传统戏剧演员脸部的绘画艺术,是对戏剧舞台上特定(历史)人物某些基本面貌特征的放大性刻画,例如红脸的关公、黄脸的典韦、白脸的曹操、黑脸的张飞等都是为了凸显历史人物鲜明的性格特征,曹操的白色脸谱突出了他乱世奸雄的本色,张飞的黑色脸谱彰显了他急躁勇猛的气质。理论脸谱是在学术传统和知识脉络下,对事物整体印象和经验感知

①　田毅鹏."典型单位制"的起源和形成[J].吉林大学社会科学学报,2007(4):56 - 62.
②　李猛,周飞舟,李康.单位:制度化组织的内部机制[J].中国社会科学季刊(香港),1996 年(秋季卷).
③　李路路,苗大雷,王修晓.市场转型与"单位"变迁:再论"单位"研究[J].社会,2009(4):1 - 25.
④　田毅鹏,王丽丽.转型期"单位意识"的批判及其转换[J].山东社会科学,2017(5):94 - 99.
⑤　王庆明.产权连续谱:中国国企产权型塑过程的一种解释[J].南开学报(哲学社会科学版),2019(3):138 - 147.

基础上的概念化提炼和理论化分析。在既往研究中,作为"社会主义工人"主体的"单位人"有三种重要的理论脸谱,即"解放"的单位人、"依赖"的单位人和"分化"的单位人,这三种理论脸谱背后展现的是三个不同历史时期的典型"工人形象"和产权认知。

首先,作为"解放"的单位人。战时共产主义体制下的公营企业构成单位制传统的重要来源。在"边革命,边生产"的劳动实践中,公营企业工人的"主人翁意识"和劳动积极性得以锻造和提升。在革命主义劳动伦理的形塑下,主人翁话语逐步演化成两种重要含义:一则,关于企业主人翁的权利与责任话语,通过工厂管理的民主化以及"完全依靠工人"的群众路线得以强化;再则,关于如何使工人阶级具有主人翁责任感的话语,在进一步推行工人参与管理的实践中,通过切实提升工人主体地位来强化。①在新中国成立初期的社会主义实践过程中,新政权通过诉苦、交代和典型示范等动员方法对"旧工人"进行思想和组织上的改造,以实现自上而下建构"新工人"阶级队伍的政治目标。②在这里,作为"解放"的单位人的核心意涵是,企业工人由过去被资本家剥削压迫的底层劳工转变成作为企业主人和国家主人的领导阶级。社会主义三大改造实现了产权的政治性重构,以公有制为基础的单位体制开始稳固,作为"解放"的单位人逐步演化成作为"依赖"的单位人。

其次,作为"依赖"的单位人。单位作为国家治理的中介组织,其内部存在着以资源交换为基础的依赖性结构。单位人在单位中获得资源的多少将影响和制约着人们对单位的依赖性行为和对单位的满意度。同时,单位人对获取资源的满意度,也会影响和制约人们的依赖性行为。③特别是在全民所有制单位中,除了工资、奖金、医疗、住房等显性单位福利之外,还存在着诸多隐性的单位福利,单位福利功能内卷化是造成单位人严重依赖单位组织以及国企单位社会成本负担过重的重要原因。④基于此魏昂德提出了"组织性依附"(organizational dependency)概念,强调"国家—企业(单位)—个人(职工)"三者是不可分割的关系结构。⑤单位人除了对单位组织在社会和经济等方面的资源性依赖之外,还存在对工厂书记、厂长等主要领导的政治性依赖以及

① 游正林.主人翁话语的兴起(1930—1949)[J].学海,2020(1):73-80.

② 林超超.新国家与旧工人:1952年上海私营工厂的民主改革运动[J].社会学研究,2010(2):67-87.

③ 李汉林,李路路.资源与交换:中国单位组织中的结构性依赖[J].社会学研究,1999(4):44-68.

④ 李培林,张翼.国有企业社会成本分析.北京:社科文献出版社,2007:168-185.

⑤ 华尔德.共产党社会的新传统主义——中国工业中的工作环境和权力结构[M].龚小夏,译.香港:牛津大学出版社,1996:15-28.

对车间主任、班组长等直接领导的个人关系上的依附。这种多重的依赖结构决定了单位人的行动逻辑。"以厂为家"的主人翁意识既是一种朴素的产权认知，也是工人全方位依赖单位企业的体现。在计划体制下，工人离开单位这个"家"之后很难生存。在市场转型过程中，单位体制开始松动，各种非正式制度的作用空间逐渐增大，"依赖"的单位人开始向"分化"的单位人转变。

最后，作为"分化"的单位人。无论是"解放"的单位人还是"依赖"的单位人，都强调单位人政治上的一致性以及地位上的同质性。伴随着中国的改革开放进程，原本同质化的单位人不断出现分化的局面。对于中国单位制转型和市场分化研究，最盛行的分析工具当属倪志伟等人为代表的市场转型论。倪志伟指出，国家社会主义社会中再分配经济体系向市场经济体系的转变将有利于直接生产者（direct producers），而相对地不利于再分配者（redistributors）。①虽然倪志伟的研究遭到了很多人的批评，然而事实上，伴随着市场改革的逐渐深化，同质性的单位人开始出现了明显分化。特别是伴随着企业单位转属改制和下岗分流，"分流"作为"分化"的一种重要表现形式，致使一部分职工走向市场，另一部分人继续留在单位。身份不同以及处境不同的单位人针对单位产权变革过程中的重要"历史事件"的讲述呈现出明显的记忆偏差，甚至是前后矛盾的情形。

与这三种脸谱化的单位人形象相关联的是不同的产权话语。"解放"的单位人脸谱强调的是工人的"翻身解放"，他们由被剥削、被压迫的底层劳工一跃成为企业的主人，主人翁式的产权认知在"工人是领导阶级"的政治认可中逐渐强化。而"依赖"的单位人脸谱体现了"国家—单位—职工"三者的独特关系。集体化时代"以厂为家"的主人翁体验既是单位人单位意识的体现，亦是朴素的产权关系的表达。"分化"的单位人脸谱强调减员增效和下岗分流是市场竞争的客观规律，而实践中单位人打出"工人是企业主人"的旗号则意在突出单位职工的"终身就业权"。随着改革的逐渐深化，不同制度环境下形成的三种"主人翁"意涵为基础的产权话语对既往研究也构成一定挑战。

既往研究更多关注的是社会主义主人翁的政治形塑过程，在时间节点上主要聚焦于社会主义建设时期，强调主人翁意识的形成和工人阶级政治主体性地位形塑的同步性②，甚至直接将集体主义时代称为"主人翁时代"③。有

---

① Nee V. A Theory of Market Transition：From Redistribution to Markets in State Socialism[J]. American Sociological Review，1989，54(5)：663-681.
② 邵六益.社会主义主人翁的政治塑造(1949—1956)[J].开放时代，2020(5)：82-99.
③ 李怀印、黄英伟、狄金华.回首"主人翁"时代——改革前三十年国营企业内部的身份认同、制度约束与劳动效率[J].开放时代，2015(3)：13-34.

研究者更是向前追溯,认为主人翁话语在20世纪30年代的苏区已经萌芽,在边区公营企业改造时就已出现。特别是1937年陕甘宁边区改为边区政府后,就意在通过"为革命而生产"的劳动伦理来塑造公营企业工人的主人翁意识。①但这些研究忽略了以单位组织为载体的主人翁话语会随着单位产权关系的变化而不断变化。

随着市场化改革的逐渐深入,在企业产权改制过程中,面对企业产权性质变革、职工纷纷下岗以及单位福利消失的压力,一些工人再次打出"工人是企业的主人"的口号。与计划经济体制下非产权话语情景下的模糊产权认知不同,工人们在单位组织产权变革进程中对自身企业"主人"身份的重申,意在强调他们对企业组织的身份产权。②虽然同样是主人翁话语,但已经不是一般意义上的政治口号,而是职工在单位体制转型过程中对自身的单位就业权和福利权的追溯。由此,问题的关键是,在市场化改革不断深化和政治体制连贯性的双重前提下,如何理解两种不同版本的"主人翁话语"以及由此构成的单位记忆呢?既然口述历史是个体生命历程独特的再现方式③,那么又该怎样弥合记忆的裂痕并透过历史的缝隙拼接出清晰完整的历史呢?

通过单位人对社会主义工厂内部生产实践、劳动过程、管理模式、社会动员以及情感互动模式的体验与回想,人们可以发现不一样的历史,即可以捕捉到国企单位产权制度变革这一宏观历史脉络下的微观机制。20世纪50年代中期的社会主义三大改造实现了产权的政治性重构,强化了工人的主人翁意识。改革开放以来的国企改革从"放权让利"开始,历经所有权和经营权分离的"承包制"改革、针对国企收益权的"利润留成"改革、债权转股权以及职工持股的"股份制"改革、国企资产重新界定的"主辅分离"改革以及当下的"股权结构多元化"改革等,这些变革试图通过产权的清晰界定来提升企业的效率和内在活力。在产权变革过程中,职工的"身份置换"和"股权置换"是国企产权变革的双向进程。在国有企业的产权重构以及产权关系变革的进程中,不同历史时期主导性的产权话语构成产权变革进路的重要表达。在经历了各种产权改革的洗礼后,单位人口述也呈现出一些新的个体化表达和反思性讲述。

关于集体主义时代的记忆裂痕不单表现在个体行动层面,也表现在国家

---

① 游正林.革命的劳动伦理的兴起——以陕甘宁边区"赵占魁运动"为中心的考察[J].社会,2017(5):105-138.
② 王庆明.身份产权——厂办集体企业产权变革过程的一种解释[J].社会学研究,2019(5):165-191.
③ 周晓虹.口述史与生命历程:记忆与建构[J].南京社会科学,2019(12):10-15.

制度层面。苏联解体之后，原本同属一个社会主义阵营的成员国，面对共产主义文明历史的共同经历以及苏东剧变等重要历史事件的回忆有很大不同。不同国家的记忆规训以及由此产生的记忆裂痕与这些国家社会主义建设之前的历史有紧密关联，如俄罗斯在经历了相对彻底的产权私有化之后，对社会主义记忆的积极表述更多聚焦于对过去"帝国权威的怀念"以及对集体主义安全的眷恋。而中欧一些国家努力抹掉社会主义印记的意图呈现为一种后殖民主义的意识形态。①一些苏东前社会主义国家根据各自的转型轨迹和发展历程重构共产主义文明的集体记忆，揭示了记忆分裂的主体不单是个人，还可能是企业、国家等组织类型。由此可见，以生命体验为基础的个体化的回忆与以制度化的官方话语为基础的集体记忆之间的历史缝隙，恰恰是透视历史真相的一种可行路径。这也是普通人口述的独特意义所在。

---

① 伊万·塞勒尼.中文版序言［G］//吉尔·伊亚尔，伊万·塞勒尼，艾莉诺·汤斯利.无须资本家打造资本主义.吕鹏，吕佳龄，译.北京：社会科学文献出版社，2008：10.

第五章　"产权连续谱"：不完全产权变革过程的分析

　　在新中国成立七十余年后的今天，回顾前三十年的社会主义实践和后四十余年的改革进程，不难发现，"产权形塑"始终是政治、经济和社会生活的主线。建国初期的社会主义实践和20世纪50年代的"三大改造"实现了社会产权的政治性重构[①]，此后的"大跃进"运动试图打造"一大二公"为理想型的产权结构[②]。1959年至1961年的大饥荒以及大规模的人口非正常死亡促使决策层不得不重新界定产权[③]：1960年11月，中共中央发出《关于农村人民公社当前政策问题的紧急指示信》，允许社员保留少量自留地和小规模的家庭副业，1961年《农村人民公社工作条例（草案）》（"农业六十条"）再次明确了以"三级所有、队为基础"的产权制度取代"一大二公、一平二调"的指导方针[④]；针对城市，国家出台《国营工业企业工作条例》（"工业七十条"），对部分企业施行"关停并转"，同时大量精简企业职工和城镇人口。从1949年新中国成立直至20世纪60年代中期，国家的产权形态并不是铁板一块，产权结构及其形塑机制始终处于调整之中。"农业六十条"和"工业七十条"是针对当时国家治理的两种中介组织——人民公社和企业单位，重新界定产权的标

---

① 桂勇.私有产权的社会基础——城市企业产权的政治重构（1949—1956）[M].上海：立信会计出版社，2006：3.

② "一大二公"最初只是针对人民公社而言的，即规模越"大"越好，"公"有化程度越高越好。与"一大二公"相关联的另一个口号是"一平二调"，具体是指在人民公社内部通过供给制和食堂制实现"平均主义"（"一平"），县、社两级可以对生产队内部的人力、物力、财力实现"无偿调拨"（"二调"）。1960年11月28日，中共中央对《甘肃省委关于贯彻中央紧急指示信的第四次报告》作出重要批示，强调"无论何时，队的产业永远归队所有或使用，永远不许一平二调"。

③ 周其仁.改革的逻辑（修订本）[M].北京：中信出版社，2017：47.

④ 1959年4月上海会议纪要《关于人民公社的十八个问题》中明确了"以生产队为基础、三级所有"的人民公社制度。中共中央1960年11月3日发出《关于农村人民公社当前政策问题的紧急指示信》，大力纠正"共产风"，并强调"三级所有，队为基础，是现阶段人民公社的根本制度"。1962年9月27日通过的《农村人民公社工作条例（草案）》（简称农业六十条）对生产队的土地和自留地的产权归属作了进一步规定。

志性制度文本。只不过在当时的特定历史条件下,无论是政策法规,还是制度实践都还没有"产权话语"。直到改革开放之后,产权才被当作"问题"正式提出。

产权制度是人类最古老的制度之一,这种制度确立了人类针对稀缺性资源占有及分配的结构形态和社会关系。理论上说,产权的种类是无限的,不同的历史情境和制度背景都可能孕育出不同的产权形态。基于此,科尔奈强调不同体制的历史是理解产权类型差异化的前提。①在人类历史的发展演进历程中,公有产权和私有产权一度被视为人类社会最基础的两种产权类型。纵观产权制度的演进过程不难发现,私有产权在人类历史上出现过两次高峰:一次是在 19 世纪中期的西欧,另一次则是在 20 世纪末的东欧和中欧。②

这两次私有产权制度的确立都伴随着人类社会的重大变迁。19 世纪西欧市场制度的确立以及封建产权向资本主义产权的转变是卡尔·波兰尼意义上的"大转型"(the great transformation)③,而东欧和中欧前社会主义国家的体制转轨和公有产权的消解被布洛维称为"第二次大转型"(the second great transformation)。④这两次"大转型"是透视不同体制演变轨迹及其产权关系变革的重要镜框,亦是理解产权界定之多重维度的前提。

在市场转型研究视域中,产权制度变革成为一种重要的研究路向。在"比较资本主义"(comparative capitalisms)的分析框架下,伊亚尔(Gil Eyal)、塞勒尼(Ivan Szenlenyl)和汤斯利(Eleanor Townsley)在《无须资本家打造资本主义》一书中深刻描画了社会主义国家市场转型和产权变革的不同路径。以俄罗斯、白俄罗斯、乌克兰、罗马尼亚、保加利亚等为代表的"东欧"国家,产权制度的变革远远快于市场制度的生成,以至于这些国家一夜之间产生了无数资本家,却并没有产生资本主义,甚至一度出现"以物易物"的前市场社会景象。以匈牙利、波兰、捷克、斯洛伐克等为代表的"中欧"国家因国际资本的快速进入使得市场制度的形成远远快于本国产权制度的变革,并由此形成一种"没有资本家的资本主义"结构——因产权变革相对迟缓,当资本主义制度

① 雅诺什·科尔奈.社会主义体制:共产主义政治经济学[M].张安,译.北京:中央编译出版社,2008:62.
② DEMSETZ H. Toward a Theory of Property Rights II: The Competition between Private and Collective Ownership[J]. Journal of Legal Studies, 2003, 31(S2):S653-S672.
③ 卡尔·波兰尼.大转型:本书时代的政治与经济起源[M].冯钢,刘阳,译.杭州:浙江人民出版社,2007.
④ BURAWOY M. A Sociology for the Second Great Transformation? [J]. Annual Review of Sociology, 2000, 26(1):693-695.

确立时,本国竟没产生真正意义上的资本家,而是由前异议知识分子来充当"文化资本家"。以中国为代表的东亚国家产权制度的变革与市场秩序的形成虽是"渐进化"过程,但二者几乎是同步的。①以上三种不同的产权变革轨迹背后的动力机制有很大不同,也演化出了不同的体制构造。

从资本主义多样性的视角出发,塞勒尼等人概括了三种不同类型:东欧快速私有化的产权变革进路是"自上而下地建设资本主义",并锻造出了一种"新承袭主义体制"(neo-patrimonial regime);中欧由外资推动的快速市场化进程是"由外而内地建设资本主义",并打造成了一种"新自由主义体制"(neo-liberal regime);而东亚产权变革与市场形成的并进呈现出的是"自下而上地建设资本主义",并演化出了"混合资本主义体制"(hybrid capitalism)。②当然,这三种不同的市场形成进程与产权变革进路,也呈现出了不同的"转型绩效"。虽然塞勒尼等人看到了不同的产权变迁过程中所呈现出的"类型学"差异,但他们将这种转型视为具有相同终点的过程,即都是朝着"市场社会"和制度化的私有产权结构迈进。在这样的逻辑下,中欧和东欧的产权变革被视为西欧原生资本主义制度演进的"续曲"。然而,中国的产权变革进路是在政治体制延续性的前提下逐步推进的,这与东欧和中欧断裂性的体制转轨有根本性的不同。

纵观中国四十余年的产权变革进程,大体上可以粗略地将之视为公有产权的解构和重构过程,但也很难从既有理论中找到一个统一的概念来分析多种产权结构在同一体制内的并存互融。正如李培林先生所指出的,中国从公有产权到私有产权结构的转型过程往往会呈现出一种复杂多元的"产权连续谱"现象。③

转型视域下的产权变革研究为我们思考中国市场秩序形成中的产权建构提供了重要借鉴。在这里,关键的问题是:人类历史上这两次私有产权发展的高峰存在怎样的逻辑关联?这两次私有产权结构演变的历史过程对本书探讨中国产权关系变迁的独特机制又能提供怎样的学术参照和现实启迪?学界对苏东体制转轨及其产权变革的研究已有很多,限于篇幅,本章着力探讨前市场社会向市场社会演变过程中的产权变迁问题,从长时段的视角出发

---

① 吉尔·伊亚尔,伊万·塞勒尼,艾莉诺·汤斯利.无须资本家打造资本主义[M].吕鹏,吕佳龄,译.北京:社会科学文献出版社,2007,中文版序言:1-5.

② LAWRENCE K, SZELéNYI I. The New Capitalism of Eastern Europe[G]//SMELSER N J, SWEDBERG R. Handbook of Economic Sociology. New Jersey: Princeton University Press, 2005.

③ 李培林.村落的终结:羊城村的故事[M].北京:商务印书馆,2004:61.

来考察产权变革的多重路径,进而为理解中国产权变革的发生以及不同历史阶段产权运行的独特机制提供一种解释性参照。

第一节 市场转型与产权变革的三种解释范式

中国的改革开放是以产权结构的多元化和经济运作的市场化为基本内涵的。然而,在中国转型过程中,关于产权多元化结构形成的动力机制以及这种混合形式(hybrid forms)①的结构稳定性一直存在争论。这种争论背后直接观照的是中国市场化改革过程中国家体制的特征以及产权变革的独特路径。

学术界关于社会主义国家体制转型和产权变革的研究形成了三种重要的理论范式,第一种是以科尔奈为代表的"体制范式"(system paradigm)②,第二种是以倪志伟为代表的"市场过渡(转型)理论"(market transition theory)范式,第三种是以伊亚尔、塞勒尼等为代表的"比较资本主义"范式。这三种理论范式虽然对社会主义国家转型过程的理解有一些差异,但对产权变革的方向和目标的理解却有一定共识,即社会主义国家市场转型意味着公有产权结构向私有产权结构的转变。基于此种判断,一些学者指出苏东前社会主义国家私有产权的确立过程是西欧原生市场制度在东欧、中欧上演的"续曲",这两次产权变迁相隔的近一个半世纪是市场化进程的"插曲"或弯路。③

然而,历史发展的轨迹不可能是平坦的,而且一个半世纪的历史也很难被作为"插曲"涂抹掉。一方面,20世纪末发生的产权变迁与19世纪的大转变过程中产权变迁的差别,绝不仅仅是由时空差异造成的形式上的区别;另一方面,中国社会主义国家的产权变革进路和东欧、中欧彻底私有化的产权

①　NEE V. Organizational Dynamics of Market Transition: Hybrid Forms, Property Rights, and Mixed Economy in China[J]. Administrative Science Quarterly, 1992, 37(1):1-27.

②　"system paradigm"在国内最早被译成"制度范式",但本书认为"system"有体系、系统之义,译为"体制"更贴近本义,"制度"则不能表达其全部意涵,而且"体制"一词更契合社会主义政体结构和话语语境。2008年国内新译科尔奈著作"The Socialist System:The Political Economy of Communism"在名称上采用了"社会主义体制"的译法,但对"system paradigm"则沿用了"制度范式"的译法。本书在行文中若不作特殊说明统一用"体制范式"。参见:雅诺什·科尔奈.制度范式[M]//吴敬琏.比较(第一辑).北京:中信出版社,2003;雅诺什·科尔奈.社会主义体制:共产主义政治经济学[M].张安,译.北京:中央编译出版社,2008.

③　吉尔·伊亚尔,伊万·塞勒尼,艾莉诺·汤斯利.无须资本家打造资本主义[M].吕鹏,吕佳龄,译.北京:社会科学文献出版社,2008:1-5.

变迁路径已经表现出明显的差异。①由于产权变革的历史背景不同,前一种"差别"似乎是明显的;而东亚和东欧、中欧产权变迁的不同,由于变革的时点以及制度背景的相似性,往往被市场化的预期所遮蔽。即便有论者注意到这种不同也往往将东亚的这种独特形态视为市场化改革不充分的结果,即仅仅是一种"短暂过渡"②。

然而,中国的产权变革实践以及社会结构特征似乎又不能支持这种"过渡论"。在当下中国,一方面,市场化改革已经使建立在计划经济基础上的公有产权结构在众多层面松动甚至瓦解,以私有产权结构为依托的民营经济在整个国民经济中起到重要作用,这构成了市场经济体制的重要支撑;另一方面,中国的改革并没有简单市场化和私有化,与再分配体制相契合的公有产权结构仍然发挥着重要作用,尤其是在一些关系国民经济命脉,涉及重大战略安全、资源安全的产业或行业③。在市场化改革四十余年后的今天,中国呈现出公有产权结构和私有产权结构相互渗透、相互影响的关系格局。在中国政治体制连贯性与继续深化市场改革的"双重前提"之下,我们不能将公有产权与私有产权并存互融的社会事实简单视为短暂的过渡④。由此,重要的问题是:我们该如何理解这种多元复合的产权形态呢?

以上面的问题为导向,笔者在本章试图做三方面的工作:首先,以中国社会转型和产权变革实践为事实基础,检视三种主导性的理论范式;其次,本章尝试对1978年以来中国产权关系变革的整体过程进行分析,进而提炼出一种解释中国产权变迁的分析框架;最后,在上述分析的基础上,笔者将"不完全产权"的概念的使用边界进行适当的拓展。

---

① 吕鹏.重建古典社会学三大传统的新机遇:来自"第二次大转变"的挑战[G]//上海市哲学社会科学规划办公室,上海社会科学院信息研究所编.国外社会科学前沿(2007年第11辑).上海:上海人民出版社,2008.

② 其实,无论是"体制范式""市场转型论"范式还是"比较资本主义"范式,这三种理论范式在理论预设上都将中国当下公有产权和私有产权结构在同一体制下的并存互融视为一种过渡形态,本书下文将逐一讨论,此不赘述。

③ 根据天则经济研究所最近的一项研究显示,"2001年至2009年国有及国有控股工业企业累计获得利润总额为58 462亿元,2009年的账面利润总额比2001年增长了3.89倍;累计获得净利润为40 517亿元,2009年的账面净利润比2001年增长了4.37倍"。通过这些数据不难看出,公有产权结构的企业组织在整个国民经济中仍然发挥着重要作用。参见:天则经济研究所.国有企业的性质、表现与改革(修订稿)[J/OL].http://www.aisixiang.com/data/40395.html,2011-05-01/2018-05-14.

④ 在很多市场转型研究者看来,中国当下两种体制的并存是市场化改革"不充分"的结果,只是市场化改革进程中的一种过渡状态,以倪志伟为代表的"市场转型论"(market transition theory)以及以塞勒尼为代表的"比较资本主义"都秉持这一基本立场。本书下文将逐层展开讨论,此不赘述。

一、体制历史与产权类型:"体制范式"的基本思路

匈牙利经济学家科尔奈最早关注了社会主义制度下国有企业的产权问题,同时针对社会主义国家体制转轨与产权变革的实践过程提炼出了"体制范式"。和一般的比较政治经济学将"苏联式经济体制"作为原型与其他社会主义国家比较不同,科尔奈试图将他研究的 26 个社会主义国家的差异性暂且悬置起来,而主要呈现这些国家的共同特点,进而尝试提出一个一般性模型。

科尔奈的"体制范式"理论构想早在 20 世纪 80 年代即已呈现出来。1985 年 9 月中国经济体制改革委员会、中国社会科学院和世界银行在长江的一艘邮轮上联合召开了一次"宏观经济管理国际研讨会",此即著名的"巴山轮会议"[①]。在这次会议上,科尔奈以匈牙利经济体制改革为经验基础提出了经济体制改革的目标模式。科氏以社会主义国家的市场改革为事实依据,把宏观经济管理中的经济协调机制分为行政协调机制和市场协调机制两种类型。前者是依托上下级之间的隶属关系,通过纵向信息流和行政手段来协调经济运行,后者则是通过买方与卖方之间的横向信息流和市场机制来协调经济运行。科尔奈将每一种协调机制具体分为两种形态:前者分为直接的行政协调(IA)和间接的行政协调(IB);后者分为没有宏观控制的市场协调(IIA)和有宏观控制的市场协调(IIB)。同时指出,IIB 应该作为社会主义国家经济体制改革的理想目标模式。[②]

然而,在政府主导的改革过程中,常见的情形是从直接的行政协调(IA)发展到间接的行政协调(IB)。在 IB 模式中,企业有双重依赖,即对买方和卖方的横向依赖和对上级权力机构的纵向依赖,而且纵向依赖占主导地位。在此种情形下,企业主管领导主要按照上级的意图行事。[③]"体制范式"理论的内核主要集中在科尔奈所著的《社会主义体制:共产主义政治经济学》一书中。在该书中文版序言中,科氏将"体制范式"的特征概括为七点,但究其要点,本书归纳为如下几个方面:

首先,在理论渊源上,科尔奈指出"体制范式"研究的第一个伟大的先驱者是马克思,另外开创者还包括冯·哈耶克、卡尔·波兰尼、约瑟夫·熊彼

---

① 关于"巴山轮会议"召开的背景、学术争论及其深远影响等详细情况,可以参见:刘国光,等.经济体制改革与宏观经济管理——"宏观经济管理国际研讨会"评述[J].经济研究,1985 (12).赵人伟.1985 年"巴山轮会议"的回顾与思考[J].经济研究,2008(12)。

② 科尔奈.提供给中国改革者的匈牙利的一些经验教训[G]//中国经济体制改革研究会.宏观经济的管理和改革——宏观经济管理国际研讨会言论选编.北京:经济日报出版社,1985:61-94.

③ 亚诺什·科尔奈.国有企业的双重依赖——匈牙利的经验[J].经济研究,1985(10):10-24.

特。将这些不同观点和学派的理论家融合一处意味着"体制范式"不专属于任何一门传统学科,可以把它视为宽泛的社会科学流派。

其次,在认识论上,"体制范式"研究者把体制看成一个整体,强调部分与整体之间的关系,而且认定现存结构和历史过程中所形成的各种特征之间存在着密切的关系。由此"体制范式"试图在社会科学和历史研究(现实和过去)之间建立紧密的联系。

再次,从方法论上来看,"体制范式"研究的一个突出特征是比较,即通过与其他体制相对应特征的比较研究来更好地理解自己的体制特征。

最后,"体制范式"是在更高层次上对社会主义体制进行的一般性概括和抽象。例如科尔奈将社会主义国家的历史分为三个阶段:第一阶段是指从社会主义的诞生一直到建立起稳定的社会主义体制;第二阶段指"经典社会主义体制"建立后的历史阶段;第三阶段为"改革阶段",改革的目标是进行体制的自我更新。虽然对每个社会主义国家而言,这三个阶段的起始时间和结束日期都各不相同,但仍能表现出共同的体制特征。[1]

科尔奈认为社会主义国家在 20 世纪 80 年代末纷纷转型的根源在于"(社会主义)体制带来了它自身根本无法解决的冲突,致使运行机制出现了功能性障碍"。科尔奈指出"经典社会主义体制无法走出自己的影子,局部改革永远不可能突破自身,因此,必须要有体制上的彻底变革"。[2]需要指出的是,虽然科尔奈注意到"体制的历史"是理解产权类型及其结构性特征的前提,但对中国而言,关键问题是中国公有产权结构变迁的体制历史与一般苏东等前社会主义国家产权变革的体制历史并非完全一致。与苏联顺利实现工业化不同的是,中国在经历了一系列以发展重工业为主要目标的社会主义实践之后,直到改革开放前仍然主要是一个农业国家,没有建立起完善的工业基础。与之相关的是,单位组织是中国工业化的一个结果。这也是中国市场化改革进程呈现出独特性的前提。虽然科尔奈看到了社会主义体制的特质以及改革过程中传统计划体制遗留的特征,但他忽略了作为体制结构的另一面,即行动者对于体制变革和社会转型的意义。在这方面,"市场转型论"则给予了更多关注。下文将讨论市场转型理论的发展进路。

二、权力的再分配与产权变迁:市场转型理论范式

在对中国市场转型和产权变革的研究中最为盛行的分析工具就是以倪

---

① 雅诺什·科尔奈.社会主义体制:共产主义政治经济学[M].张安,译.北京:中央编译出版社,2008.中文版序言:1-5.

② 同①,英文版序言:7-12。

志伟为代表的市场转型论。市场转型论是 20 世纪 80 年代末由海外一些社会学家就中国的市场改革和社会分层研究开启的,其标志就是倪志伟 1989 年在《美国社会学评论》上发表的题为《市场转型理论——国家社会主义从再分配向市场的转变》的文章。倪志伟的研究得出的基本结论是:市场转型有利于直接生产者,而相对地不利于再分配者。①后来,倪志伟在仔细分析其 1985 年对福建农村的调查资料时发现,有干部背景的家庭相较于一般农户在"收入流动"中仍显优势,但倪志伟认为这并不与自己先前的观点相矛盾,在改革尚未完成前,政治权力仍然能获得显著的经济回报,这是"局部改革"亦即市场化改革不深入的结果。②由于其观点后来遭到很多批评,倪志伟对市场转型论的模式也提出了修正。

在这些批评意见中,最成形的有如下几种:第一种是罗纳塔斯(Rona-Tas)的"权力转换论"。他通过对 1989 年共产党解体后匈牙利社会变革的研究指出,在市场化的过程中,干部将再分配权力转变成为社会网络资源并最终转变成为私有财产。③第二种是边燕杰、罗根(Bian & Logan)的"权力维持论"。边燕杰和罗根通过对天津 1978 年至 1993 年居民收入变化的研究指出,中国的改革是在两种体制没有变化的前提下展开的:一是中国共产党的领导地位没有改变,二是城市的单位制度没有发生根本性动摇,各种"单位"仍然是国家的代理人,在这种制度前提下政治资本的回报仍然能够维持④。第三种批评观点是由白威廉和麦谊生(Parish & Michelson)提出的"政治市场论"。白威廉和麦谊生在《政治与市场:双重转型》一文中指出,在中国的改革进程中,市场是一种妥协性的类型,它既依赖于经济能动性,又依赖于更具参与性的政治体制中的讨价还价。所以在中国的市场化改革中除了经济市场外还有一个重要的政治市场。农村的地方官员会灵活地运用这两种市场为自身赢得最高的回报。⑤第四种批评观点是魏昂德和戴幕珍提出的"地方—国家合作主义模式"。⑥他们注意到中国 1994 年的分税制改革使地方政

---

① NEE V. A Theory of Market Transition: From Redistribution to Markets in State Socialism [J]. American Sociological Review, 1989, 54(5):663 - 681.

② NEE V. Social Inequalities in Reforming State Socialism: Between Redistribution and Markets in China[J]. American Sociological Review, 1991, 56(3):267 - 282.

③ RONA-TAS A. The First Shall Be Last? Entrepreneurship and Communist Cadres in the Transition from Socialism[J]. American Journal of Sociology, 1994, 100(1):40 - 69.

④ BIAN Y, Logan J R. Market Transition and the Persistence of Power: The Changing Stratification System in Urban China[J]. American Sociological Review, 1996, 61(5):739 - 758.

⑤ PARISH W L, MICHELSON E. Politics and Markets: Dual Transformations[J]. American Journal of Sociology, 1996, 101(4):1042 - 1059.

⑥ WALDER A G. Local Governments as Industrial Firms: An Organizational Analysis of China's Transitional Economy[J]. American Journal of Sociology, 1995, 101(2):263 - 301.

府除了需要上缴中央财政之外获得了稳定的财政余额,这直接刺激着地方政府如同企业一般去算计和逐利。例如一些地方政府会更多投入利润回报高的工业企业而少投入农业。在这个意义上国家利用政治权力使自身既是"裁决者"亦类似"经营者",于是更便利地产生寻租,滋生腐败。[①]第五种是林南提出的"地方市场社会主义模型"。林南通过对天津市静海县大邱庄的研究注意到,地方的政治权力结构以家族网络为基础,这种权力结构的边界可以超越市场经济体制,形成所谓的"地方市场社会主义"。[②]

除了以上五种成型的批评观点外,边燕杰以中国转型的实践过程为经验基础对市场转型论的三个基本假定提出了系统性批评:其一,市场转型理论的体制分离假定不符合中国实际,从中国转型的实践过程和当下中国社会结构的现实看,再分配体制与市场经济体制是交叉的,而不是分离的,市场机制和再分配机制相互融合、渗透是中国社会结构的基本特征。其二,市场转型论强调的人力资本和政治资本互斥是不成立的。在中国转型过程中,人力资本和政治资本是相互嵌合的,而不是相互独立的,甚或排斥的。其三,市场转型论假定,地位资源的决定性变量是收入。而中国目前的状态是,资源是多元的,测量的尺度也不是单向度的。因此,边燕杰指出,体制交叉、机制包容和资源多元是未来推动市场转型理论研究最重要的三个问题。[③]当然这同样是市场转型理论与中国转型实践的相悖之处。

综上所述,无论是倪志伟个人关于"干部即政治精英在由再分配经济体系向市场经济体系的转变过程中利益受损"的主张,还是其批评者所强调的政治权力在市场化过程中的转化、存续以及与市场的合谋等等,其关注的焦点都是政治权力的持有者即政治精英在市场转型过程中的际遇。换言之,市场转型论及其批评者关注的是原来再分配体系中的政治资本在市场经济体系下能否保持固有的威力,能否实现与经济资本的有效互换。这些理论模型共同关注的问题是权力与市场、政治资本与经济资本,且只关注改革的主导者和利益既得者,而对改革的利益受损者和改革代价的承担者则缺乏基本的关注。

鉴于市场转型的这些缺憾,李静君主张把工人阶级的研究引入市场转型的视域中来,并提出了中国工人阶级政治转型的三种模型:以农民工为代表

[①] OI J C. The Role of the Local State in China's Transitional Economy[J]. China Quarterly, 1995, 144(144):1132-1149.

[②] LIN N. Local Market Socialism: Local Corporatism in Action in Rural China[J]. Theory &. Society, 1995, 24(3):301-354.

[③] 边燕杰.社会结构变迁研究与关系社会学的中国流派[J/OL]. http://www.docin.com/p-514275010.html, 2012-11-02.

的新工人阶级的形成、社会主义工人的再造、下岗工人的消解(unmaking)。①
虽然李静君看到了市场转型论及其批评者的研究局限,将工人阶级的政治转
型引入市场转型的视域中来是对市场转型研究的重要拓展,但本书需要看到的
是工人阶级生活境遇的变化是与工厂企业的政体变革紧密相连的,亦即作为改
革"行动者"的下岗工人和社会转型的结构或制度是紧密相连的。中国国有企
业中工人的行动策略在国有企业产权变革的整体进程中呈现出很大的"断裂
性"特征,即在产权改革的不同历史阶段,国企工人的行动逻辑是不同的。

三、市场制度形成与产权结构变迁的互构:"比较资本主义"范式

以塞勒尼等为代表的"比较资本主义"研究范式注意到了在前社会主义
国家社会转型过程中的社会行动者与制度的组合关系。在这一研究范式中,
"社会行动者"或"执行者"(agents)是社会转型的主导者和改革精英,而且在
东欧和中欧的转型过程中,其行动者也表现为不同的身份和阶层特征。例如
在匈牙利等中欧国家,其"行动者"对应的主要是"技术专家—知识精英"
(technocratic-intellectual elites);而在俄罗斯等东欧国家,其"行动者"则主要
是前政党精英和前国有企业的管理人员。因此,塞勒尼等关注的核心问题
是:中欧如何在没有资本家的情况下建立资本主义制度,是哪些执行者正在
建造共产主义之后的资本主义,以及他们为了谁的利益、出于什么目的而行
动。②不难发现,塞勒尼等所关注的社会行动者仅仅是改革的主导者,这与倪
志伟等关注改革的既得利益者并无实质性差异,从这个意义上讲,这两种理
论范式都是精英主义的。

由此看出,"体制范式"、市场转型理论和比较资本主义三种研究范式,关
心的主要是正式组织、制度等结构性特征。三者的理论预设在面对中国转型
实践时出现很多张力,因此这些理论范式遭到了诸多的批评和挑战。概括起
来,这些批评有如下两个方面。

第一,这三种理论范式都是以政治体制的断裂性为经验基础,并以市场
化以及制度化的私有产权结构这种"单边市场论"作为理论预期。但中国社
会转型是以政治体制的延续性为基本前提的,同时中国在历经四十余年的市
场化改革后,公有产权结构和私有产权结构并存互融的事实基础对这三种理
论范式的理论预期提出了重要的挑战。

---

① 　李静君.中国工人阶级的政治转型[G]//李友梅,孙立平,沈原.当代中国社会分层——理论
　　与实证(转型与发展第1辑).北京:社会科学文献出版社,2006.

② 　吉尔·伊亚尔,伊万·塞勒尼,艾利诺·汤斯利.无须资本家打造资本主义[M].吕鹏,吕佳
　　玲,译.北京:社会科学文献出版社,2008:1-2.

第二,这三种理论范式对产权变革进程的分析都不同程度地忽略了"行动者"的维度。巴泽尔在《产权的经济分析》一书中明确提出,产权结构的确立及其有效实施取决于三个方面:首先是产权的所有者对自己权利的维护;其次是其他行动者对产权的侵夺;最后是第三方,尤其是国家经由法律契约等手段对产权的保护。[①]巴泽尔在这里揭示了产权的行动维度,即产权变迁过程中的"行动者"对于产权确立和实施的重要意义。科尔奈的"体制范式"直接忽略了行动者对社会转型和产权结构变迁的意义。以倪志伟等为代表的市场转型论及以塞勒尼等为代表的比较资本主义虽然关注了社会行动者,但其行动者仅仅指涉的是改革的主导者和改革的利益既得者,而对改革代价承担者和利益受损者缺乏基本的关照。换言之,市场转型论和比较资本主义仅仅注意到"产权的侵吞者"这一行动维度,而对产权的维护者以及第三方即产权的国家视角则没有给予必要的关注。

上述三种理论范式的两点缺憾是本书思考中国社会转型和产权结构变迁的重要基点。换言之,中国体制二元的社会结构特征、国家主导的产权变革过程以及利益受损者对自身权利的维护和抗争是本书分析中国产权变革独特逻辑的三个视点。

第二节　中国国企产权变革的主要阶段及其特征

中国的产权制度变革发端于农地制度的变革,而后到社队企业(即后来的乡镇企业),最后拓展到国有企业。在四十余年的改革进程中,一方面,农地制度及其产权结构相对稳定[②],乡镇企业民营化改革也已然定型[③];另一方

---

① 巴泽尔.产权的经济分析[M].费方域,段毅才,译.上海:上海人民出版社,1997:2-3.
② 2008年11月党的十七届三中全会通过的《中共中央关于推进农村改革发展若干重大问题的决定》(中发〔2008〕16号)指出:"按照依法自愿有偿原则,允许农民以转包、出租、互换、转让、股份合作等形式流转土地承包经营权,发展多种形式的适度规模经营。"这虽然突破了2002年的《农村土地承包法》和2004年修订的《土地管理法》关于土地流转的限定,但这种突破仍然没有触动和改变农地产权结构的内核。一如该文件同时指出的"……土地承包经营权流转,不得改变土地集体所有性质,不得改变土地用途,不得损害农民土地承包权益"。由此可见这是在农村土地集体所有性质不变的前提下,在使用权基础上拓展土地的处置权和转让权,并没有改变农村土地产权制度的"集体主义产权形态"之实质。
③ 乡镇企业的改制在1997年到1998年雷厉风行迅速完成,与此同时,随着《乡镇企业法》的颁布,乡镇企业作为公有制的重要组成部分的"集体经济"性质也随之成为历史,民营经济从此正式登上历史舞台。参见:秦晖.江浙乡镇企业转制案例研究[M].香港:香港中文大学出版社,1998;秦晖.中国的经济转轨、社会公正和民主化问题[G]//姚洋.转轨中国:审视社会公正和平等.北京:中国人民大学出版社,2004:370。

面,国有企业产权改革自 20 世纪 70 年代末"扩大企业自主权"开始,历经 1997 年后"抓大放小"的私有化改革,2003 年国家再次强调"坚持公有制的主体地位,发挥国有经济的主导作用。积极推行公有制的多种有效实现形式,加快调整国有经济布局和结构"①。直至今日,国企产权改革仍在不同区域、不同行业和不同层面推进②。由此可见,国有企业产权改革的进程更能揭示中国产权制度变革的整体性和复杂性。

在四十余年的改革进程中,中国的国有企业产权制度变迁是一个复杂的进程。这种复杂性表现为,在改革的不同历史阶段,国企产权制度演变具有不同的机制和特征。要把握中国国企产权变革的特征必须首先明晰中国国企产权变革的发生机制。但需要特别指出的是,从整体意义上看,虽然中国传统体制变革的发生和市场要素的生成似乎是一个同步的过程,但在时间和空间上均表现出明显的错位。这种时空的错位,不仅与中国地区发展的不均衡性有关,同样与传统体制的渗透程度和控制强度有关。此外,由于中国最初的改革是"摸着石头过河",无论是传统体制的变革,抑或市场机制的引入,市场转型和产权变革的许多具体过程往往都以变通的方式进行。

从 1978 年改革开始至 1993 年中共十四届三中全会上第一次正式提出产权问题③的这十五年间,中国的改革实践及话语中从不提及产权。但中国国有企业的制度变革在"不说"的前提下并没有"不做",在"不提及"产权话语的前提下,承包租赁、兼并重组、破产拍卖等产权变革从未间断。而且这种变通策略的推进尺度与范围在不同区域则因传统体制影响的强弱而不同。改革的最初十五年没有产权话语的产权变革特质以及产权变迁过程中的时空交错特征,对本书从学理上探讨中国国有企业产权变革的发生机制问题是一个较大的挑战。基于以上事实,本节将以东北老工业基地社会为经验基础讨论中国城市社会国企产权变革的发生机制问题。

一、中国城市社会体制变革的发生机制

因为中国的改革始于农村,所以当追问中国改革的发生机制或市场经济

---

① 参见《中共中央关于完善社会主义市场经济体制若干问题的决定》,2003-10-14.

② 对于国有企业尚未完成的改革,有论者概括了六个方面:一是继续调整国企数量和国有经济规模与分布;二是促进不同层级国有资本以及国有资本与非国有资本的融合;三是加强董事会建设,改善国企治理;四是加强产权交易场所建设,培育和发展产权交易市场;五是深化垄断行业改革;六是深化国有资产管理体制改革。参见:周叔莲,刘戒骄.尚未完成的国有企业改革[J].理论前沿,2008(18)。

③ 1993 年 11 月中共十四届三中全会提出:"国有企业改革的方向是建立现代产权明晰、权责明确、政企分开、管理科学的现代企业制度。"这是中国官方话语中第一次正式提出产权问题。

的发育机制时,很多研究者自然会将问题化约为中国农村体制变革和市场发育的问题。如美国华裔学者周晓(Kate Xiao Zhou)认为,中国的改革是"农民何以改变中国的问题",她认为中国改革是农民自下而上推动的过程(bottom-up process),是无组织、无领导、无意识形态和无政府倾向的运动,这种动力机制源于农民在经历了"三年困难时期"这种大饥荒(the Great Famine)后的饥饿逻辑。[①]安戈(Jonathan Unger)认为在中国农村去集体化(decollectivization)的改革过程中,以土地的家庭联产承包为始点的农村改革主要是"自上而下"推动的。[②]在塞勒尼等人看来,市场经济在中国的出现是"自下而上"展开的。中国的改革始于农村和农业部门,农业生产集体制的解体和家庭企业的重建是一个重要改革,此后,市场改革才开始影响城市。[③]崔大伟(David Zweig)通过对江苏地区的研究得出的结论是:中国的农村改革以及去集体化的发展程度和方向既不是国家自上而下单维决定的,亦不是农民自下而上简单推动的结果,而是国家、地方、基层干部以及农民不同方面互动和作用的结果。[④]但以往这些问题的设定和研究理路——将中国社会体制改革发生机制的问题化约为中国农村体制变革和市场发育的问题——遮蔽了中国城市社会体制变革和市场发育这一关键问题。

本书这种追问不仅是源于对以往研究的学理反思,也是基于对中国改革实践的经验事实的把握。中国最初改革具有很大的"局部性"特征,这种局部性首先表现在农村社会内部。有论者指出,以整体性的社会面貌出现的农村"社会"实际上在 20 世纪 80 年代之前并不存在。改革不是整体推进的(尽管形式上都出现了改革的迹象),而是受地域条件(人口、地理位置、土地等)、价值观念、外部认识等因素的综合影响,存在"先与后""前进与停滞""起步与成长"的阶梯式现象。[⑤]中国改革"局部性"特征的另一种表现则是明显的空间差异,即城乡分割。改革最初在中国农村发端,而城市社会的体制变革主要从 1984 年之后开始。恰恰是改革初期的这种"局部性"特征,导致中国城市

① ZHOU K X. Friedman E. How the Farmers Changed China: Power of the People[M]. Boulder: Westview Press, 1996.
② UNGER J. The Decollectivization of the Chinese Countryside: A Survey of Twenty-eight Villages[J]. Pacific Affairs, 1985, 58(4):585-606.
③ 塞勒尼.中文版序言[M]//吉尔·伊亚尔,伊万·塞勒尼,艾利诺·汤斯利.无须资本家打造资本主义.吕鹏,吕佳玲,译.北京:社科文献出版社,2008:1-3.
④ ZWEIG D. Freeing China's Farmers: Rural Restructuring in the Reform Era[M]. London: Sharpe, 1997.
⑤ 苏海舟."破茧"之初:1978 年前后中国农村与农民的生存状态及地区差异[D].中国人民大学,2008.

社会和乡村社会改革的发生不仅在时间上存在差异,在部门行业层面亦有不同。农村社会的改革始于农地制度和人民公社的解体。而在城市社会,最能体现中国国家社会主义体制特征和城市组织管理方式的无疑是中国的国有企业组织,它也是中国单位制组织的最重要代表。

1978 年开启的农村体制改革的实质是回归以家庭为基础的社会组织结构,而城市社会的基本单元则是各种类型的"单位组织"。1978 年,当农村改革努力恢复"家庭"作为生产生活的基本单元时,城市社会开始了单位制的重建和恢复,而与此同时进行的还有"拨乱反正"和纠正冤假错案以及解决回城知青的就业安置等历史遗留问题。为了重建城市社会的基础秩序,国家通过重建单位体制,将国有企事业单位全都纳入行政支配体系中来,将城市的生产生活纳入合法秩序的轨道上来。作为城市改革落实基点的单位组织不仅嵌入纵向行政权力体系之中,而且在横向上承担着为组织成员配给社会福利的重要职能,几乎牵涉城市社会结构的所有方面。[①]因此,城市体制改革较之农村改革难度要大得多。基于中国农村社会和城市社会体制变革的这些差异,本书认为重新思考中国城市社会体制变革的发生机制问题是回答中国国有企业产权关系变革初始阶段特征的前提。

二、中国国有企业产权变革的五个阶段

中国国有企业的产权变革是涉及多重环节的复杂进程,本书按照产权关系变革的时间边界大致将其划分为如下几个阶段。

第一阶段(1978—1993 年),从 1978 年底四川在宁江机床厂等六个企业进行"放权让利"试点改革开始,到 1993 年 11 月十四届三中全会提出"国有企业改革的方向是建立现代产权明晰、权责明确、政企分开、管理科学的现代企业制度"[②]之前。作为产权制度变革的初始阶段,产权改革的最明显的特征是"只做不说"——无论官方话语的"表达",还是基层社会的制度改革实践都并不提及"产权",所以在当时,所有的改革如承包租赁、兼并重组、破产拍卖等表面上都不关涉产权问题。因此,这段时间的产权变革特征又可以概括为"没有产权的产权改革探索"。

第二阶段(1994—1997 年),从十四届三中全会中国改革话语中第一次

① 渠敬东,应星,周飞舟.从总体性支配到技术治理——基于中国 30 年改革经验的社会学分析[J].中国社会科学,2009(6):104 - 127.
② 参见《中共中央关于建立社会主义市场经济体制若干问题的决定》,中发〔1993〕13 号,1993-11-14.

明确提出产权明晰改革方向,到 1997 年 5 月国家经贸委颁布《国有企业改革与发展工作意见的通知》确立"抓大放小"的国企改革策略之前。1994 年国务院选择了 100 家大中型国企进行现代产权制度试点,许多地方政府也随之选择了地方国有企业进行试点。因此,笔者将这一阶段产权改革的基本特征概括为"产权试验"。

第三阶段(1998—2002 年),从 1997 年国务院确立国企改革的"抓大放小"方向之后,到 2002 年 11 月国家经贸委等八大部委联合颁布《关于国有大中型企业主辅分离辅业改制分流安置富余人员的实施办法》之前。在这一阶段,许多中小国有企业以及城市大部分集体所有制企业都迅速实现了以私有化为目标指向的产权明晰。因此,这一阶段的产权改革可以形象地称为"化公为私"。

第四阶段(2003—2015 年),从 2003 年 10 月中共中央、国务院印发《中共中央国务院关于全面振兴东北地区等老工业基地的若干意见》开始,到 2015 年 8 月中共中央、国务院印发《关于深化国有企业改革的指导意见》(下称《指导意见》)。2003 年国家作出实施东北地区等老工业基地振兴战略的重大决策,采取了一系列支持、帮助、推动振兴发展的专门措施,而国有企业改革则是振兴的重要突破口。2015 年出台的《指导意见》强调直面国有企业产权改革中的诸多问题,尤其是国企效率低下和国有资产流失两个重要问题,分类推进国有企业的混合所有制改革。这一阶段的国企产权变革以大中型国有企业为主导,其基本特征表现为两个方面:其一,在推进市场化改革的同时,保持大中型国有企业公有产权为主体的格局不变,即以所有权不变为前提,将经营权、处置权与所有权相分离,赋予国有企业独立的经营权和处置权;其二,在企业获得独立的经营权和处置权后进行"主辅分离、辅业改制"。由于历史原因大中型国企内的辅业主要承担着"企业办社会"的职能,就企业产权性质而言,辅业企业大多是厂办集体所有制企业。在辅业改制过程中,一方面将辅业企业放到市场中进行企业所有权置换,同时通过经济补偿的形式对企业职工的身份进行置换,这种以"双重置换"为基本内涵的产权关系变革形态不是简单的"化公为私",而部分体现为"活私开公"。因此,这一阶段产权改革的特征可以被形象概括为"活私开公"。

第五阶段(2016—2022 年),从 2016 年 7 月全国国有企业改革座谈会召开至 2022 年《国企改革三年行动方案(2020—2022 年)》基本完成。在 2016 年 7 月召开的全国国有企业改革座谈会将深化国有企业改革、创新体制机制作为重要议题,同时强调党对国有企业的领导。2017 年 10 月,党的十九大报告明确提出"深化国有企业改革,发展混合所有制经济",股权结构多元化成为新时期国企改革的重要方向。2020 年 6 月,中央全面深化改革委员会通过了《国企改革三年行动方案(2020—2022 年)》,明确提出积极稳妥深化混合所有制改革,促进各类资本优势互补、共同发展。因此,这一阶段国企产权变革的基本特征可以概括为"混合所有"。

以上五个阶段是对中国国企产权变革整体进程以及阶段性特征的简单概括。限于篇幅,这里仅仅讨论中国国企产权变革初始阶段的特征。

三、中国国企产权变革初始阶段的动力机制

中国城市社会市场经济的发育一方面得益于外部市场机制的引入,这在一定程度上体现为"开放",其标志性起点是 1979 年 7 月 15 日,中共中央、国务院批转广东省委、福建省委《关于对外经济活动实行特殊政策和灵活措施的两个报告》,决定在深圳、珠海、汕头和厦门试办特区。另一方面又得益于对旧体制的"改革",标志性事件是 1979 年 5 月 25 日,首都钢铁公司等企业被国家经委等六部委确定为第一批国家经济体制改革试点单位,实行利润留成。前者体现为(计划)体制外逻辑的引入,后者体现为体制内逻辑的变革。

虽然"市场开放"和"体制改革"几乎是同步进行的,但在空间上却存在差异,前者最初在传统体制控制相对薄弱的东南沿海发生,而后者则主要是在大型国有企业相对集中的老工业基地发挥的影响更大。因此,有学者指出可以把东北老工业基地作为观测传统体制变革的前沿地带①。但无论是市场的开放,还是体制的变革,都是在连续的政治体系下由国家掌控并不断推进的,所以有论者指出,改革开放以来中国社会结构变化的根本动力是体制改革②。由此,本书所说的中国城市社会市场经济的发育也特指对旧体制的"改革"。换言之,本书所关注的中国城市社会的市场发育主要是在"体制变革"的意义上谈的。

进一步的问题是,中国城市社会单位体制是如何退化和松动的? 这种松动的力量是源于内部的体制要素,还是外部的市场要素? 原本与计划体制相关联的要素如何转化为与市场机制相亲和的要素(商品化的劳动、土地和货币),是什么力量使这些要素聚合到一起并最终促成了市场秩序的发育? 推动中国城市体制变革的是现实压迫、主观选择,还是市场竞争和经济发展的客观必然规律?

要回答这些问题,本书必须将研究视野回溯到 20 世纪 80 年代。1984

---

① 刘平.新二元社会与社会转型研究[J].中国社会科学,2007(1):104-117.

② 孙立平.转型与断裂:改革以来中国社会结构的变迁[M].北京:清华大学出版社,2004:6.

年的《中共中央关于经济体制改革的决定》标志着中国体制改革的重心从农村转移到城市,而城市经济体制改革的重心就是国企改革。在当时,企业的破产拍卖以及由此造成的工人失业(下岗)在当时主流意识形态下都被视为"资本主义"的事物,是批判的对象。然而,中国公有制企业的破产恰恰是在1984年开始尝试,并在1986年8月3日最终成功实施①。在改革开放已历经四十余年后的今天,我们有必要回过头来思考的是:社会主义公有制企业"破产"的提出是如何冲破意识形态限制的? 由公有制企业破产引发的工人分化又呈现为何种样态?

20世纪80年代中期以及90年代中后期的官方和学界话语大多强调,企业破产拍卖、工人下岗失业是市场竞争的结果,是不以人的意志为转移的经济发展之客观规律,并认为是改革的必然和社会进步的体现。今天来看,这种判断至少要面对如下两个事实的逼问:一则,20世纪80年代中期,中国城市经济体制改革刚刚起步,并不存在所谓的有效配置资源的竞争性市场。当时国企生产的产品种类、规模以及销售都是按照上级指令进行的,亦即国有企业不具有独立的经营权、处置权、分配权等产权。20世纪80年代国企的严重亏损局面与这种"计划指令体制"是紧密相连的,在这个意义上,中国市场的进一步发育是企业破产的后果而非原因。再则,倘若中国城市体制变革的发生果真遵循的是外部市场竞争逻辑的话,那么,中国城市市场要素的发育机制则自可与西欧自生自发的市场秩序相比,当然历史事实并非如此,中国市场要素的发育很大程度上源于内部的"体制变革"。

在20世纪80年代中期将中国的国企破产等体制变革视为市场竞争和经济规律的论断实际上是抱持一种"向前看"的学理逻辑,即通过设想中国未来社会发展的趋向来理解和指导现实社会,很多政策方案的形成所依凭的往往是对中国市场化进程结果——"市场化的社会结构"——的想象。这种"向前看"的分析理路体现的是对中国改革向何处去的基本隐忧和思虑,而且是中国"摸着石头过河"这种独特改革进程中的折中选择。但在中国改革已历经数十年后的今天,我们不仅没有看到所谓的完全市场化的社会结构的出现,反而国家不断经历着市场失灵的梦魇,由此需要一种"向后看"或"回头看"的分析理路。这需要我们思考,在中国四十余年的改革进程中,原本体制中哪些要素发生了变化,哪些没有变化,对于这些没有变化的仍然遗留下来的体制要素又是如何与今天的市场要素相结合的?

另外一个关键的问题是,在经历了市场化改革的洗礼之后,遗留下来的

---

① 第一家破产"国企"是于1986年8月3日宣告破产的沈阳防爆器械厂。

这些没有发生变革的体制要素与市场要素的契合,是中国市场化进程中的"过渡形态"还是一个相对稳定的结构? 在中国改革开放取得骄人业绩后的今天,我们不得不面对的一个基本事实是:当下中国社会结构既不是传统计划经济社会机制的一统天下,亦不是以往一些学者预期的市场化社会机制的独占鳌头,而是两种机制的相互作用。因此,有学者指出:"市场化改革以来,建立在计划经济基础上的单位制社会与市场经济社会之间的关系(亦可理解为体制内社会和体制外社会),已不是后者渐进地取代前者,而是前者以局部地区和行业为依托形成与后者的相持、渗透和互动。两种社会机制的并存和互动,以及两种社会机制在不同地区的非平衡状况对中国社会的影响,是二十多年来最有普遍意义的社会事实,这种普遍性当中已包含了当下中国社会结构的最主要特征。"①这种传统计划体制的社会机制和市场化社会机制共生的新二元社会结构是本书分析中国产权关系变革进程及其特征的前提。

另外需要指出的是,虽然为了降低改革的风险和成本,中国城市经济体制改革在很多方面都借鉴了农村经验,但无论是从改革的发生机制、改革的动力源泉还是改革的进一步深入来看,城市经济体制改革与中国农村的经济体制改革都有很大差异。首先,从改革的发生机制上看,农村的经济体制改革最初体现为"自下而上"的自发推进,而城市经济体制改革则更表现为"自上而下"的有组织推进。作为农村改革标志的土地家庭联产承包是农民在饥饿逻辑下自发地"自下而上"推动的,但农村改革整体上看也体现为国家主导的、"自上而下"的、有组织的现代化过程,自2004年以来的六个稳定农业发展促进农民增收的中央"一号文件"就是最明显的体现。而1984年开始的城市中企业单位承包租赁的实施最初是国家"自上而下"建构和推动的,是国家在"甩包袱"的逻辑下进行的。

其次,从动力机制上看,农村社队—乡镇企业的发展壮大不是靠国家"体制内"的资源配置,而是靠"体制外"的力量。它们面对国家体制内的资源配置统摄过强以及偏重重工业发展而导致的产业结构失衡局面,利用体制外的资源配置方式即市场机制。在这个意义上,乡镇企业是在传统体制的边缘和外部甚至夹缝中发展壮大的,所以邓小平用"异军突起"来形容乡镇企业的发展。而国有企业的资源配置完全依靠国家体制内的政策指令,生产、销售也严格按照国家的"计划指令"来执行,所以同样是企业改制,国企产权改革要比乡镇企业复杂得多,而且遗留的问题也比较多。

国企改革的动力源泉一部分源自体制外的压力,其中包括乡镇企业的突

---

① 刘平.新二元社会与社会转型研究[J].中国社会科学,2007(1):104-117.

飞猛进的对比压力,但更重要的是内部负担形成的压力,所以国企改革初期一直都在"甩包袱"。由此可见,城市经济体制改革和农村经济体制改革的差异不仅是传统的城乡分割二元结构的反映,同时也是"体制内和体制外"这种新二元结构的表征。作为中国城市经济体制改革核心的国有企业产权改革的逻辑是和中国国有企业的发展历史紧密关联的。中国国有企业是在战时共产主义的军事工业基础上发展而来的,并以苏联高度集中、统一管理的计划经济体制为参照,在历经1956年工商业社会主义改造(具体而言主要是没收官僚资本和改造私有手工业)之后确立的。由于中国国有企业特定的历史形成过程,在国企组织内部表现出的国家统摄下的"单位体制",其实是社会主义社会的独特制度和组织形态。[1]

中国单位体制运行过程中的一个显著特征是"单位办社会",通常一个大型的单位制企业不但是组织生产的经济组织,还会提供医院、托儿所、学校、食堂、浴室、电影院、理发店等组织的社会化服务。一个单位制企业俨然就是一个相对封闭的小型社会。单位组织在为单位人提供"从摇篮到坟墓"的全方位服务的同时,也背上了沉重的包袱。最初的单位制转型和国企改革就是在为国家和企业减轻负担,在努力"甩包袱"的逻辑下展开的。所谓"包袱"是在市场经济体制下计划体制的遗留,国有企业遗留下来的包袱很多,主要是如下几类:第一个包袱是"企业办社会"的包袱,在大中型国企尤其明显,这种企业剥离办社会的职能即是一种"甩包袱"的过程;第二个包袱是那些资源枯竭、需要关闭破产的企业和那些长期亏损、扭亏无望、严重资不抵债的企业;第三个包袱是"冗员"包袱,减员增效则是应对这种包袱的一种策略;第四个包袱就是辅业,主辅分离是应对这一包袱的策略,以此突出主业,解决其"大而全""小而全"问题。[2]以上这几种包袱构成了中国国有企业产权改革初始阶段的主要对象,"甩包袱"也自然成为这一阶段产权改革的主要特征。

第三节 国企产权变革的动力机制与行动分析

一、国有企业产权变革过程中的三元行动主体

在社会转型研究视域中,海内外很多学者将中国的社会转型与苏联的休

① 路风.单位:一种特殊的社会组织形式[J].中国社会科学,1989(1):71-88;李路路.单位研究[J].社会学研究,2002(5):23-32.
② 黄海嵩.中国国有企业改革问题研究[M].北京:中国经济出版社,2007:6-7.

克疗法相比,强调中国是渐进式改革,这种强调本身更多是就社会体制或社会结构而言的,如科尔奈为代表的"体制范式"。但若从个体行动者角度看,整体的渐进改革背后可能意味着急剧的生命和生活转型,并由此改变了个体的生命历程。①既往研究虽然对制度化的社会行动有所关注,但其行动主体亦即"行动者"所指的主要是国家精英、改革的主导者和利益既得者,对改革过程中的利益受损者和代价承担者则缺乏基本的关注。

国内在社会行动的研究层面则存在着一个明显的转向。改革初期,社会学者曾一度借鉴西方社会分层研究的分析工具来研究中国新精英阶层的生成机制和政治态度,这种研究取向既与西方社会学的精英主义的研究趋向有关,又与中国改革初期阶段"让一部分人先富起来"的政治理念相契合。然而,伴随着中国改革的深化,中国社会贫富分化,社会不平等现象加剧,社会学者又开始将下岗失业工人为代表的弱势群体或底层社会作为研究对象,这种研究转向是与中国体制变革和社会分化的具体情境相勾连的。但以往对下岗失业阶层的研究在时间上并不作区分,而在不同阶段"下岗工人"的行动理念和生活际遇都存在很大差异。

有论者根据改革开放以来市场化的阶段性特征和社会结构的变化,把下岗失业问题划分为三个阶段:第一阶段以农村改革开始和确立市场化方向为标志;第二阶段以启动城市经济体制改革和国企"减员增效"为标志;第三阶段以在部分地区出现大规模失业现象和试行最低社会保障制度为标志。②下岗失业问题引起公共政策关注和相关的学术探讨,是从第三个阶段开始的,而对第一个阶段的研究最为稀缺。在改革初期,从体制内到体制外的社会行动的发生与市场要素的发育之间紧密相连。20 世纪 80 年代初期,国有部门职工的"主动下海"和"被动下岗"相伴而生,这两种社会行动的发生虽然在行动策略和主观意愿上都存在差异,但从结果上看,都是从"铁板一块"的传统单位体制中分化出的自由劳动力,继而构成中国市场经济发育关键的初始要素,亦即人的要素。限于篇幅,这里对改革初始阶段从体制内到体制外的社会行动的分析仅仅针对下岗失业者。

本书对中国城市社会改革初始阶段的研究试图贯彻一种行动分析的方法。作此预设是因为,以往对中国城市体制变革的研究多是从结构或制度变革的系统过程切入,这和新制度学派注重从整体上分析制度的产生与演变,

---

① 王庆明.市场转型与底层行动的"去政治化"[J].北华大学学报(社会科学版),2010(4):118-124.
② 刘平.新二元社会与社会转型[J].中国社会科学,2007(1):104-117.

尤其强调历史的依赖性以及演变过程的重要性不无关联。[1]但中国的改革并不是系统性的排山倒海式的变革历程,而是由局部环节逐渐推演的,以往这种单维度的结构解释和制度分析框架有意无意地忽略了改革初期尤其是城市社会改革之前的行动变迁。本书之所以选择行动变迁作为一个分析维度是因为,在城市社会改革的初始阶段,作为系统性的制度变革还没有出现,而局部的、细微的制度已然松动,传统的计划体制中的一些要素开始从体制束缚中脱身而出并与市场相亲和。对于这些从体制内到体制外的分化行动既有早期"主动下海"又有"被动下岗",本书将问题限定在"下岗"这种社会行动上。与这种行动类型相伴而生的是城市改革初始阶段和社会主义体制变革的预演,其中包括前文所说的城市工业组织的承包租赁、转属转制、改组兼并、破产拍卖等等。在城市改革初期,城市单位体制改革的试验类型是多管齐下的,如承包租赁、转属转制、改组兼并、破产拍卖等。而引起最大反响的改革实验类型就是破产,其原因在于这种改革类型意味着传统单位体制的彻底改变。本书试图在改革已历经四十余年后的今天,以中国第一家破产的公有制企业这个典型改革实验类型为例,来反观中国城市社会体制变革和市场要素发育的动力机制。

在西方经济学,尤其是自科斯以降的新制度经济学中,所讨论的产权问题主要关涉市场条件下制度化的私有产权结构的形成及演变。科斯将产权视为一种或一组市场性合约,而且科氏所开创的交易成本理论模式,强调的是产权明晰的市场交易,拥有完全产权的企业组织之间的交易体现的是平等的市场主体之间的关系。[2]

然而在中国,国有企业组织并不是独立的产权主体,在改革之前和改革以来国有企业组织在企业经营(使用)权、处置权、收益权和让渡权等各个方面都是"缺失"的。1978年四川最先在六家国有企业试行放权让利,1993年国企改革明确了方向,即以建立产权清晰的现代企业制度为目标,但1993年至1997年只是试验,并没有进行实质性的改革。总体而言,从1993年到1997年国有企业都是在国家放权让利的基础上不断"扩权"。1997年以后,国有企业开始了以建立产权清晰的现代企业制度为目标的实质性改革,即便如此,国有企业的行为往往也不是自身所能决定的。

就国有企业自身而言,它并不是独立自主的完全产权主体。无论是改革

---

[1] 周雪光.西方社会学关于中国组织与制度变迁研究状况述评[J].社会学研究,1999(4):28-45.

[2] 罗纳德·H.科斯.企业的性质[G]//奥利弗·威廉姆森,西德尼·温特.企业的性质:起源、演变和发展.北京:商务印书馆,2007:22-40.

之前,还是改革以来,国有企业都是部分产权的所有者,即国企组织拥有的是"不完全产权"。若以西方产权经济学的理论图示为参照来分析这种"不完全产权",可能会得出"残缺产权"的认识。然而,这种不完全产权变革过程却是理解中国市场转型与产权变革独特性的重要分析工具。透过不完全产权变革,本书尝试从"过程视角"来洞察中国社会主义市场经济体制建构过程中,政府、企业和职工等不同行动主体之间的互动机制。

从中国国有企业改革的初始阶段看,放权让利是当时的重要改革事项。在国企"放权让利"政策执行过程中,虽然最终改革方案是由中央政府确立并推向全国的,但最初四川省放权让利的成功并不意味着在其他地区也会同样奏效。具体而言,由于放权让利和政企分开意味着政府主管部门放弃部分权限,所以在自上而下执行这一改革方案的过程中,一些地方政府主管部门对这一改革行动并不积极。在变通操作过程中,一些地方政府只是形式地放权,而实际上仍然集权。这种变通应付的策略成为改革的明显阻力。由此,单改国有企业而不改国有企业的主管部门就难以有实质性进展。为此,国家不得不开始推进政府机构改革。与一些地方政府消极应对的态度不同,国有企业的管理者非常积极,因为放权让利、政企分离对国企而言意味着扩大权利。此外,由于放权让利后会提高利润留成,对企业职工有利,他们也比较支持这一改革,只有政府主管部门相对消极。不同主体行动策略的差异为我们理解产权界定的动态演化过程提供了重要启发。

对于国企改革进程中不同主体之间的协调互动,透过20世纪90年代后期的"减员增效、下岗分流"政策的执行过程可见一斑。为了解决国有企业"人员过密化"与"单位福利内卷化"的负担[1],1997年以后国有企业开始了以"减员增效"为目标的改革。在这项改革的过程中,政府表现得最为积极,改革话语中强调"减员"是减轻国企负担的重要策略。已经习惯了单位办社会生活生产模式的单位人对"减员增效"的政策十分消极,也非常反感。一些厂长等国有企业管理者对这一改革实际上也并不积极,但为了完成上级主管部门下派的"减员下岗"指标被迫执行。国企管理者除了要面对上级主管的行政压力外,也要面对国企职工的强烈抗议,国企管理者面对来自上层和下层的双重压力,往往采取一种折中的妥协策略。例如在本书案例中,为了完成政府下派的减员指标,又为了安抚工人,北厂东院的管理者不得不采取了一种"假退"的土政策。对此,本书将在第七章展开细致讨论。

以上这两个实例都说明了国有企业产权变革过程中行动选择的多元主

---

① 李培林,张翼.国有企业社会成本分析[M].北京:社会科学文献出版社,2007:75-113.

体特性,这种特性在国有企业产权制度变革的实践过程中也表现得非常明显。有论者指出,在国有企业所有权虚置的前提下,更为重要的是对企业财产的使用权、处置权、收益权和让渡权的掌握。从使用、处置、收益和让渡几个方面考察,国有企业内部职工的亲缘网络对企业资源配置作用巨大。国企内部的这种非正式的职工亲缘网络对国企产权结构有着特殊意义,张翼用"国有企业家族化"来概括①。虽然职工并不构成制度化的产权所有者,但职工对企业的使用权、处置权、收益权和让渡权的实施和运用以及产权变革都产生了重要影响。国有企业组织的行为并不是由企业组织完全自主决定的。中国的国有企业与产权经济学所设定的作为自由的市场交易主体的企业组织有根本不同,中国的国有企业产权改革与苏东前社会主义国家市场转型背景下的产权变革也有非常大的差异。

二、国企产权变革初始阶段工人维权抗争的行动策略

众多研究表明,中国下岗失业阶层构成了城市底层群体,他们的行动逻辑不具有明确的政治目标,只是利用弱者身份有策略地对抗国有企业改革,以牟取最大化权益。如根据陈锋的研究,导致下岗工人采取维权行动的原因一般有两个:生存危机和管理层腐败。其中生存危机是根本性因素,只有在生存危机存在的情况下,管理者腐败才会诱发工人采取抗议行动。换言之,如果管理者的腐败行为对工人生活不产生重要的影响,工人一般对此采取默认的态度。②唐军将 20 世纪 90 年代后期下岗失业工人的行动策略概括为"生存型理性行动的抗争逻辑",这种抗争行动以生存伦理至上和分配公正优先为思想依据,以对传统体制下企业的管理组织形式和公有制观念的策略调用为手段。③刘爱玉指出,在国企制度变革的背景下,在岗的普通工人由于在收入分配、企业资产权利的分配方面都处于弱势地位,他们实际上是身份地位很不稳定的弱势群体。下岗失业的威胁形塑了他们的"守法逻辑",而基本生活的保障又使他们的行动遵循"生存逻辑"。④

虽然底层群体在利益诉求和话语表达上都不占优势,但他们通过自身的行动策略展现出一种独特的行动逻辑,即以基本生存需要为主要目标的动力

① 张翼.国有企业的家族化[M].北京:社会科学文献出版社,2002.
② 陈锋.下岗工人的抗议与道义经济学[J/OL]. http://m.aisixiang.com/data/6675.html, 2005-05-08/2018-05-14.
③ 唐军.生存资源剥夺与传统体制依赖:当代中国工人集体行动的逻辑[J].江苏社会科学,2006(6):174-183.
④ 刘爱玉.国有企业制度变革过程中工人的行动选择——一项关于无集体行动的经验研究[J].社会学研究,2003(6):1-12.

机制。而问题的关键在于:为什么下岗失业工人会选择一种生存型的行动逻辑?或者说这种行动逻辑是底层自身自主性、独立性的选择结果,还是一种外在的隐秘性的建构呢?这直接关乎底层群体行动逻辑的生成机制问题,对此本书可以从如下几个方面来分析。

第一,市场话语的形塑与市场化的宿命逻辑。20世纪80年代后期至90年代中期改革不断深化,很多原本是体制内的工人被迫离开单位进入"市场",在由体制内到体制外的转变过程中很多人成为城市中的新贫困群体,这也就是李静君所说的社会主义工人的消解过程。[①]面对巨大的社会分化,国家强调:首先,这是经济发展的客观规律,是市场改革的必然结果,是不以人的意志为转移的;其次,下岗失业工人欠缺个体能力,主要是年龄大、学历低、技术差等等;最后,强调市场化改革是在社会主义的前提下进行的,这并不是彻底"失业",而是改革的"阵痛"。这种话语实际上构成一种新的意识形态——市场意识形态。市场意识形态是在面对共同富裕的政治理想和贫富分化的事实拷问的情况下出现的。在20世纪80年代末和90年代初的下岗工人看来,"市场经济的必然规律""个体能力条件的欠缺"以及"中国政治体制的延续性"似乎都是"客观事实",所以他们大多接受了这种市场意识形态,并将之锁定于个体的生命历程而墨守"市场化的宿命逻辑"。这也是在大规模利益受损群体出现之后中国社会并没有出现大的混乱,而仍保持相对稳定的重要原因之一。

第二,非制度性的单位依赖的存在。长期的单位制体系下的生产、生活使下岗后的工人的行动逻辑仍然带有明显的单位制烙印。长期的单位依赖使工人的观念意识更契合于国家的改革话语,行为也更有组织性和纪律性。下岗前对单位的依赖实际上是组织性、制度性依赖。[②]这种单位依赖的实质是国家依赖,因为虽然工人的工资、医疗、住房等福利都是从单位中获得的,但几乎所有的稀缺资源都是国家按照单位行政级别进行再分配的。在这个意义上,单位仅仅是一个"代理"和中介机构,实质上是经由单位依赖国家。下岗后工人的"单位依赖"有了微妙的变化:一方面市场化改革的前提是"坚持社会主义"亦即国家政治体制延续不断,国家政治体制的延续性赋予了工人对单位依赖(实质上的国家依赖)的可能性;另一方面,"被迫下岗"使工人与单位的制度性关联被迫割断,但这种制度切割并没有将工人对单位的依赖

① 李静君.中国工人阶级的政治转型[G]//李友梅,孙立平,沈原.当代中国社会分层——理论与实证(转型与发展第1辑).北京:社会科学文献出版社,2006:59.

② 华尔德.共产党社会的新传统主义[M].龚小夏,译.香港:牛津大学出版社,1996.

割断,而是改变了工人对单位的依赖形式,即由原来在岗时的制度性单位依赖转变为非制度性单位依赖,主要体现为资源性依赖和情感性依赖,这就决定他们的行动策略以具体的物质回报和利益补偿为基本导向。

第三,作为客观后果的个体自由与单位身份的置换。20世纪90年代中期,很多国有企业亏损严重,内部职工放长假,连基本工资都拿不到。1997年之后"减员增效""下岗分流",从个体行动的角度来看,改革初期原本作为国家主人和领导阶级成员的工人从单位体制中被剥离出来。虽然他们有很多不情愿甚至是怨恨,但客观上摆脱了传统单位体制的束缚,实现了身份的转换,同时还获得了个人身份的自由和更多的市场机会。与此同时,他们也成为中国城市经济体制改革过程中不可或缺的市场要素。虽然工人被迫离开单位是国家制度的强制性后果,但事实上或客观上存在的单位身份与个体自由选择的置换,也是大规模下岗没有引发制度化抗争的另一个重要原因。

最后,去政治化的法律社会工程的建构。底层群体面对利益受损和社会不平等之所以会采取一种生存型理性行动的抗争逻辑,而不带有明显的政治性倾向,一个重要原因在于国家力图建构一种去政治化的工程——对改革过程中出现的社会不平等,政府往往通过将公众的不满引入法律渠道去政治化。①以法律面前"人人平等"的理念来化约社会运行中的不平等的社会事实。去政治化的法律制度建构是在20世纪90年代"去政治化的政治"背景下展开的。②这种去政治化的法律制度建构,与外在的、压迫性的强势力量不同的是,它虽然也是一种外在的、强制性的社会事实,但它以保护底层达致社会平等为形式目标。而在市场化过程中底层明显利益受损的前提下,这种形式的目标不得不转换成"实质的"化约政治风险和社会风险的机制。它实质上构成阻隔或消减具有冲突性和政治倾向性的底层利益诉求的一种"隐藏的文本"(hidden transcript)。

这种"隐藏的文本"与斯科特试图揭示底层政治(infrapolitics)的隐蔽性和复杂性而使用的"隐藏文本"的不同之处在于:斯科特的"隐藏文本"是指存在的、发生在后台的话语、姿态和实践,它们试图避开掌权者直接的监视,抵触或改变着"公开的文本"(public transcript)所表现的内容。③而此处使用的

① LEE C K, SELDEN M. Inequality and Its Enemies in Revolutionary and Reform China[J]. Economic & Political Weekly, 2008, 43(52):27-36.
② 汪晖.去政治化的政治:短20世纪的终结与90年代[M].北京:生活·读书·新知三联书店,2008.
③ 郭于华.弱者的武器与隐藏的文本——研究农民反抗的底层视角[J].读书,2002(7):11-18.

"隐藏的文本"则是在前台的,以公正平等的政治合法性话语为公开的形式身份,而又以规避政治风险和社会风险为实质内容的隐蔽的形塑机制。这种隐藏的文本具有两种不同的面向,作为强制性的法律武器,它构成对潜在的具有政治倾向性的底层抗争行动的"硬性威慑",而作为平等公正的法律话语,它亦构成"保护"底层利益的"软性约束"。

综上所述,下岗职工生存型的行动逻辑及其非政治倾向性的特征,不单是底层群体独立自主选择的结果,还受到市场话语形塑和去政治化的法律制度建构的影响。对社会转型中底层群体行动逻辑的观测和分析是本书理解中国社会转型独特性的前提,也是本书提炼市场化改革的"中国经验"的一个重要基点。

第四节　不完全产权变革及其理论拓展

上节是对中国国有企业产权结构特征的分析,这节关于中国国企产权变革进路的探讨试图解答两个基本问题:第一,在不完全市场条件下中国国有企业产权变革的动力机制为何？第二,产权"残缺"状态下中国国有企业产权变革过程中的身份产权演变特征为何？下面将就这两点作总结性的探讨。

第一,重识"不完全市场条件"下国企产权变革的动力机制。

在上文中,笔者以东北老工业基地1986年宣告破产的一家公有制企业(中国第一家破产企业)为经验基础对单位制企业产权变革的动力机制进行了讨论。需要特别指出的是,在对国企产权变革的动力机制进行讨论之前,有必要对公有制企业严重亏损、资不抵债的原因(亦即国企的绩效问题)和国有企业破产(体制变革)的原因进行区分。在市场经济条件下二者有必然的关联,企业亏损、资不抵债是企业破产的直接动因;但在计划体制条件下以及"不完全市场条件"下企业亏损和破产之间则没有必然关联。因为国企亏损主要对应的是国企的绩效问题,而公有制企业的破产与否主要指涉的是国企的体制变革亦即制度问题。

这里之所以对这个问题进行区分是因为自1979年国企改革开始,历经1997年减员增效深化改革直至2004年国企产权变革的大讨论,对国企改革的问题一直存在争论,其中争论的一个焦点就在于国企的绩效问题。经济学的众多研究强调:国有制产权形态、中央计划指令和软预算约束是导致国企绩效不好的三个主要因素。路风指出这些研究的缺陷在于其解释变量过于宽泛,难以用来与生产经营活动的绩效直接相连,他们忽略了在操作层次上(operational level)决定企业绩效的关键变量,即在一般性制度框架(institutional framework)下发展出来的管理和组织模式。路风认为,起源并形成于政治过程的社会主义工业关系的制度框架使企业演化出一种特殊的社会关系结构。这种以"铁饭碗"和工作场所福利制为核心的劳动关系结构严重限制了管理者对劳动过程执行纪律的能力,使管理者从来没有能够有效地控制和协调生产过程。缺乏管理控制是计划经济体制下企业管理能力长期欠发达的根本原因,也是国有企业组织转变的直接障碍。基于此路风提出,从计划到市场的过渡中,国有企业的改造需要一个独立的组织转变过程,而转变的根本标志是实现对生产过程的管理控制。在这个意义上,国家不应该简单抛弃国有企业,国企改革的重心应该是管理和组织变革而不是从根本上改变国企性质的产权变革。[①]

经济学家的主张是混淆国企亏损和体制变革的原因,其问题的根源在于将西方自由市场制的完全市场条件和中国的不完全市场条件进行了逻辑上的置换,以致将国企体制变革的原因简单等同于国企亏损、绩效不好的原因。当时产权改革倡导者提出了著名的"冰棍儿理论",即强调国有企业就像大热天儿里的"冰棍儿"一样,不产权明晰地改掉,早晚也要化掉。路风2000年在《中国社会科学》上发表的《国有企业转变的三个命题》就是针对这种论调提出从管理控制的过程来改革国企,而无须对国企进行改革性质的产权变革。路风从管理学的视角出发,将企业组织的管理控制过程作为重要的分析理路,直接继承了钱德勒(Alfred Dupont Chandler)在《看得见的手》一书中所表达的思想,钱氏强调企业组织内部的层级制度和管理控制过程是一种独特的动力机制,既不同于国家宏观调控这只"看得见的手",亦不同于斯密所强调的市场机制这只"看不见的手",而是"另一只看得见的手"。[②]

第二,身份产权与中国国有企业产权变革的行动逻辑。

以西方产权经济学的产权概念和分析框架为标准,中国国有企业的产权可能既是"模糊的",亦是"残缺的"。但无论是"残缺"抑或"模糊",都不能准确地界定和描述国有企业的产权结构。如果将产权视为"对占有的社会认可"的话,那这里面残缺或者模糊就不仅仅关乎国有企业自身。一般而言产权具有四种重要起源:投资、积累、继承和赠予。国有企业的产权来源主要是投资和积累两部分,投资主要是国家(中央、地方两级政府)完成

① 路风.国有企业转变的三个命题[J].中国社会科学,2000(5):4-27.
② 小艾尔弗雷德·D.钱德勒.看得见的手:美国企业的管理革命[M].重武,译.北京:商务印书馆,2017:6-14.

的。积累形成的产权则包括如下几个部分:国家的优惠政策形成的产权归属,包括减免税收、基金扶持、税前还贷等;企业长期的发展积累;工人长期的劳动创造以及长期低工资所形成的对国家的贡献。由此可见,中国国有企业的产权不仅关乎作为产权主体的国家以及产权委托人的"企业组织",还关乎企业组织的成员。企业组织成员经由单位人的身份获得产权是国有企业产权的一部分。身份产权是本书理解中国国有企业产权变革的一个重要基点。

无论是西欧原生型的产权制度变革形态,还是东欧、中欧前社会主义国家市场转型过程中的产权制度变革形态,两者都并不关涉"职工身份"这一行动者要素。在西方资本主义体制下的企业组织内部,工人是通过被雇佣来出卖劳动力换取工资,其产权制度关涉的是企业组织和市场的关系。东欧前社会主义国家产权变革主要经由管理层收购(MBO)、跨国公司的外资介入等形式来实现,这些国家产权变革关涉的主要是国家、企业(企业管理者)和市场的关系。中国产权制度变革与苏东的根本不同在于中国政治体制的延续性,在这一根本前提下,国有企业产权制度变革包含产权(股权)置换和国企职工的身份置换双重含义,体现的是国家(政府)、企业(管理者)和企业职工三者之间的关系。

综上所述,从产权制度变革的发生机制和动力机制来看,中国产权多元化格局的形成是体制内和体制外两种力量共同作用的结果,体制二元的产权变革路径决定了中国产权变革是一种不完全产权变革的形态。这种体制二元的产权变革形态是构成当下中国相对稳定的新二元社会结构的一个重要支撑。在企业并不是独立的行动主体的前提下,单从企业制度层面来把握产权结构的变迁很难形成有说服力的解释模式,所以本书试图通过对国家政治经济层面、企业制度层面和工人个体行动层面的分析来达致建立一个对中国产权制度变革解释模式的努力。而这种理论解释模式的建立必须以解释体制二元的社会结构特征以及身份产权的事实基础为前提。

中国在四十余年的改革开放进程中,经济持续高速增长,在短短几十年中实现了从短缺经济向丰裕经济的过渡,这被很多中外学者称为"经济奇迹"。但这种"经济奇迹"的创造并不是仅仅依靠市场化力量实现的,而是传统体制和市场机制相互作用的结果。换言之,中国的"经济奇迹"恰恰是在"不完全的市场化"条件下创造出来的。在中国推进市场化改革的过程中,一方面,中国的政治体制并没有像苏东前社会主义国家一样出现彻底断裂,中国的市场化改革是在政治体制的延续性和一致性的前提之下推进的,即中国的市场化进程表现为一种"不完全的市场化";另一方面,在中国产权变革的进程中,传统计划体制的社会机制由内到外逐层逐级进行变革,其基本特征表现为建立在计划经济基础之上的单位制社会总体上趋于瓦解①,而在局部行业和部门出现了单位制的变异以及新单位制形态②,在这个意义上计划体制的社会机制亦是"不完全的"。

在中国社会转型过程中,传统计划体制的社会机制和市场化社会机制的"双向的不完全"形态是理解中国社会结构的基本前提。很多学者都用不同的概念来诠释和分析计划体制和市场机制二者的并存互融。沈原用"体制奇迹"来表述,并认为"经济奇迹"与"体制奇迹"的并存互生不仅构成转型期中国社会的一个基本特征,也是中国社会转型不同于东欧、中欧等前社会主义国家的特征所在。高度总体性的国家体制和迅猛发展的市场经济的相互融合、相互促进似乎是人类历史上从未出现过的,而中国改革造就的这种奇特境遇对奠基于西方资本主义历史经验基础上的整个社会学理论逻辑构成了挑战。③在这种体制前提下,产权关系变革呈现出与西方市场秩序形成和产权变迁完全不同的进路。

四十余年中国产权变革的整体过程表现为一种不完全产权变革,这种不完全产权变革的特征,不仅在国有企业的产权变革进程中表现得非常明显,在农地产权变革的实践中也同样存在。在关于土地产权的讨论中,无论着眼于中国长期的土地法权设置和产权制度变迁,还是落脚于中国当下土地产权的实际支配状况及其困境,研究者都关注到土地产权"不完全转移"的特征。不完全产权变革是理解中国市场转型过程中产权界定的基础。

第五节 "产权连续谱"及其转型轨迹

通过以上讨论不难看出,中国四十余年的国企产权变革过程不是简单的从"公"到"私",而是多元产权并存的一种"连续谱",不同产权类型并不是一个个孤立的散点,而是围绕着资源占有的界定这同一主线彼此关联的一束关系。

中国改革开放四十余年是产权关系不断变化的过程,虽然不同历史时期、不同地域空间产权变革的具体进路与策略不同,但整体性的产权关系变

① 田毅鹏,漆思.单位社会的终结[M].北京:社会科学文献出版社,2005.
② 刘平,王汉生,张笑会.变动的单位制与体制内分化[J].社会学研究,2008(3):56-78.
③ 沈原."强干预"与"弱干预":社会学干预的两条途径[J].社会学研究,2006(5):1-25.

迁路径呈现出的是一种独特的"转型轨迹",这对既有的一些理论构成了一定挑战。

波兰尼将欧洲前市场社会向市场社会的转变称为"大转型",这一转型不单指市场经济体制的确立过程,同样关涉从前工业文明向工业文明的技术变迁以及政治结构的变迁。正如斯蒂格利茨所指出的,"由于欧洲文明的这个转变可以类比于今日世界各地发展中国家所面临的转型,所以波兰尼常让人们感觉到,他是直接针对当下问题发言"①。从这个意义上讲,对 19 世纪私有产权制度确立过程的考察不仅具有重要的学理意义,同样具有重要的现实意义。

布洛维将苏东前社会主义国家所经历的体制转轨和产权变革称为"第二次大转变",并强调 20 世纪 90 年代末所经历的这场转型与波兰尼意义上的"大转型"具有内在的逻辑关联性。许多关于苏东前社会主义国家社会转型的研究都"隐含着三个没有言明的假设:国家社会主义已经结束并成为历史;这些国家的现在和将来而非过去才是值得研究的重要问题;理解这个地区的关键是把过渡理论(在别的时代和别的地方发展起来的)与可以称为'问题的解决和制度的建立'的实践结合起来"②。在这样的假设预期下,对转型国家产权问题的分析则容易简单设定为完全公有的产权结构如何向制度化的私有产权转变。但中国的社会转型实践似乎提供了一种明显的反证:在中国政治体制延续性和市场化改革继续深化的双重前提下,公有产权与私有产权在同一体制内并存互融的事实对既有的产权理论构成了重要挑战。

与苏东前社会主义国家由公有产权结构向完全私有产权结构的转型过渡不同的是,中国产权制度演变的整体过程表现为一种不完全产权变革的特征。不完全产权变革的形态既不是完全的传统体制下的集体主义产权结构,亦不是完全的市场体制下的私有产权结构,而是两种结构的并存互融。这种不完全产权变革的历程亦是"产权连续谱"结构特征的集中体现。

中国的改革开放是以农地产权制度变革为起点的,无论是改革之初的"包产到户,两权分离"的地权分配,还是当下正推行的"土地确权,三权分置"的地权改革,土地产权的共通性特征是:所有权的不完全转移和多元主体占有。这两个特征对于城市国企产权变革似乎同样具有解释力,以产权的动态演化为主导的市场化改革,形成了中国城乡之间共同的社会记忆。在农村,

---

① 约瑟夫·斯蒂格利茨.序言[G]//卡尔·波兰尼.大转型:我们时代的政治与经济起源.冯钢,刘阳,译.杭州:浙江人民出版社,2007:1.

② 玛丽亚·乔纳蒂.转型:透视匈牙利党—国家体制[M].赖海榕,译.吉林:吉林人民出版社,2002:3.

改革初期的"包产到户,两权分离"是中国产权变革的起点,历经乡镇企业的产权改制,"土地确权,三权分置"的地权改革实践,以及撤村建居与农民上楼的新型城镇化的快速推进;在城市,国企产权改革历经放权让利、抓大放小、主辅分离,直至党的十九大报告提出的以发展混合所有制为指向的产权结构多元化改革,加之城市拆迁、旧城改造推动了地产社会的形成。

在四十余年的改革进程中,无论是农村还是城市,产权制度变革以及产权界定都是人们日常生活中最重要的事项之一。在这种情形下,人们对资源占有的社会认可是理解产权的前提。例如,乡村世代沿袭的关于田宅是"祖业"的产权认知,城市"工人是企业主人"的朴素表达,都折射出社会认可是产权界定的重要机制。与之相关联的是,中国改革始终要处理的一个难题是:如何有效调适政策制定中更优的目标产权结构与社会认可之间的张力。①

在产权变革历经四十余年后的今天,产权结构的多元化和经济运作的市场化已成为中国社会的基本事实。作为制度意义上的产权已经改变了中国经济的运行模式和制度化的组织结构,而作为观念意义上的产权通过改变人与人的交往模式和人与人的关系结构也影响着人们的生活方式。与经济学从市场性合约的角度关注给定的产权特征对行为激励和资源配置效率的影响不同,社会学更关注产权的动态演化过程,以及在这一过程中产权依凭何种规则进行界定。产权的社会学分析强调在日常生活中,产权既是影响人们行动选择和价值评判的一套观念系统,亦是建构人与人关系的一种制度规范。

---

① 刘世定.产权保护与社会认可:对产权结构进一步完善的探讨[J].社会,2008(3):41-45.

第六章 单位解体与产权重构：
北厂西院破产过程的分析

第一节 单位制企业破产的动力机制与产权问题

一、单位制企业破产的挑战

正如前文所述,中国四十余年的国有企业改革进程,被很多社会学家和政治学家视为单位制度和单位组织变迁的过程。国内外很多学者都指出,中国这种独特的单位制度及其组织模式不仅是中国以往历史和西方社会中不存在的,而且与苏东等前社会主义国家的组织结构亦有差别,是社会主义中国的独特形态①。单位制企业内部的一个重要特征是单位办社会,一个大型企业单位内不但包括负责生产的经济组织,还包含着党政组织以及医院、学校等事业单位组织。这些组织的聚合是全方位的单位福利的基础,职工福利最大化与企业组织效益最大化之间存在着很大张力,显性福利与隐性福利叠加在一起成为企业运行所负担社会成本的重要组成部分。②

在单位研究视域中,有研究者认为公有产权、中央计划和软预算约束是导致单位制企业绩效差的三个主要因素③,对应的改革也被预期和表述为,只有使企业成为(权利)边界清晰、市场协调和硬预算约束的"产权主体",才能更有效率。与此关联的一种主导性认知将单位组织视为与市场机制对立的组织形态,认定单位制和市场是此消彼长的关系。④这种认知与现代产权经济学的假设一致,以标准的产权经济学的理论模式来看单位制企业的产权

---

① 关于单位制的独特性,有很多研究者论及,详细讨论,可参见:华尔德.共产党社会的新传统主义[M].龚小夏,译.香港:牛津大学出版社,1996:122 - 132。
② 李培林,张翼.国有企业社会成本分析[M].北京:社会科学文献出版社,2007:25 - 28.
③ 路风.国有企业转变的三个命题[J].中国社会科学,2000(5):4 - 27.
④ 谢雯.历史社会学视角下的东北工业单位制社会的变迁[J].开放时代,2019(6):25 - 44.

结构,可能是模糊的或残缺的。①然而,实践中产权的模糊性虽然可能会导致企业资源配置的低效率和激励不足,但也会带来一定的益处,即企业通过让渡部分权利,会使得自身与政府组织、其他企业组织以及员工维系一种独特关系,并依凭此种关系,在条件有限的前提下继续配置资源。在这里,企业的模糊产权构成了特定制度条件下的一种策略性机制。②

1978 年开启的社会经济体制改革"是一个重新界定所有权归属、变更产权制度的过程"③。在社会主义国家的体制转轨与社会转型过程中,产权制度的松动与市场机制的发育是相互促进的,产权变革与市场演化构成一个问题的两个方面。④在改革开放历经四十余年后的今天,在外部市场环境相对稳定的前提下,一些特殊的行业和部门,尤其是国家垄断优质资源的行业部门,单位体制不是在弱化,而可能是在强化。而且市场机制和单位体制的融合也构成了一种重要的体制类型。⑤

面对激发单位制企业的活力,提升经济活动效率的目标,以及改革后市场化经济赋予单位制企业产权界定的现实新意,如何在公有产权不变的前提下调整产权关系,实现经济的高效变革成为一个"难题"。西方产权经济学和转型社会学提出了诸多解释路径。产权经济学的代表人物科斯强调企业的权利界定是其市场交易的前提,只有清晰的权利界定,市场交易下的资产才能达到最高价值。基于此,斯蒂格勒(George J. Stigler)概括出了科斯定理:只要产权界定清晰,且交易成本为零,无论产权的最初所有者为谁,市场交易都能实现资源配置的帕累托最优。虽然针对科斯定理有很多争议和批评,抛开这种分歧不论,斯蒂格勒的概括揭示了一个重要道理:市场的真谛是产权,而非价格。很多研究者据此将产权清晰是效率的前提作为现代产权经济学的基本假设。以产权经济学的理论检视单位制企业,很容易得出模糊产权、残缺产权等结论。

然而模糊产权论并不能有效解释单位制企业产权界定的复杂过程。其中一个重要原因是,对于企业产权的清晰或是模糊,不能笼统而论,而是需要

---

① 关于模糊产权、残缺产权、产权虚置等分析,参见:巴泽尔.产权的经济分析[M].上海:格致出版社,2017。
②③ 周雪光."关系产权":产权制度的一个社会学解释[J].社会学研究,2005(02):1-31+243.
④ 参见 STARK D. Recombinant Property in East European Capitalism[J]. American Journal of Sociology, 1996, 101(4):993-993; WALDER, A G. Property Rights and Stratification in Socialist Redistributive Economies[J]. American Sociological Review, 1992, 57(4):524-539。
⑤ 刘平.单位制组织的公共事务职能与分工——北方城市除雪的启示[J].吉林大学社会科学学报,2012, 52(6):13-21.

明确讨论的边界。从所有权结构上看,无论是"全民所有"还是"集体所有",产权在所有制等级序列中、在公有制范畴内都是清晰的,但落实到具体的"私人"和"个体"上就是模糊的,而且是不合法的。从产权的社会视角看,中国的渐进市场化改革是一种"不完全产权变革进程",即中国转型进程中的产权变革不是简单的从"公"到"私"的过程,而是保留部分权属不变,先针对好操作的部分权属进行变革,由此可能的一个结果是,部分权属模糊,而部分权属清晰。例如承包制改革试图让使用权(经营权)的操作清晰,利润留成改革则试图让收益权的配置清晰。从整体进程看,公有制企业的产权变革不是简单的由"公"到"私",而是"不完全产权变革",位于公私两端之间的是多元复合的产权形态。①

此外,模糊产权、残缺产权等概念只能描述单位制企业产权配置的"不清晰"状态。然而,对于为什么所谓的产权"不清晰"成为一种常态以及维系这种产权"不清晰"稳定存续的内在机制为何,这些理论范式不能提供有效解释。而且,产权清晰也不必然导致高效率。中国乡镇企业就是在所谓产权不清晰的背景下异军突起奇迹般地发展起来的,然而以私有产权清晰化为目标的改革并没有化解乡镇企业发展的困境。此外,不单中国的经验事实可以证伪"产权清晰是效率前提"的基本假定,南美洲发展中国家哥伦比亚的发展经历也可以为我们反思这些"理论化的规范认知"提供事实基础。

哈佛大学的艾丽莎·霍兰德(Alisha C. Holland)最新研究发现:清晰界定且保护有效的产权对经济发展并不总是正向作用,也可能带来负面作用。在哥伦比亚的基建征地过程中,界定清晰并得到有效保护的产权会引发个人和团体抵制、占用、要价过高等机会主义行为,这虽然有益于降低社会不平等,却使一些重要基础设施建设停滞,阻碍了经济发展。同样的产权结构在市场主导(market-led)与国家主导(state-led)两种不同制度环境下会有完全不同的效果。②

这一研究进一步启发我们,在国家主导的市场化改革进程中,对单位制企业产权界定机制的分析很难用一种逻辑来解释。当既有的产权理论不能解释单位制企业运行的事实时,我们有必要从反思最基本的概念出发来拓展产权分析的路径。③ 这种路径的开拓必须直面两个基本问题:其一,如何理

---

① 王庆明.产权连续谱:中国国企产权型塑过程的一种解释[J].南开学报(哲学社会科学版),2019(3):138-147.

② HOLLAND A C. Roadblocks: How Property Rights Undermine Development in Colombia[J]. American Journal of Political Science,2022,online.

③ 刘世定.占有、认知与人际关系[M].北京:华夏出版社,2003.

解单位制企业的性质,它们和一般的企业组织有何不同? 其二,如何描述和概括单位制企业的产权形态? 在公有产权不变的前提下,单位制企业产权变革的实践该以什么理论框架进行分析?

关于上述问题西方社会学界也积累了深厚的研究传统。一般认为单位研究的开山之作是魏昂德的《共产党社会的新传统主义》一书,魏昂德的重要贡献是提出了"新传统主义"(neo-tradionalism)理论模型以概括社会主义工厂内部的权威关系和组织形态。后续很多研究,无论将单位视为城镇社会的基本管理体制[1],还是将单位视为一种独特的组织形态和制度类型[2],都试图与这一理论模式展开对话。有论者将围绕新传统主义模型展开的单位研究概括为如下三个方面:新传统主义与历史的关系,新传统主义的适用范围以及单位组织中权力与权威的关系。[3]后来,科尔奈进一步从企业产权结构的视角讨论单位体制及其变革的机制条件,他提出"父爱主义"(paternalism)现象,即计划经济体制下,国家无偿提供企业所需生产资料,同时对企业产品统购统销。科尔奈据此将国家比作父母,将企业(非营利机构及家庭)等微观组织比作子女,在这种短缺经济体制下,国家极力庇护企业,企业高度依赖国家。[4]

"父爱主义"的一个重要表现是,当企业经营出现困难,甚至资不抵债时,企业也不会破产,政府会通过增加实物供给、货币津贴或无息贷款等方式扶持企业,企业原初的财务预算没有形成硬约束,而呈现出很大弹性。科尔奈认为公有产权扭曲了企业激励,造成软预算约束的困境。在软预算约束的结构下,税收制度、信贷制度、外部投资以及价格机制等对企业行为的约束作用都是"软化的",科尔奈强调只有产权私有化才能使预算约束硬化。[5]虽然发展社会学的理论提供了一个关于单位运行机制与产权结构变迁的分析框架,而且既往"单位研究"[6]也取得了丰硕的成果,但这些研究中仍

---

① BRAY D. Social Space and Governance in Urban China: The Danwei System from Origins to Reform. Stanford, CA: Stanford University Press, 2005.

② 李钼金.车间政治与下岗名单的确定——以东北的两家国有工厂为例[J].社会学研究,2003(6):13-23;李猛,周飞舟,李康.单位:制度化组织的内部机制[G]//应星,周飞舟,渠敬东.中国社会学文选(下).北京:中国人民大学出版社,2011:487-513.

③ 李路路,王修晓,苗大雷."新传统主义"及其后——"单位制"的视角与分析[J].吉林大学社会科学学报,2009,49(6):5-16+155.

④ 科尔奈.短缺经济学[M].张晓光,等译.北京:经济科学出版社,1986.

⑤ KORNAI J. Resource-Constrained versus Demand-Constrained Systems[J]. Econometrica, 1979,47(4):801-819.

⑥ "单位研究",主要是指针对中国社会主义再分配体制下的制度结构,尤其是基层组织制度的社会秩序的研究。参见:李路路,苗大雷,王修晓.市场转型与"单位"变迁:再论"单位"研究[J].社会,2009,29(4):1-25+224。

然有两点重大缺憾。

第一,在关于企业单位组织的研究中,很多研究者都强调只有国营部门的机构才具备最完整的单位形式。①从所有制等级上看,中国的单位制企业分为国营(全民)企业和集体企业两类。既往研究多以"理想型"理解单位组织及其制度基础。②"理想型"的单位制组织是一种行政级别高、组织规模大、所有制等级高、行业属性重要的类型。一些研究者据此强调全民所有制的国营机构才具备完整的单位制形式。③实际上,一些"非典型"的集体所有制企业、事业单位同样具备单位制的特征。④冯仕政将单位组织划分为四种类型:党政机关、国有事业单位、国有企业单位和集体企事业单位。⑤嵌入大型国有企业内部的集体企业,除了产权形态差异,它们基本复制了主办国企这类典型单位的组织框架和福利特征。计划经济时代,所有制等级严明,很多大型国企下辖集体所有制企业,后者一部分是国企直接出资兴办的子厂,一部分是因归口管理和产业调整而整合到大型国企内部的,它们属于广义的厂办集体企业的范畴。狭义的厂办集体企业,仅指大型国企为解决职工家属和子女就业直接提供资金、设备、厂房以及技术而兴办的集体所有制企业。本研究使用广义的厂办集体企业概念,探究"企业中的企业"这种嵌套型单位制组织的产权变革逻辑。厂办集体企业职工通常是主办国企职工子女或家属,领导多是主办国企任命,不单厂办集体企业与主办国企之间属"子母厂"关系,一些厂办集体员工和主办国企员工也属"亲子结构"。这种类家族化的关系嵌

---

① 单位研究的代表学者李汉林(2004:1)将单位组织定义为"主要是在中国社会中具有国家所有或全民所有制性质的各种类型的社会、经济和政治组织"。新近李路路等人又给出了一个"单位"的综合性定义,即"'单位'是基于中国社会主义政治制度和计划经济体制所形成的一种特殊组织,是国家进行社会控制、资源分配和社会整合的组织化形式,承担着包括政治控制、专业分工和生活保障等多种功能;其典型形态是城市社会中的党和政府机构(行政单位)、国有管理及服务机构(事业单位)和国有企业单位"(李路路,苗大雷,王修晓.2009)。在整体的"单位社会",或曰"单位中国"的题域中严格规定一个明确的概念适用范畴对单位研究的开展有重要的意义。但一些集体所有制企业、事业等单位组织同样具备单位制的特征。

② 谢雯.历史社会学视角下的东北工业单位制社会的变迁[J].开放时代,2019(6):25-44+5-6.

③ 刘建军.单位中国:社会调控体系中的个人、组织与国家[M].天津:天津人民出版社,2000;李汉林.中国单位社会:议论、思考与研究[M].上海:上海人民出版社,2004;李路路,苗大雷,王修晓.市场转型与"单位"变迁:再论"单位"研究[J].社会,2009,29(4):1-25+224.

④ 中国城市集体所有制企业一般分三种类型:街道办企业、县(区)级以上所属的集体企业和大型国企兴办的厂办集体企业。前一种属"街居制",后两种属"单位制"的范畴,三者构成城市集体经济的主要内涵。限于篇幅本书仅讨论厂办集体这种组织类型。

⑤ 冯仕政.单位分割与集体抗争[J].社会学研究,2006(3):98-134+244.

入国有企业内部,形成某种独特的社会潜网。①

第二,回顾中国改革开放的整体进程,不难发现,很多重要的事实与既有的理论假设存在相悖之处:一方面国家坚持政企分离的改革,以使企业成为独立决策、自负盈亏的主体,进而硬化预算约束,为此国家自 1978 年改革伊始就放权让利,并尝试了利润留成制、承包制、股份制、兼并重组等多种方案;另一方面,虽然改革涉及了企业经营(使用)权、收益权、处置权的调整,但并没有被冠之以"产权"之名,是一种"没有产权话语的产权变革"②。在公有产权不变的前提下,这些改革既不触及企业组织的所有权置换,亦不触及单位职工的身份置换,改革的核心是调整政企关系。这些悖论性事实启发我们思考的问题是:科尔奈强调产权私有化是预算约束硬化的前提,那么,在所有制结构不变的前提下,政企分离和预算约束硬化是如何可能的? 如果破产是企业预算约束硬化,去"父爱主义"的重要标识的话,那么在市场机制不健全,企业产权难以清晰界定的前提下,破产又何以可能呢? 而事实上,在改革初期的 1986 年中国就出现了企业破产。

1986 年 8 月 3 日,中国第一家破产企业正式诞生,这一事件一度被海外媒体称为"中国改革的八级地震",它标志着中国的产权关系和政企关系开始出现实质性变化。只不过与产权经济学强调的"权利产权观"以及产权清晰是效率前提的假设不同,在企业产权无法清晰界定的前提下,破产拍卖意味着国家、企业和职工三个行动主体关系的变化。从产权社会学的视角看,国有企业并不是独立决策的市场主体,其产权是嵌入多重关系结构之中的。③产权是企业组织获取资源的触觉和渠道,反映了该组织与其他组织、制度环境,或组织内部不同群体之间稳定的交往关联。④

科尔奈在后来研究中也意识到,虽然公有产权与软预算约束有重要关联,但将之进行因果解释则过于简单,无论是转轨国家还是西方国家也都在不同程度上存在软预算约束综合征。基于此,科尔奈强调产权私有化是硬化预算约束的必要条件,而非充分条件。硬预算约束和软预算约束在理论分析上是两种纯粹状态,但实践中预算约束的软硬是分不同程度的。与之关联,一方面,政府实施的"父爱主义"具有层级化特征,针对不同企业有亲疏之别,也会有不同程度的补贴关照;另一方面,在单位体制下,"父爱主义"具有溢出

① 张翼.国有企业的家族化[M].北京:社会科学文献出版社,2002.

② 孙立平.转型与断裂:改革以来中国社会结构的变迁[M].北京:清华大学出版社,2004.

③ 申静,王汉生.集体产权在中国乡村生活中的实践逻辑——社会学视角下的产权建构过程[J].社会学研究,2005(1):113-148+247.

④ 周雪光."关系产权":产权制度的一个社会学解释[J].社会学研究,2005(2):1-31+243.

效应,即这种家长制特征不单体现在国家与企业的关系上,也体现在企业与职工的关系上。从政府与企业的关系看,"父爱主义"既体现在国家对企业自主权的限制,也体现在国家对企业的爱护,虽然"父爱主义"有温情的一面,但它的本质特征是国家干预企业,这与公有制企业的产权结构紧密相连。①从企业与职工的关系看,"父爱主义"既包含企业给职工提供的全方位的福利和照护,还包括单位对职工的全方位管控。鉴于此,本书主张从社会学的"关系产权论"视角来审视改革初期单位制企业的产权变革。

二、破产与产权:问题的提出

在中国改革初期,无论是在理论层面,还是在实践层面,社会主义公有制企业不存在破产似乎是一个定论。在计划经济体制下,当企业经营困难,甚至资不抵债时,企业并不会破产,通常政府会通过增加实物给予、货币补贴或无息贷款等方式扶持企业,科尔奈将此称为"软预算约束"②。在单位体制下的中国,对于亏损严重的濒危企业,除了直接扶持补贴之外,政府还会通过行政手段使之关闭、停办、合并或转产。在以公有产权为基础的社会主义体制下,既不存在企业破产的制度基础与法律设置,也不存在企业破产的适应性环境。

在市场经济条件下,企业破产是一种常态化现象。一般意义上的企业破产,是指企业经营管理不善造成严重亏损,不能清偿到期债务时,债权人向法院申请破产并依据法律程序偿还债务的市场行为。企业破产得以实施取决于三个条件:市场经济的制度环境、健全的破产法律设置以及企业产权界定清晰是独立决策的法人主体。在市场机制和法律设置完备的条件下,破产是厘清主体权责关系、降低交易成本的市场行为,其中关键环节是对企业"剩余产权"归属的重新界定和优化配置。这里包括企业的机器设备、土地、建筑物、库存、客户名单、专利、版权等所有实物或非人力资产的产权以及其他合约未能规定清楚的剩余控制权。③

计划体制的一端是"破产不可能"的理论定见,市场体制的一端是"破产常态化"的规范认知。那么从计划经济体制向市场经济体制的转型进程中,

---

① 李培林,等.转型中的中国企业:国有企业组织创新论[M].济南:山东人民出版社,1992:283
 - 287.

② KORNAI,J. Resource-Constrained versus Demand-Constrained Systems[J]. Econometrica 1979,47(4):801 - 819; KORNAI, János. "Hard" and "Soft" Budget Constraint[J]. Acta Oeconomica ,1980,25(3 - 4):231 - 245.

③ 奥利弗·哈特.企业、合同和财务结构[M]. 费方域,译,上海:上海人民出版社,2016:58.

当市场机制和法律体系不健全,且企业没有独立决策权的前提下,企业破产何以可能呢? 事实上,在转型初期的 1986 年,中国就出现了公有制企业的破产,以上疑问是本书观照改革初期单位制企业破产问题的起点。基于以上分析,本书试图从社会学的"关系产权论"视角出发,来分析改革初期单位制企业的破产过程以及在这一过程中不同产权主体的行动逻辑。

通过解剖中国首家破产企业这一历史个案,笔者在经验层面关注如下三个基本问题:首先,为什么要破产? 即社会主义公有制企业破产的合法性来源是什么? 这对传统社会主义条件下企业面临经营困难由政府补贴的"父爱主义"制度构成挑战。其二,如何破产? 现代意义的破产是指资不抵债的企业遵照法律程序明确债务债权关系并退出市场的行为,在市场制度不健全、法律不完备的前提下如何让企业"依法退出市场"? 本案例中政府推动的企业破产对按照市场机制处理债权以及按照法定程序裁定破产的观念和制度构成挑战。其三,破谁的产? 即社会主义公有制企业的产权如何界定? 企业破产以及随之而产生的职工待业对"工人是企业主人"的产权话语以及社会主义体制下单位人"终身就业"的制度惯习构成挑战。透过以上三个经验问题,笔者试图观照的理论问题是:中国改革初期单位制企业产权界定遵循何种逻辑? 这对以往产权理论的规范性认识又能提供哪些启发?

以上述问题为指引,笔者从产权社会学视角出发,以中国第一家破产企业——北厂西院为个案,结合档案和访谈资料尝试解剖麻雀式地分析企业破产的具体过程和微观机制。改革初期单位制企业亏损严重,政府深陷补贴企业的泥潭,为减轻财政压力国家尝试采取层级化策略:对行政级别高、规模大的企业继续补贴,对行政级别低、规模小的企业放弃财政兜底。本章的破产个案就是国家放弃保全机制的情况。基于国家对待企业的层级化策略的事实,笔者引入"等级化"变量,并提出"等级化父爱主义"概念来理解改革初期国家与企业的关系以及企业与职工的关系,并试图透过这双重关系的变化来揭示单位制企业产权界定的独特逻辑。与聚焦于产权之制度变迁视角的分析不同,本研究试图着眼于产权之关系视角,分析市场转型中的国家、企业、职工三个产权主体之间的互动过程及行动策略。

在改革进程中,不同类型的企业面临不同的选择,参与市场竞争只是理论上实现企业预算约束硬化的方式之一,而且哪些企业参与、哪些企业不参与并不是市场的"自然选择",而是企业主管部门(国家机构)"有选择的市场化"过程。此外,一些单位制企业即便得不到政府补贴,它们也不必然参与市场竞争,在软预算约束和市场竞争之外还有另一套处理亏损企业的策略,即作为行政手段的"关停并转"。面对单位制企业亏损严重的局面,政府还可以通过行政命令要求企业关闭、停办、合并、转产,"关停并转"的核心是用"好企业"来整合帮扶"差企业"。"关停并转"与破产的最大不同在于,前者通过行政手段实现单位企业之间的整合,确保了单位人的身份和福利,而后者则是以市场机制的名义实现企业退出机制,单位人成为待业职工,其身份和福利待遇也随之发生变化。

国家、企业和职工三者互动呈现出的两个重要事理逻辑是:其一,国家会根据企业单位的行政级别、所有制等级、组织规模和行业属性等身份特征对其有选择性地补贴扶持,国家与企业之间呈现为一种"等级化的父爱主义"关系;其二,单位组织对待职工还会因为职工的所有制等级(全民工还是集体工?)[①]、职工的身份类型(干部还是工人?)、职工职称、工种和工龄等制度性身份呈现出一定差异[②],即除了平均主义的福利关照之外,也会根据职工对党的忠诚程度、对单位的贡献大小以及与领导关系的亲疏远近进行"有选择的关照"并呈现出等级化特征,"等级化的父爱主义"同样是理解企业与职工关系的重要框架,魏昂德所说的"有原则的特殊主义"一定程度上触及这一问题[③]。在单位体制下,盈利单位的利润会由财政体系汲取以补偿非盈利企业的亏损额[④],这是科尔奈提出"软预算约束"的重要根据。但科尔奈只关注了企业亏损时政府为何以及如何补贴企业。另一个关键问题是,当企业单位和政府的产权关系处于弹性状态时,企业和职工的关系会如何?

针对上述问题,魏昂德指出,单位体制下决定企业补偿职工能力的不是企业的盈利额,而是企业与政府主管部门的纯税收流量,决定税收流量的是影响再分配决策的过程,而非影响企业盈利的市场环境。[⑤]由此,在单位机制这种再分配逻辑存续的前提下,问题的关键就并非新制度经济学所强调的私有产权的清晰界定,而是何种政府实体或等级组织来运行这种产权以及如何

---

①　一般而言,企业职工的身份与所在企业的产权性质是一致的,即全民企业内的职工为全民工,集体企业内的职工为集体工。在调研中笔者发现这仅仅是一种"理想型",实践中职工身份与企业产权性质不一致的事实比比皆是,例如一个大型国企内部因为编制问题,会有一些集体工,特别是大型国企内为解决子女家属就业会变通性扩大招工,其中一部分人只能以集体工的身份进入,除此之外还包括临时工、家属工和季节工等。另外,在一些集体企业内部也会有为数不多的全民工,特别是上级下派的领导干部和转业军人等,集体企业内全民工的身份是十分稀缺的。

②　王庆明.身份产权——厂办集体企业产权变革过程的一种解释[J].社会学研究,2019,34(05):165-191.

③　华尔德.共产党社会的新传统主义[M].龚小夏,译.香港:牛津大学出版社,1996:122-132.

④　WALDER, A G. Property Rights and Stratification in Socialist Redistributive Economies[J]. American Sociological Review,1992,57(4):524-539.

⑤　WALDER A G. Local Governments as Industrial Firms:An Organizational Analysis of China's Transitional Economy[J]. American Journal of Sociology,1995,101(2):263-301.

分配产权,这恰恰是产权社会学和单位研究关注的重要问题。

本章试图剖析北厂西院破产的整体过程,以此来透视改革初期单位制企业产权变革的动力机制和职工分化的实践逻辑。为此本书选取了东北老工业基地一家大型国有企业北厂集团公司内部的一个厂办集体企业北厂西院为研究个案。北厂西院是中国第一家破产的"国企"[①],随后部分未能安置的职工被迫成为"中国第一批下岗工人"[②]。北厂西院破产拍卖是改革的标志性事件,它标志着中国城市社会原本统一的单位体制开始松动,在单位制基础上形成的社会整合逐渐式微,而且单位制企业产权关系发生实质性改变,企业破产后工人分化,出现作为市场要素的自由劳动力,推动市场机制"由内而外"地发育。因此,北厂西院不单是理解中国单位制企业产权变革的标本,还是透视中国城市体制改革和市场转型的典型。

在具体的研究方法上,本章主要采用历史文献法和访谈法,经验资料有四种:工厂上层管理者、党政干部、普通工人以及直接相关政府官员的访谈(2008 年 8 月、2009 年 7—8 月、2010 年 12 月笔者对北厂西院职工以及北厂集团公司的成员进行了访谈,后续又进行了电话回访,具体人员情况参见本书附录);厂志、会议纪要、公司公告;各级政府出台的企业改革的相关政策文件和法规;本案的新闻报道、媒体采访的资料整理等。下文笔者将首先介绍北厂西院的发展演变过程。

第二节　北厂西院发展演变过程

1949 年后,中国城市社会逐渐确立的社会管理的组织体系是单位制和街居制的统一。就制度设置的初衷而言,街居制是对单位制这种社会调控体系的补充。街居制主要针对的是那些没有单位的人或者是离开(离退休或被开除)单位的人,具体而言主要是家庭妇女、社会闲散人员、两劳(劳改、劳教)释放人员以及离退休人员。而在实际工作中,多是配合国家各职能单位设在街道的工商、市容、环卫、房管、粮管、税务、公安派出所等部门的工作。中国共产党在提出"一化三改"过渡时期总路线后,存在一种潜在认识:随着国家

---

① 本书的研究个案"北厂西院"于 1986 年 8 月 3 日破产,是中国第一家破产的公有制企业,这一企业是东北老工业基地一家大型国有企业内部的一个厂办集体。由于厂办集体是国有企业的重要组成部分,也是单位制的重要体现,很多新闻报道和政策文件在描述这一标志性的改革事件时经常使用"中国第一家破产国企",本书在部分行文中也沿用这一说法。

② 1986 年官方文件中称为"待业"。

工业化和向社会主义过渡,工人阶级之外的街道居民将逐渐减少。随着国家工业化和现代化的实现,城市居民的生产生活将逐渐纳入工厂、机关、学校的轨道,由各种类型的"单位"来解决居民的一切需求。①

然而,在实际的制度运行过程中,街居制同样发挥着重要的作用。笔者所调查的北厂西院最初的性质就是属于"集体性质",但不具备"单位制"的福利特征,而是典型的"街居企业"。本书个案北厂西院的发展大致经历了如下四个阶段。

第一阶段（1965—1976）:街办企业

北厂西院始建于1965年,原是东市中心区的一个街道办事处,为了解决驻区企业东市变压器厂职工家属的工作问题而兴办的一个小型的"职工生产组"。人员构成为40多名家庭妇女和三名释放的两劳人员,被称为"第一个破产厂长"的老吴②就是这三名释放的劳教人员之一。厂房是在该街道办事处和变压器厂提供的旧砖瓦和木料基础上,找人搭建的一处80多平方米的小房。最初这个生产组属于"三无企业"——无资金、无技术、无设备。由于这种情况,最初这个生产组没有固定的生产产品,"什么赚钱就做什么",最初主要生产螺丝、简单的防爆器械和一些汽车零件。虽然当时属于集体性质的"企业",但并没有一般企业的组织性约束,采取灵活的管理形式——"有活儿就干,没活儿回家"(北厂西院破产厂长老吴访谈资料,20090710)。没有特别的福利,工资采取"多赚多得,平均分配",虽然有点"大锅饭"的味道,但显然不是一般单位的"铁饭碗",这种情况一直持续到1976年。此前这个生产组虽然有几个名字,但由于没有固定的生产产品,生产组一直没有固定且正式的名称。由此不难看出,1965年到1976年的这十余年时间,这个小的街办企业并不具备单位体制的基本特征。而这种企业的职工的工资福利待遇具有很大的随意性,这些工人身份更接近于当时城市社会中典型的"街道人"的形象而非"单位人"。

第二阶段(1977—1980):从"街办企业"到"厂办企业"

1976年末,东市对一些小型企业按照生产的产品类型进行重组,由于这个生产组此前生产过汽车零件,东市汽车局就将其合并到东市拖拉机总厂并命名为"东市拖拉机总厂第六分厂"。从此,这个街道生产组第一次有了正式的名称,企业的性质也一跃成为市属集体企业。工人们也开始"扬眉吐气",

① 雷洁琼.转型中的城市基层社区组织:北京市基层社区组织与社区发展研究[M].北京:北京大学出版社,2001.
② 本书中提到的人名和地名按照学术惯例进行了匿名化处理。

123

终于拥有了"铁饭碗",他们终于摆脱了"街道人"的身份成为了"单位人"。按照计划经济的特征,汽车局命令东市拖拉机总厂第六分厂生产汽车水泵,而且明确规定了年产数量以及计划产值。最初,身份的转变使工人们的生产积极性提高,第一年就超额完成了上级下达的计划生产指标。但由于工人们技术水平很差,结果北厂西院生产的大部分产品质量不合格。而且由于当时"指令经济"的运行机制使生产和销售脱节,北厂西院的产品出现了严重积压,到 1977 年工厂刚成立一年时间就亏损 38 万元。北厂西院亏损之后,上级主管部门非常重视,调研几番之后认为"厂长有问题",于是开始更换厂长。结果没过多久,除了厂长和书记之外,其他"班子成员"都设法脱身回到了原单位。在频繁更换厂长的过程中,北厂西院熬过了 1979 年,到 1980 年工厂由于产品积压、亏损严重,实在难以为继。

第三阶段(1981—1983):从解散到重生

在连续换了多任厂长、书记后,工厂仍然难以维持下去。1980 年底,厂长召集全体职工开会,说上级主管领导对北厂西院非常重视,做了最大的努力仍然没能使北厂西院扭亏为盈。最后他强调集体企业要"自负盈亏",由于企业亏损严重,宣布工厂解散,大家可以自谋职业。于是,仅仅获得四年正式单位身份的北厂西院就被迫解散了,当然解散是由于上级主管部门主动放弃北厂西院的结果。工厂解散后工人们根据个人情况自发成立了拓花组、维修组和机械加工组三个生产组。而剩下一些残障工人、老工人和几个有历史污点(如两劳人员)的工人没人要。于是,老吴牵头把这二十几个工人组织了起来,成立了一个防爆器械生产组。到 1983 年除了防爆生产组经营不错外,其他三个小组都难以为继。汽车局的领导就找老吴谈话要求他把其他三个生产组合并在一起重新组建一个工厂。工厂正式命名为东市防爆器械厂,这是北厂西院的第二个正式名称。老吴虽然有"历史污点",但因为"救厂"有功被任命为厂长。工厂的上级主管单位还是汽车局,即后来的东市汽车工业公司。

第四阶段(1984—1986):从破产警告到破产拍卖

1983 年北厂西院成立之初经营并不差,但工厂当时处在一个非常尴尬的境况之中,即北厂西院以生产防爆器材为主,而上级主管单位却是汽车局,这种尴尬最后演化为北厂西院和上级主管部门之间的一种矛盾。1984 年主管单位领导找老吴谈话,两人因为产品的定位问题发生矛盾,上级领导要求北厂西院必须改变生产的产品,理由是既然北厂西院隶属于东市汽车工业公司,那生产的产品就应该往汽车上"靠"。老吴坚持生产防爆器材,理由有二:首先是生产防爆器材才能有活儿干,才能联系到订单;其次,不足百人的北厂西院没有技术专长人员，汽车配件生产技术怕不能过关，以前生产拖拉机水泵就出现过质量问题。老吴虽然想坚持己见，但毕竟要服从领导的安排，争执一番后他只能服从命令。与领导谈话后，他和几个副厂长开会商量决定上北京揽汽车的订单。没想到的是，正当老吴和几个副厂长在北京为了汽车配件的订单而奔波时，上级领导却趁他和三位副厂长出差不在家将他们一并免职，最后给老吴的"说法"是"该退休了"。但当时 56 岁的他还没到退休年龄，上级领导就给"特赦""内退"。老吴被免职后，上级主管部门从轿车厂派来赵刚做厂长，开始生产汽车配件，然而还是由于技术问题，生产的很多汽车配件都因质量问题被迫退回，产品出现严重积压，导致亏损。

截至 1984 年底，由于连续亏损，欠债总额已高达 48 万元。1985 年 8 月 3 日，北厂西院收到破产警戒通告，限期一年整顿。一年后北厂西院的经营状况仍然不见好转，没能实现扭亏为盈，1986 年 8 月 3 日被宣布破产，成为新中国第一家破产的公有制企业，早已内退在家的厂长老吴被称为"中国第一个破产厂长"。东市政府随即成立"东市北厂西院破产处理监督管理委员会"来处理破产后的诸多事宜。破产监督管理委员会由工商部门、企业管理部门和银行、税务、劳动、保险、审计部门以及债权人和工人代表组成。1986 年 9 月 25 日北厂西院被正式拍卖。具体发展演变过程参见表 6-1。

表 6-1　北厂西院发展演变历程（1965—1986 年）

年份	重要事件	主要业务	职工情况	工资福利	管理模式	主管部门
1965	成立职工家属生产组	无固定产品	40 名家属女工、2 名男职工	月工资 20 多元	有活干，无活散	变压器厂、街道办
1968	改组成立铁制品厂	小五金	80 多人	月工资 20 多元	不干涉，不保底	街道办
1975	改为电器修配厂	维修加工电器、电焊机	100 人左右	月工资 30 多元	自负盈亏	街道办
1976	东市拖拉机总厂第六分厂	汽车水泵	130 人	按省市标准调工资福利	原则上自负盈亏，服从上级主管	东市拖拉机总厂
1979	产品积压，出现亏损	汽车水泵	130 多人	保障标准工资福利	原则上自负盈亏，服从上级主管	东市拖拉机总厂
1981	停产放假，组成三个生产小组	扎花、维修、机械加工和防爆器械	130 多人	多赚多得，基本福利	自谋生路，收入上交 1%	东市拖拉机总厂
1983	重组为防爆器械厂	防爆器材	130 多人	保障标准工资福利	频繁换领导和主管部门	汽车零件公司，汽车发动机厂

年份	重要事件	主要业务	职工情况	工资福利	管理模式	主管部门
1984	又现亏损	防爆器材、铝粉加工	130多人	保障标准工资福利	管理混乱	东市汽车工业公司
1985	收到破产警告	汽车零件	136人	保障标准工资福利	救而不包,扶而有度	汽车过滤器厂代管
1986	破产拍卖	汽车零件	136人	就业安置费、救济金	不统包统揽	破产监督管理委员会

注:北厂西院最初只是街道小企业,早期的档案记录有限,访谈中一些建厂工人和工厂领导对早期工人情况也"只能说个大概"。北厂西院变成市属集体企业后,工厂人员也屡有变动,一方面,上级主管部门会下派"全民干部"充当领导,频繁更换上级主管部门和企业领导使得员工数量一直处于不稳定状态;另一方面,企业出现困难后,有技术优势的工人和全民干部出现争相离本单位的现象。鉴于此,笔者通过档案资料和口述访谈资料交叉验证以减少纰漏,本表对于不能完全确定的数字则根据确定的数据估计概数。

资料来源:根据破产厂长访谈和韩耀先《回眸》整理。

第三节　转型视域下产权界定的几种理论模型

在社会主义国家的体制转轨过程中,产权变革和市场演化构成一个问题的两个方面。①无论是经济体制转轨,还是社会结构转型,都涉及市场秩序形成过程中产权关系的调整与界定。海内外学术界针对这一问题形成了两派重要的研究进路,一派是转轨经济学的研究,一派是转型社会学的研究,下文笔者在检视这两种主导性解释的基础上,尝试着提出第三种解释。

一、转轨经济学的解释:软预算约束下的产权界定

转轨经济学主要是针对计划经济向市场经济转轨过程及其后果的研究,经济体制转轨和产权制度变革是其核心议题。科尔奈针对转轨前的计划经济体制,提出了"短缺经济"概念并最早关注了产权"问题",他强调公有产权

---

① 塞勒尼.中文版序言[M]//吉尔·伊亚尔,伊万·塞勒尼,艾利诺·汤斯利.无须资本家打造资本主义.吕鹏,吕佳玲,译.北京:社科文献出版社,2008:1-5;STARK D. Recombinant Property in East European Capitalism[J]. American Journal of Sociology, 1996, 101(4):993-1027;WALDER A G. Property Rights and Stratification in Socialist Redistributive Economies [J]. American Sociological Review, 1992, 57(4):524-539;WALDER A G, OI J C. 1999, Property Rights in the Chinese Economy:Contours of the Process of Change[G]//OI J C, WALDER A G. Property Rights and Economic Reform in China. California:Stanford University Press, 1999.

扭曲了企业激励,造成软预算约束的困境。①所谓软预算约束是相对"硬预算约束"而言的。市场经济条件下,产权清晰的企业组织的一切经济活动都以自身拥有的资源约束为限,此即"硬预算约束",基本特征是自主决策和自负盈亏。在计划经济体制下,国家通过行政指令安排企业的经营,无偿拨付生产资料并统购统销企业的产品,形成企业对国家的依赖。基于这种依赖结构,科尔奈将国家比作"父母"而将企业组织(以及非营利机构和家庭)比作"子女",并将"国家袒护企业和企业依赖国家"的这种经济现象称为"父爱主义"。②在"父爱主义"的关系结构中,社会主义工厂一旦产生亏损,作为企业主管部门的国家(政府)会采取追加投资、提供贷款、减免税收或直接财政补贴来挽救企业,以使其免于破产,这种由国家承担企业亏损责任和财务风险的现象被称为"软预算约束"。在这种结构下,税收制度、信贷制度、外部投资以及价格机制等对企业行为的约束作用都是"软化的"。③

以"软预算约束"概念为起点,苏东剧变后的经济体制转轨一度被视为经由产权私有化而使预算约束逐步硬化的过程。然而,更多事实表明,产权私有化并不必然导致预算约束硬化。不单在俄罗斯等转轨后的苏东国家软预算约束的企业并不鲜见,西方原市场经济体制下也存在软预算约束现象,例如美国政府面对储蓄贷款协会和长期资本管理公司的危机也选择救助。④这不仅关乎软预算约束形成的原因,还涉及政府(或银行)救助企业的动机以及软预算约束的后果等问题。⑤与科尔奈强调公有产权造成"父爱主义"的软预算约束相似,李稻葵将公有制(Public Ownership)视为软预算约束形成的充分条件。⑥德瓦特里邦和马斯金(Dewatripont and Maskin)则认为,时间的非一致性(time inconsistency)会导致软预算约束,对于一个尚未完工的无效率项目,政府或银行通常会追加投资,因为继续投资的边际收益会大于废止项

①　周雪光."关系产权":产权制度的一个社会学解释[J].社会学研究,2005,(2):1-31+243.
　　KORNAI J."Hard" and "Soft" Budget Constraint[J]. Acta Oeconomica.1980,25(3-4):231-246.
②　科尔奈.短缺经济学[M].张晓光,等译.北京:经济科学出版社,1986.
③　KORNAI J. Resource-Constrained versus Demand-Constrained Systems[J]. Econometrica,1979,47(4):801-819; KORNAI J. "Hard" and "Soft" Budget Constraint[J]. Acta Oeconomica, 1980, 25(3-4):231-246.
④　MASKIN E, XU C. Soft Budget Constraint Theories: From Centralization to the Market[J]. Economics of Transition, 2001, 9(1):1-27.
⑤　KORNAI J, ERIC M, and GÉARD R. Understanding the Soft Budget Constraint[J]. Journal of Economic Literature, 2003, 41(4):1095-1136.
⑥　LI, DAVID D. Public Ownership as a Sufficient Condition for the Soft Budget Constraint, Working Papers, Michigan-Center for Research on Economic & Social Theory, 1992.

目的边际成本。①钱颖一也指出社会主义短缺一定程度上是由于时间的非一致性问题引起的。②面对中国的改革实践，无论是"父爱主义"、公有产权这种内生性解释，还是"时间非一致性"的外生性解释都只有部分的解释力。无论是转型前还是转型进程中，并不是每一个公有制企业都能得到政府补贴以软化预算约束，由此"父爱主义"、公有产权既不是软预算约束的充分条件，也不是必要条件。③而且，投资项目信息不充分前提下的"时间非一致性"解释框架假设"企业"和"政府"都是独立决策的理性主体，忽略了计划体制或转轨经济中企业与政府长期形成的特殊关系。

基于以上解释缺憾，林毅夫等指出，国家和企业之间之所以形成软预算约束是因为企业承担了政府强加的"政策性负担"，企业一旦出现"亏损"可以自然而然地将责任推给政府。由于激励不相容，企业会将"经营性亏损"也归于政策性原因，加之信息不对称，政府很难分清两种亏损的差异，不得不给予补贴。④在政府或银行救助企业动机问题上，有研究者指出政治家通过补贴手段救助企业不是为了经济目的，而主要是为扩大就业率以获得民众的政治支持。⑤缺乏创新和经济短缺是中央计划经济体系下软预算约束的重要后果⑥，而且预算约束软化会刺激国企增加额外投资需求来扩大规模，由此经济转轨的核心任务就是要通过市场转型和产权变革实现预算约束的硬化。

综合以上讨论不难发现，转轨经济学的后续研究修正了软预算约束模型的解释缺憾，并注意到企业产权界定与国家行为以及被吸纳就业的企业职工之间的关联。但遗憾的是，这些研究只是将国家干预行为、企业职工期待视为影响企业产权界定的外在变量，并且将其视为导致企业产权模糊和效率低下的因素。究其根源，科尔奈提出软预算约束理论模型及其后续的研究推进

---

① DEWATRIPONT M, MASKIN E. Credit and Efficiency in Centralized and Decentralized Economies[J]. Review of Economic Studies，1995，62(4):541 - 555.

② QIAN Yingyi. A Theory of Shortage in Socialist Economies Based on the "Soft Budget Constraint"[J]. American Economic Review，1994，84(1):145 - 156.

③ 林毅夫,李志赟.政策性负担、道德风险与预算软约束[J].经济研究,2004(02):17 - 27.

④ 林毅夫,刘明兴,章奇.企业预算软约束的成因分析[J].江海学刊,2003(05):49 - 54＋206;林毅夫,刘明兴,章奇.政策性负担与企业的预算软约束:来自中国的实证研究[J].管理世界,2004(08):81 - 89＋127 - 156.

⑤ BOYCKO M, SHLEIFER, A, VISHNY R W. A Theory of Privatisation[J]. Economic Journal，1996，106(435):309 - 319; SHLEIFER A, VISHNY R W. Politicians and Firms[J]. The Quarterly Journal of Economics，1994，109(4):995 - 1025.

⑥ MASKIN E, XU C. Soft Budget Constraint Theories:From Centralization to the Market[J]. Economics of Transition，2001，9(1):1 - 27.

与科斯代表的新制度经济学的产权理论思路是一致的,即都把产权视为保护所有者自主决策的一束权利和相应激励机制,由此认定公有制导致了资产分配和使用的低效率。①然而,私有产权制度视为目标的"产权清晰"并不必然带来效率的提升,一个典型事实是,改革初期"产权模糊"的乡镇企业异军突起,呈现出"高效率"的经济增长,而后来的"产权明晰"并没有解决乡镇集体企业后期改制中存在的诸多实践难题。经济学的经典理论不能同时解释私有制的成功与"集体制"的不败。②苏东转轨过程与中国的改革经验都表明,产权关系变革及其界定机制与市场制度的演进以及社会结构的转型紧密相关,而且产权关系、市场制度和社会结构三者的匹配组合本身就构成一个重要问题。这恰恰是转型社会学关注的核心议题。

二、转型社会学的解释:比较视域下的市场演化与产权变革

在全球市场化转型的长程运动中,私有产权在人类历史上出现过两次高峰:一次是在 19 世纪中期的西欧,另一次则是在 20 世纪末的东欧和中欧。③与经济学家强调私有产权清晰化必然带来效率提升的预期不同,社会学家更关心与这两次私有产权高峰的达致相伴而生的人类社会的重要变迁。19 世纪西欧出现的是波兰尼意义上的"大转型",从封建社会向资本主义社会转型过程中,不单出现了经济从社会领域"脱嵌"的张力,还伴随着市场机制的泛滥和私有产权的扩张;20 世纪末出现的是布洛维所称的"第二次大转型",主要表现为东欧和中欧前社会主义国家的体制转轨和公有产权的私有化过程。④这两次"大转型"是透视世界不同区域市场转型与产权变革的重要镜框,亦是从社会视角理解产权界定之多重维度的基础。⑤

在中国的产权变革和市场转型过程中,"市场更是一个实践的对象",多重面貌的"市场"被我们不断地建构和生产出来⑥。边燕杰、张展新曾概括了"市场化"的三重内涵:其一,资源配置方式由再分配机制向市场机制的转型;其二,国有产权形态向个体产权形态的转变;其三,经济与政治的协调互构过

---

① 周雪光."关系产权":产权制度的一个社会学解释[J].社会学研究,2005(2):1-31+243.
② 折晓叶,陈婴婴.产权怎样界定——一份集体产权私化的社会文本[J].社会学研究,2005(4):1-43+243.
③ DEMSETZ H. Ownership, Control and the Firm: The Organization of Economic-activity[M]. Oxford: Basil Blackwell, 1988.
④ BURAWOY M. A Sociology for the Second Great Transformation[J]. Annual Review of Sociology, 2000, 26(1):693-695.
⑤ 王庆明.产权变革路径与起源之争:立足转型中国的思考[J].社会科学,2018(6):72-81.
⑥ 沈原.市场、阶级与社会:转型社会学的关键议题[M].北京:社会科学文献出版社,2007.

程。国内外学术界也一度将中国的改革开放称为"市场化改革"。[1]市场转型论的开创者倪志伟认为,市场化的本质特征是由再分配机制向市场机制转型,这一过程有利于直接生产者,相对地不利于再分配者。[2]倪志伟后来对其观点提出了一些修正,但一直强调市场化意味着资源配置方式和阶层结构的变化,产权的混合形态(hybrid forms)是市场转型不充分的结果。[3]在后续研究中,倪志伟等在反思中国改革初期的动力和目标时有了更深刻的认识:改革之初的放权让利、承包制、利润留成制等改革措施并不是要通过私有化来硬化预算约束,而是要提高公有制企业的生产力来完善社会主义经济。[4]而且,中国的社会主义市场经济的建构过程也表明,市场机制可以与多种产权形态相融合,中国与东欧和中欧相比,三者转型的进路呈现出很大不同。

在转型社会学的视域中,塞勒尼等开创的"比较资本主义"是一派重要的研究范式,他们聚焦不同转轨国家的市场制度演进和产权变革进程的比较。以俄罗斯为代表的东欧,其产权制度私有化的主要机制是管理层收购(MBO),一夜之间俄罗斯大批国有企业彻底私有化,前国企管理人员(和部分政党官员)成为新的产权所有者。然而,无数资本家的诞生并没有推动市场制度的确立,俄罗斯甚至一度出现以物易物现象,产权变革的速度远远快于市场制度形成的速度,这种转型形态被称为"有资本家而没有资本主义",又被称为"政治资本主义"。而中欧的捷克、波兰、匈牙利的转型进路与俄罗斯明显不同,这些国家虽早有产权改革,但国企管理人员仍掌握决策权,并没有产生本土的资本家,直到大量外资进入才彻底实现了产权私有化。[5]中欧这种由外资推动的转型呈现为"由外而内地建设资本主义",其市场制度形成的速度远远快于产权变革的速度,其转型轨迹呈现为"没有资本家的资本主义"。与东欧的"自上而下"和中欧"由外而内"的转型轨迹不同,东亚产权变

① 边燕杰,张展新.市场化与收入分配——对1988年和1995年城市住户收入调查的分析[J].中国社会科学,2002(05):97-111.

② NEE V. A Theory of Market Transition: From Redistribution to Markets in State Socialism [J]. American Sociological Review, 1989, 54(5):663-681; NEE V. Social Inequality in Reforming State Socialism: Between Redistribution and Markets in China[J]. American Sociological Review, 1991, 56(3):267-282.

③ NEE V. Organizational Dynamics of Market Transition: Hybrid Forms, Property Rights, and Mixed Economy in China[J]. Administrative Science Quarterly, 1992, 37(1):1-27; NEE V. The Emergence of a Market Society: Changing Mechanisms of Stratification in China[J]. American Journal of Sociology, 1996, 101(4):908-949.

④ 倪志伟,欧索菲.自下而上的变革:中国的市场化转型[M].阎海峰,尤树洋,译.北京:北京大学出版社,2016:1-2.

⑤ 塞勒尼.中文版序言[M]//吉尔·伊亚尔,伊万·塞勒尼,艾利诺·汤斯利.无须资本家打造资本主义.吕鹏,吕佳玲,译.北京:社会科学文献出版社,2008:1-5.

革与市场形成的并进呈现出的是"自下而上"的轨迹。①

面对中国的转型成就,魏昂德提出了一种与塞勒尼和倪志伟等人不同的解释。魏昂德从中国基层政府助力乡镇企业发展的经验出发,概括了"政府即厂商"(local governments as industrial firm)的理论模型。②魏昂德基于产权模糊的乡镇企业异军突起的事实揭示出产权结构与效率之间并不必然关联,更重要的是,他发现不同层级的政府针对其辖区内的企业也会采取不同的行动策略。较之于行政级别高的政府而言,行政级别低的基层政府对其管辖的企业会实施更为有效的产权控制。③行政等级越低,基层政府与地方企业的目标和利益也越一致。魏昂德理论的实质是:基层的所有制归属界定较为明晰,会更有效地激励地方政府像企业主一样去行动决策,因为在提升企业效率的同时也会增加基层政府的利税留成。由此可见,魏昂德仍没有跳出科尔奈的框架。此外,魏昂德的这一解释也面临诸多挑战:一方面,20 世纪 90 年代中后期大部分集体企业开始向私有企业转制,基层政府作为厂商总部的理论假说再难立足;另一方面,基层政府对公有制企业收入支配权的制约以及对其资产转让权的限制并不是单向的,有时企业会主动放弃部分产权来获取更多资源机会和政府保护的长期利益。

综上所述,西方转型社会学和转轨经济学的重要贡献在于揭示了苏东经济体制转轨过程中产权变革的多样性,并在一定程度上注意到了国家和职工对企业组织产权界定的影响。但有些遗憾的是,这些研究沿袭了新制度经济学的产权分析范式,从"产权清晰是效率前提"的理论假定出发,聚焦于如何使公有制的企业组织通过改革实现产权主体的明确化以及私有产权的清晰化。然而,中国初始阶段的改革是以公有制为前提的,这也构成社会主义市场经济的重要内涵。此外,中国单位制企业还具有与科斯意义上的市场中的企业、苏联"一长制"统合下的企业组织的不同特征。鉴于此,本书尝试从社会学的"关系产权"视角出发,将社会学的单位制研究与产权分析结合起来提

---

① 塞勒尼.中文版序言[M]//吉尔·伊亚尔,伊万·塞勒尼,艾利诺·汤斯利.无须资本家打造资本主义.吕鹏,吕佳玲,译.北京:社会科学文献出版社,2008:1-5;LAWRENCE K,SZELÉNYI I. The New Capitalism of Eastern Europe[G]//SMELSER N J,SWEDBERG R. Handbook of Economic Sociology. New Jersey:Princeton University Press,2005.

② WALDER A G. Property Rights and Stratification in Socialist Redistributive Economies[J]. American Sociological Review,1992,57(4):524-539.

③ Ibid;WALDER A G. Local Governments as Industrial Firms:An Organizational Analysis of China's Transitional Economy[J]. American Journal of Sociology,1995,101(2):263-301;WALDER A G,OI J C. Property Rights in the Chinese Economy:Contours of the Process of Change[G]//OI J C,WALDER A G. Property Rights and Economic Reform in China,California:Stanford University Press,1999.

出第三种解释路径。

三、产权社会学的解释:产权分析和单位制视角的融合

单位是中国社会民众对自己就业的组织或机构的统称,是国家对社会进行直接行政管理的组织手段和基本环节①,包括企业单位、事业单位和党政机关单位,本书仅讨论企业单位这一类型。很多研究者强调这种组织类型与其他国家经济组织之间的差异性:单位制企业是集经济生产、政治动员、文化统合和社会分工需要等多种功能于一体的总体性组织,不单与西方企业组织不同,与苏联"一长制"的企业结构亦有差异。②

中国的市场化改革赋予了单位制企业产权界定的现实新意。改革之初,在拨乱反正的背景下,国家一方面通过"重建单位制"逐渐恢复企业组织的生产和管理秩序③,另一方面则通过放权让利、调整产权关系来提升单位制企业的效率。一些研究者认为这种思路与现代产权经济学的假设是一致的。以科斯为代表的现代产权经济学将企业视为独立决策的主体,强调企业能降低交易成本替代市场进行资源配置。④

然而,实践中的单位制企业的运行过程与这种认知有很大不同,单位制企业对生产性要素的调配是基于行政指令这种"非市场合约",从经济学的视角看这种企业的产权是虚置的、残缺的或模糊的。⑤从社会学视角看,单位制企业的产权是嵌入特定的制度环境和社会关系之中的,单位与国家、单位与单位、单位与职工三种关系的长期积淀构成单位制企业产权界定的基础。⑥

---

① 路风.单位:一种特殊的社会组织形式[J].中国社会科学,1989(1):71-88.
② 华尔德.共产党社会的新传统主义[M].龚小夏,译.香港:牛津大学出版社,1996:122-132;刘建军.单位中国:社会调控体系中的个人、组织与国家[M].天津:天津人民出版社,2000;路风.中国单位制的起源和形成[J].中国社会科学季刊(香港),1993,(4);李猛,周飞舟,李康.单位:制度化组织的内部机制[G]//应星,周飞舟,渠敬东.中国社会学文选(下).北京:中国人民大学出版社,2011:487-513.
③ 渠敬东,周飞舟,应星.从总体支配到技术治理——基于中国30年改革经验的社会学分析[J].中国社会科学,2009(6):104-127+207.
④ 罗纳德·H.科斯.企业的性质[G]//奥利弗·威廉姆森,西德尼·温特.企业的性质:起源、演变和发展.北京:商务印书馆,2007:22-40;ALCHIAN A A, DEMSETZ H. Production, Information Costs, and Economic Organization[J]. American Economic Review, 1972, 62(5): 777-795; DEMSETZ H. Ownership, Control and the Firm: The Organization of Economic-activity[M]. Oxford: Basil Blackwell, 1988.
⑤ 巴泽尔.产权的经济分析[M].上海:格致出版社,2017;李稻葵.转型经济中的模糊产权理论[J].经济研究,1995,(4);DEMSETZ H. Ownership, Control and the Firm: The Organization of Economic-activity[M]. Oxford: Basil Blackwell, 1988.
⑥ 刘世定.占有、认知与人际关系[M].北京:华夏出版社,2003;王庆明.身份产权:厂办集体企业产权变革过程的一种解释[J].社会学研究,2019(5):165;周雪光."关系产权":产权制度的一个社会学解释[J].社会学研究,2005(2):1-31.

较之科斯意义上的"市场性合约",很多社会学者把企业看作"社会性合约",并试图揭示实践中的复合产权形态。①如彭玉生提出"非正式产权"概念用以分析在保护私有产权的正式制度和法律缺失的前提下,宗族网络通过维系农民的私产观念,进而保护私有企业产权发展的事实。②产权的社会视角聚焦产权界定的实践过程③,强调企业产权的界定是国家、企业和职工三者互构的结果④。转轨经济学和转型社会学的理论解释恰恰忽视了这一点。鉴于此,笔者从这种关系主义的视角出发,试图对转轨经济学和转型社会学产权的理论解释进行批判性拓展。

转轨经济学和转型社会学所揭示的模糊产权、残缺产权等概念只能描述单位制企业产权配置的"不清晰"状态,而对于为什么所谓的产权"不清晰"构成一种常态,以及维系这种产权"不清晰"稳定性的内在机制不能提供有效解释。在改革初期,中国单位制企业面临的一个重要事实是,并不是所有公有制企业都能得到政府扶持而实现预算约束的软化。与科尔奈的普遍的"父爱主义"假设不同,中国政府实施的"父爱主义"具有层级化特征。

中国单位体制遗留的政企关系、职企关系及其动态演化过程形塑了企业产权界定的独特逻辑。在澄清了实践中政企关系以及职企关系的基础上,本书以中国第一家破产的企业单位为个案,试图揭示改革初期单位制企业产权变革及组织解体的动力机制,以及伴随单位解体的职工分化的实践逻辑。

第四节 有选择的"市场化":单位制企业解体过程的分析

一、"甩包袱":单位制组织变迁的初始动力

1984 年城市社会经济体制改革全面启动,改革的难点和重点都集中在国有企业这一类单位制组织上。单位体制在中国国有企业组织中的产生、延

---

① 折晓叶,陈婴婴.产权怎样界定——一份集体产权私化的社会文本[J].社会学研究,2005(4):1-43+243;张小军.复合产权:一个实质论和资本体系的视角——山西介休洪山泉的历史水权个案研究[J].社会学研究,2007(4):23-50+243.
② PENG Y. Kinship Networks and Entrepreneurs in China's Transitional Economy[J]. American Journal of Sociology, 2004, 109(5):1045-1074.
③ 曹正汉.产权的社会建构逻辑——评中国社会学家对产权的研究[J].社会学研究,2008(1):200-216.
④ 王庆明.单位组织变迁过程中的产权结构:单位制产权分析引论[J].学习与探索,2015(6):29-36.

续及变异有其特定的历史背景。单位制作为一种特定统治(支配)方式的制度①,其起源是政治性的,社会动员、政治控制是这种制度形成的原初动力。在由计划经济向市场经济的转变过程中,作为制度的"市场",是在国家与社会,在党与各种社会力量的互动过程中被"创生"出来的。社会主义国家在微观层面上的制度设置不单是自上而下强加的后果,而且是在特定政治过程和实际的社会互动中内生出来的。这种在特定政治过程中创生出的单位体制,其变迁不单是市场化的自然结果,它还需要一个独立的转变过程。这种转变必须要有来自单位组织内部的动力和外部市场竞争压力的共同作用。②当然,我们也可以将这两种动力理解为体制内的动力和体制外的动力,中国体制转型的整体进程就是这两种动力相互作用的结果。

在中国的市场化改革进程中,老工业基地社会与市场化程度高的地区并没有统一的进程,市场化的发展不仅取决于资本、劳动力和市场,而且还取决于传统体制的强弱。老工业基地社会是以计划经济时期形成的单位制生活方式和价值体系为相关社会群体认同的社会,它是以单位制社会组织的过密化结构与市场环境的镶嵌性特征为基础的。③基于此,笔者选择东北老工业基地的北厂西院为个案,并试图通过对这家企业从创立到破产整体进程的分析来透视单位体制变迁的独特机制。

从笔者调查的个案情况看,从 1965 年成立到 1976 年末,北厂西院只是一个由东市变压器厂职工家属和街道社会人员组成的小工厂。工厂业务范围相对简单,接受上级的生产指令性较弱,组织松散,内部管理上也相对粗放。员工并不拥有由国家正式认可的"单位人"身份。1976 年末开始,东市政府重新整合当地产业资源。按照政府统一的产业结构调整部署,北厂西院被整合到市拖拉机总厂名下,变成其第六分厂,并承接总厂的生产任务。此时,北厂西院也"摇身一变",由一个街道企业转变为市属集体企业。虽然企业在身份上"升格",但是由于技术水平的限制和产销环节衔接不畅等原因,仅一年时间后,工厂大规模亏损现象便开始出现。到 1977 年亏损达 38 万元。

面对亏损局面,主管部门开始对企业进行"补贴",同时对工厂管理层进行调整,从 1977 年到 1978 年主管部门就连续下派了四任厂长。前三个厂长没待多久就设法脱身了,最后主管部门直接委派了一个十多人的领导班子,

---

① 李汉林,李路路.资源与交换——中国单位组织中的依赖性结构[J].社会学研究,1999(4):46-65.
② 路风.国有企业转变的三个命题[J].中国社会科学,2000(5):4-27.
③ 刘平.社会转型与新二元社会[J].中国社会科学,2007(1):104-117.

包括厂长、书记、业务、会计、出纳还有团支部书记等等,准备全面改组。但"这些人都是全民身份,根本瞧不上这个集体小厂,都怕陷在这儿走不了,谁也不想蹚浑水"(北厂西院建厂职工老郝访谈资料,20090712)。没过多久,就只剩下厂长和书记,他们也没能改变北厂西院的亏损局面。

当财政补贴和换领导都不能扭转企业亏损局面时,主管国企和上级行政部门商议决定先"暂时放弃"北厂西院。1980年底上级从汽车局派来一个处长,指导北厂西院的工作。这个处长一来就宣布北厂西院只能"自己解困",工人可以解散自谋生路,也可以重新组织起来进行生产自救。该领导强调"集体企业本就应该自负盈亏,上级部门虽财政紧张,但为了让咱们厂扭亏为盈已经作出了很大努力"(北厂西院主管部门东市汽车局张云处长访谈资料,20091210)。在北厂西院被放弃的同时,同属一家主管国企的另一个分厂,虽然比北厂西院亏损得还严重,但这家企业却能够一直享受财政补贴而正常运转。对于这一结果,时任北厂西院厂长的杨某,在笔者调查中曾给出这样的说法——"那是就因为人家是全民(所有制企业)的,咱家是集体(所有制企业)的"(原北厂西院厂长杨某访谈资料,20090603)。

从以上事实不难看出,不同所有制等级的企业与上级主管部门讨价还价的能力不同,对应的获得的政府补贴和支持力度也会有很大差别。无论是在改革开放之前,还是改革开放初期,这种企业因身份不同而待遇不同的事实并不鲜见。在1984年全面启动城市经济体制改革之后,东市最先进行破产试验的那一批企业都是所有制级别较低的集体企业。在市场化改革过程中,这种身份等级序列的延续性以及在不同领域的作用,对以往社会主义转型研究的理论判断构成了挑战。在有关社会主义体制的研究中,人们广泛认为,计划经济时代公有制的企业组织都是软预算约束的,而市场经济时代的企业组织则是硬预算约束的。然而,本章个案清晰的事实似乎可以给我们如下启示:无论是在单位体制下,还是在社会主义市场经济改革过程中,都存在不同的约束等级以及在这种等级序列中的积极运作和讨价还价。笔者将这种政府对企业有选择地进行监管、帮扶和财政补贴现象概括为"等级化的父爱主义"。

北厂西院最初是街道小企业,软预算约束的财政机制根本覆盖不到,只能"有活儿就干,没活儿回家"。当它的所有制级别提升为市属集体企业时,软预算约束的机制开始发挥作用。因此,当1977年北厂西院已亏损38万元时,上级主管部门和主管国企对其直接进行财政补贴。但较之于同样是分厂的其他全民所有制企业而言,预算约束软化的程度并不高,所以当给予其一定财政补贴和管理协调后仍不能扭亏为盈时,上级主管部门最终以集体企业应"自负盈亏"的借口放弃了对北厂西院的扶持。在社会主义市场经济体制改革过程中,这种"等级化的软预算约束"呈现出国家有选择地推进市场化的特征。

改革开放已历经四十余年,各种单位组织功能多元化的状况有了很大程度的改观,但行政等级化的制度谱系和身份关系仍然发挥着重要作用。从全国一般的情况看,一个基本的事实是:在各种单位组织中,所有制层次愈低,功能分化的程度就愈高;反之,所有制层次愈高,功能分化的程度就愈低,特别是那些国家(全民)事业单位,功能多元化的状况基本没有多大的变化。[①]在现今中国,单位制和社会主义前提下的市场制并存,与之相关的软预算约束和硬预算约束在同一体制甚至同一组织中共同发挥作用。这种国家与市场的双向形塑,或者说体制内与体制外力量的共同作用构成了中国单位制组织变迁的动力基础。

二、"竞争中的破产":从设想到实践

中国的国企改革是从"放权让利"开始的。1978 年 10 月,四川省在中央支持下选取成都无缝钢管厂等六家企业进行"扩权试点"改革,给予企业一定的物资采购权、生产决策权、产品销售权和利润留成权,三个月之后,六家企业利润普遍增长,"放权"初见成效。1979 年 2 月 12 日,四川省委在总结六家企业扩权经验基础上制定了《关于扩大企业权利,加快生产建设步伐的试点意见》,增加放权让利范畴,同时将试点企业拓展到 100 家。1979 年 2 月 19日《人民日报》发表社论《必须扩大企业的权利》强调企业独立决策权的重要性。为了进一步激励企业,1980 年 10 月国务院通过《关于开展和保护社会主义竞争的暂行规定》,首次提出"社会主义竞争",明确规定"开展竞争必须扩大企业的自主权,尊重企业相对独立的商品生产者的地位。企业根据国家政策法令所拥有的产、供、销、人、财、物等方面的权利,任何地区和部门不得任意干预"。这项改革明确提出把竞争机制引入公有制企业之中,为进一步的企业产权改革提供了政策依据和法律支撑。

在开展社会主义竞争的基础上,中国企业破产的倡导者曹思源提出可以考虑对严重亏损的国营企业实施淘汰破产,其依据是,既然承认社会主义存在竞争,本身就包含了优胜劣汰可能,就应当允许企业破产[②]。面对企业大面积亏损和沉重的财政压力,有人大代表在 1984 年 5 月召开的第六届全国

---

① 李汉林.变迁中的中国单位制度:回顾中的思考[J].社会,2008(3):31 - 40.
② 曹思源.试论长期亏损企业的破产处理问题[J].瞭望周刊,1984(9):18 - 19.

人大二次会议上提出制定企业破产法的议案,但由于当时意见并不统一,中央决定在东市等四地进行破产试点。当时东市的企业亏损十分严重,仅1984年上半年新增亏损企业就达100多家,东市采取承包租赁、兼并重组等多种策略,仍难扭转局面。面对这种困局,完全依靠政府财政补贴,延续"父爱主义"的软预算约束机制已不切实际,如何甩掉补贴亏损企业的财政包袱成为当时东市改革的重要动力。虽然中央破产改革的设想正好可以缓解东市当时的财政困境,但是在20世纪80年代中期的制度环境下,社会主义单位制企业"为什么要破产""如何破产"以及"破谁的产"都是政府不得不面对的难题。

由于企业破产没有先例,更没有可依据的法规,为了"有法可依",东市首先要做的是起草一部指导企业破产的法规条例。虽然中央意见是在东市等四个城市对全民所有制企业进行破产试点,但为了降低改革风险和减少包括意识形态在内的各种阻力,市政府决定先在集体所有制企业单位试验。1984年6月,市政府将起草破产法规的任务交到了集体经济办公室。经过两个多月的企业调研和座谈,在听取了企业管理者和工人的意见后,集体经济办公室经过多番讨论,最终完成了包括30多条、3 000多字的《破产倒闭规定》。当时市长批示为:"企业倒闭是竞争中的破产,不是人为的关闭。"①最初拟定的《破产倒闭规定》虽然注意到政府通过财政补贴手段行不通,但仍然延续着关、停、并、转的行政思维,没有体现出市场的逻辑——"竞争中的破产"。后来集体经济办公室经过几轮修改,文件起草人还专门去北京登门请教了破产专家后,才逐步理解了"市场竞争"和破产的关系,也顺利完成了领导交办的任务。

从破产法规宗旨的确定以及起草过程不难发现,领导对"市场竞争"的强调意在凸显企业破产是企业之间竞争的结果,是经济发展的客观规律,这种认识直接回应了"为什么要破产"的理论难题。1984年10月,党的十二届三中全会通过了《中共中央关于经济体制改革的决定》,其中明确提出,社会主义经济"是在公有制基础上的有计划的商品经济",市场化的商品经济与计划体制下公有制经济的融合一定程度上缓冲了产权变革的意识形态风险,也为单位制企业的破产提供了理论支撑。从社会主义竞争到"有计划的商品经济"体系下的市场竞争不单是理念的改变,也是体制"改革"与市场"开放"相互推进的重要结果。

1985年1月,东市市长主持常务会议讨论《破产倒闭规定》,工商、司法、

---

① 韩耀先.回眸:亲历沈阳企业破产[M].沈阳:沈阳出版社,2002.

税务和银行等部门都提出了一些不同意见,加上当时中央意见也不一致,考虑到立法周期过长以及其他方面的困难,市政府决定以"政府行政规定"的形式先行发布。1985 年 2 月 9 日,东市政府正式通过《东市关于城镇集体所有制工业企业破产倒闭处理试行规定》(东政发〔1985〕24 号文件,下称《破产规定》),这也是中国第一部"破产法规"。这部"法规"明确规定了企业破产倒闭的界限:"企业在经营中负债额达到或超过所占有的全部资产……企业因非政策性亏损连续两年,亏损额累计达到该企业固定资产净值的 80% 以上者。"满足其中任一项条件便达到了破产倒闭警戒线。

为了提升宣传效果,领导指示集体经济办公室要将"破产法规"登报。但让人意想不到的是,当地多家报社一听说"破产规定"就不愿意也不敢刊登。因为当时中国没有破产先例,加上省委省政府当时的意见也不明朗。市长签署的政府文件一时间无法登报,集体经济办公室的负责人就变通性地筹措了 1 万元作为广告费,《破产规定》这个政府文件最终以"广告形式"登报发布。中国第一部破产法规登报后,立即在全国产生了重大影响。海外媒体也注意到这一重大改革,日本的一家媒体甚至将这一破产事件称为中国改革的"八级地震"。

"企业破产"之所以成为经济体制改革的顶层设计,是因为公有制经济组织亏损严重,传统的"父爱主义"软预算约束的兜底补贴让政府深陷财政危机,倒逼政府采取切实可行的解决方案。从这方面讲,单位体制变革的最初动力来自政府内部,既有沉重的财政包袱的压力,也有推进改革以期获得更大合法性的压力。为了解决迫在眉睫的企业亏损和经济困难,政府不得不在尽量规避风险的前提下,采取变通性策略推进改革。魏昂德的"地方即厂商"(local governments as industrial firm)模型虽然主要用于分析乡镇企业快速发展的原因,但对理解地方政府与其所辖单位制企业之间的关系也有启发。这一模型揭示中国分税制改革刺激地方政府如同厂商一样去算计,更多投入利润回报高的工业企业。[①]如果说基层政府发展乡镇企业是为了增加分税后的地方盈余的话,东市政府对集体所有制企业的破产改革既是为了减轻财政负担,也是为了完成中央改革的试点任务。东市没有按照中央要求选择全民所有制的国营企业,而是选择大型国企内的厂办大集体企业作为破产试点,既能最大限度契合破产试点的改革要求,也是努力降低改革风险的一种执行策略。

---

① WALDER A G. Local Governments as Industrial Firms: An Organizational Analysis of China's Transitional Economy[J]. American Journal of Sociology, 1995, 101(2): 263 - 301.

1985 年 6 月,东市破产工作组对全市集体所有制企业进行考察,根据当时冶金、轻工、化工等 11 个工业局的测算,东市有 43 家集体企业亏损严重。工作组在这 43 家严重亏损企业中又选出了一份包括 11 家资不抵债、难以扭转局面的备选企业名单,最后又从这 11 家资不抵债企业当中,仔细斟酌、反复比较筛选确定了北厂西院、农机修配厂和五金铸造厂三家企业作为破产黄牌警告对象。初步确立黄牌警告对象后,工作组对这三家企业所在地的银行、税务、工商及企业主管部门进行摸底调查,形成了一份《关于搞好对濒危破产企业发出“警戒通告”的请示报告》,该报告得到了市里领导的肯定批示。1985 年 8 月 3 日,东市工商局分别向这三家企业发出破产倒闭“黄牌”警告即《企业破产倒闭警戒通告》:连续亏损两年,亏损额超过资产总额 80%,达到破产警戒线的企业先给予黄牌警告,经过一年整改后,仍无起色的,宣布破产。①

破产警告对这三家企业是巨大打击,同时也是一次“特殊机遇”。破产警告发出后,一些政府机关和企业事业单位争相“救援”这三家企业,当时东市一家报纸报道:财税部门减免税收,人事部门帮忙引进人才,工商部门助力开辟经营渠道,科技部门送来新研发的产品。一时间“破产办公室”成了破产救济中心,跑材料、筹资金、说情推账……破产警告倒成了“香饽饽”,“黄牌”变成了“王牌”。②在多重帮扶和企业自身努力下,农机修配厂和五金铸造厂最后扭亏为盈。北厂西院接到破产黄牌警告后,主管国企和上级行政部门也积极行动,让效益比较好的汽车滤清器厂代管北厂西院,并责令在领导力量、产品方向、技术设备、生产资金等方面大力援助。但一年后,原来效益很好的汽车滤清器厂也背上了沉重包袱。

在东市进行破产实践的同时,1985 年 7 月,国务院启动了企业破产法的起草。1986 年 1 月,国务院常务会议原则通过“企业破产法草案”,同年 3 月,该草案向各省、自治区、直辖市和中央有关部门征求意见。经进一步修改后,1986 年 6 月 15 日至 19 日中华人民共和国《企业破产法(草案)》起草小组、东市人民政府与当地社会科学院联合发起“企业破产倒闭理论与实践讨论会”,讨论《集体企业破产倒闭处理试行规定》以及北厂西院等三家黄牌警告的企业整顿情况。与此同时,1986 年 6 月 16 日至 25 日,第六届全国人大常委会第十六次会议第一次审议了《国营企业破产法(草案)》,争论激烈。赞成者认为破产制度可以解决企业吃国家“大锅饭”,职工吃企业“大

---

① 参见东市《企业破产倒闭警戒通告》。
② 姜彩熠,于立新.清退出局! 东北签发问题国企破产令[J].南风窗,2004(4):60-61.

锅饭"的问题,使企业真正能实行自主经营,自负盈亏。反对者认为,社会主义企业本身没有自主权,市场的价格体系不健全,企业间尚不具备平等的竞争,社会保障制度也未建立,而且"企业(公司)法"还没有出台就出台"企业破产法"逻辑上不成立。第一次审议法律草案未获多数支持,最后直到第三次审议才通过。①

当全国人大起草的《国营企业破产法(草案)》一波三折,中央针对企业破产激烈争论时,东市关于集体企业的破产实践出现了实质性进展。1986年7月26日北厂西院召开最后一次职工代表大会,作破产前的动员。1986年8月3日东市政府召集各大媒体,召开北厂西院破产新闻发布会,发布会是一个重要的仪式——宣告了中国第一家公有制企业的破产。会议第一项议程是东市工商局领导宣读破产通告:

东市工商行政管理局企业破产通告第1号

根据东市人民政府《关于城镇集体所有制工业企业破产倒闭处理试行规定》,东市北厂西院于一九八五年八月三日被正式宣告破产警告,进行整顿拯救,限期一年。但是,一年来虽然企业和各方面努力,终因种种原因,该厂没能扭转困境,所欠债务无力偿还,严重资不抵债。根据企业申请,主管部门同意,经研究决定北厂西院从即日起破产倒闭,收缴营业执照,取消银行帐号。有关企业善后事宜,由《东市北厂西院破产监督管理委员会》依照东政发1985(24)号文件精神全权处理。

特此通告

一九八六年八月三日

接下来一个仪式是"吊销营业执照",工商局领导从北厂西院最后一任厂长手里接过营业执照。1986年9月25日东市政府举行北厂西院拍卖会,最终东市煤气供应公司以20万元拍得这家破产企业的全部厂房、设备、产成品及其他资财。北厂西院的清产核资是由破产监督管理委员会完成的,拍卖后东市煤气供应公司获得了北厂西院全部的资产处置权。在债权的处置上,以拍卖所得的20万元为基础,按照比例在规定期限内分别偿还给债权人。中国第一家破产企业的诞生,不仅冲破了"公有制企业不能破产倒闭"的意识形态束缚,同样标志着个别单位制组织开始解体。北厂西院的破产发布仪式以官方话语宣告这个单位组织的解体是"市场竞争"的结果。

从北厂西院破产的整体过程不难发现,东市对中央改革意志的变通性执行、以市场竞争理念起草破产法规、层层筛选破产企业到谨慎主持破产拍卖

---

① 世文.企业破产法(试行)出台——民主立法的一个范例[J].中国人大,2014(12):51-53.

的仪式,每一环节都不是单一市场化的结果。在没有完备的市场环境的前提下,破产法规的起草是以市场竞争会激励企业内在发展从而提高企业绩效的"市场话语"为依凭的,而破产发布会则宣称企业严重亏损和破产是市场选择的结果。在事实层面,正如当时全国人大反对企业破产的意见指出的:在企业本身不具备独立决策权、价格体系不健全的前提下,企业之间很难确立公平的"市场竞争"。由此,这里的"市场竞争"并不是自然生发的,而是被选择的,问题的关键是:政府选择哪些亏损企业进行破产,或者说政府对哪些亏损企业不再执行"父爱主义"的补贴关照呢?

三、等级化的"父爱主义":破产企业选择的身份机制

立足北厂西院破产整体过程的事实基础,表面上看,企业破产是政府主动选择和企业被动接受的结果,但实际上政企之间的"父爱主义"程度以及预算约束的弹性不单取决于政府主管部门的财政能力,还取决于企业组织本身的"身份特征"。企业的身份不同,跟政府讨价还价的能力就不同,对应的依凭身份获得或占有的资源就不同。①具体而言,企业单位的行政级别和所有制等级越高、组织规模越大、所在的行业越稀缺,那么该单位获得的资源就愈多,对应的国家管控扶持就越充分,预算约束也越趋于软化;反之,单位获得的资源就愈少,国家管控也越松弛,补贴扶持越有限,预算约束软化的程度也就越低。北厂西院所有制级别和行政等级都低,组织规模小,国家管控就相对较弱,预算约束软化的程度极低。虽然主办国企北方集团对北厂西院也有一定庇护,但在产权改革试点过程中也只能忍痛割爱。这一个案表明,在公有制企业普遍亏损、国家财政能力有限以及市场机制不健全的改革初期,并不是每一个公有制企业都能得到国家的扶持,国家与企业之间是"等级化的父爱主义"。

"等级化的父爱主义"这一结构特征揭示出,企业的产权变革是国家(政府)与市场双向形塑的"有选择的市场化"过程。本研究的个案最初是街道企业,财政补贴覆盖不到,当所有制级别提升为市属集体企业时,国家"父爱主义"的程度提升,软预算约束的机制开始发挥作用。较之于同样规模的其他全民所有制企业而言,北厂西院预算约束软化的程度明显偏低。单位组织的解体,不是简单的不加区分的市场化,而是"有选择的市场化"过程。就在北厂西院破产的同时,同属主管国企集团内部的另一个子厂,

---

① 王庆明.身份产权——厂办集体企业产权变革过程的一种解释[J].社会学研究,2019,
34(5):165-191+245.

虽然比北厂西院亏损更严重,却能够享受财政补贴而正常运转,工人们也都理解——"就因为人家(别的子厂)是全民企业"(北厂西院下岗工人王立新访谈资料,20101201)。不仅仅主管国企集团依据内部企业不同身份区别对待,而且1984年全面启动城市经济体制改革之后,全市最初破产拍卖的也都是等级较低的企业。从1986年第一家破产至1990年,东市11家企业单位破产,只有一家是县级国有企业,其余都是集体企业,具体情况参见表6-2。

表6-2 东市最初企业破产统计表(1986—1990年)　　(单位:人、万元)

序号	破产企业名称	主管部门	产权性质	职工规模			资产总额	债务总额	破产日期
				总数	在职	退休			
1	东市北厂西院	汽车工业公司	集体	136	72	64	21	40	1986-08-03
2	东市化工防腐厂	化工局	集体	120	27	93	12.5	23.5	1988-10-03
3	东市振兴金属编织厂	东一区	集体	218	95	123	99	179	1988-11-04
4	东市包装器械厂	轻工局	集体	271	127	144	71.9	87.3	1989-03-08
5	东市橡胶铸造厂	化工局	集体	215	94	121	72.4	64.5	1989-05-18
6	东市天马服装厂	东二区	集体	162	43	119	8.1	20.6	1989-08-04
7	东市第二焊条厂	机械局	集体	237	84	153	34.3	81.6	1989-08-25
8	东市北县城郊供销社	北县政府	国有	52	26	26	71.6	133.2	1989-08-25
9	东市中小型电机厂	机械局	集体	864	493	371	514.4	516	1990-10-20
10	东市建筑灯具厂	轻工局	集体	349	167	182	35.8	314.6	1990-10-20
11	东市整流电器厂	机械局	集体	303	175	128	52.1	341	1990-10-20

注:表中关于北厂西院职工规模一栏中,原始数据是"总数136,在职56、退休80,资产总额30.2、负债总额42",这里职工总数无误,但在职职工和退休职工人数和其他档案以及口述访谈资料有一些出入,特此说明。此外,1986年北厂西院资产估价是21万元,据此议定了拍卖价格是整数20万元,债务总额是40万元,按照50%的比例清偿债务,笔者在此根据其他档案资料和访谈资料对以上数据进行了一定的校正。

资料来源:根据韩耀先《回眸》整理。

从以上事实不难看出,从产权性质上看,这些破产企业中只有北县城郊供销社是一个有26个职工的国有单位,其余都是集体单位。而且这些企业中除了东市中小型电机厂是一个拥有864名职工的较大企业外,其余都是中小型企业;另外从社会分工需要和行业属性上看,以机械局和轻工局为主,它们并不是关乎国计民生的重要行业。实践中破产企业的身份特征以及与之关联的不同程度的爱和扶持与科尔奈提出的相对普遍"父爱主义"理论假设之间具有一定的张力。

科尔奈强调传统社会主义计划经济中的公有制企业在组织生产活动中缺乏硬性约束,在努力追求扩大产出,完成计划指标的过程中,并不观照企业的效率,在面临亏损时,可以向上级行政主管部门申请预算外的资源来弥补亏空。①他没有区分计划体制下公有制企业的内部差异以及预算约束软化的弹性机制。一方面,不同身份等级的公有制企业存在非常大的原始预算差异;另一方面,公有制企业在经营运行过程中如果出现亏损,身份等级不同预算约束软化的程度会不同,对应的国家的财政支持大小也会存在差异。在改革进程中,"等级化的父爱主义"是理解国家与企业关系的重要思路,体现了单位化治理与市场化治理的融合。这也是在市场制度不健全、法律不完备的前提下"如何破产"这一难题的操作化实践。然而,企业破产后面临的最大挑战是如何安置职工。面对"工人是企业主人"的法律表达和"以厂为家"的政治话语及其实践,"破谁的产"即社会主义公有制企业的产权如何界定的理论难题已经转变为如何确保破产企业职工的就业权与福利权的现实挑战。

第五节　"破谁的产":有差等的照拂与非市场性分化

在单位研究的谱系中,一个重要方向是考察"工作单位"对地位获得和社会分层的影响,此类研究将工作单位作为地位获得的重要指标来分析社会分层。在传统体制下,决定人们身份地位的不是职业,而是其所在单位的所有制等级和行政级别。在市场转型过程中工作单位仍然是影响人们地位获得和阶层分化的重要机制。②③④以往这些研究揭示出人们在获得工作单位的身份成员权之后对其地位阶层产生的重要影响。对同一工作单位中社会成员之间的关系,更多研究者强调平均主义意识形态形塑下的同质性结构⑤,

① 雅诺什·科尔奈.短缺经济学[M].张晓光,等译.北京:经济科学出版社,1986.
② LIN N, BIAN Y. Getting ahead in Urban China[J]. American Journal of Sociology, 1991, 97(3):657-688.
③ BIAN Y. Work and Inequality in Urban China[M]. Albany: State University of New York Press, 1994.
④ 边燕杰,李路路,李煜,郝大海.结构壁垒、体制转型与地位资源含量[J].中国社会科学,2006(5):100-109+207.
⑤ 雅诺什·科尔奈.社会主义体制——共产主义政治经济学[M].张安,译.北京:中央编译出版社,2008;田毅鹏,单位制度变迁与集体认同的重构[J].江海学刊,2007(1):118-124.

即"组织结构的同质性"和"单位福利的均等化"。然而,实践中组织同型和福利均等仅仅是一种理想类型,不仅单位组织因所有制等级、行政级别、组织规模和社会分工属性而呈现出很大差异,而且单位人也因"关系"和"表现"而呈现出一定差别。魏昂德以单位组织内部行动者的表现和领导评价为参照将单位人简单区分为"积极的少数"和"消极的大众"。

以中国首家破产企业为个案,本书试图思考在单位组织解体过程中,原本同一组织内部福利均等的单位人的分化呈现为何种样态,影响因素为何。透过职工分化的事实,笔者试图进一步回答"破谁的产"这一理论难题在实践中是如何操作化处理的。

北厂西院破产后,工人们最关心的是就业安置和福利待遇。1986 年 8 月 4 日,即北厂西院破产新闻发布会的次日,东市政府一位副市长就职工安置情况回答记者问时指出:职工安置本着"坚持政策,不统包统揽,积极安置"的原则,既要打破"铁饭碗",不能完全包下来,又要体现社会主义制度的优越性。企业破产后 6 个月内每月按职工标准工资的 75% 发放倒闭救济金,第 7 个月开始每人每月发放 30 元。满 24 个月后对符合社会救济条件的待业人员,由民政部门按社会救济金标准(指社会救济金额度)执行。如倒闭企业职工有直系供养人口者(指直系供养人没有其他经济收入的),按人数加发一定的救济金,待业人员重新就业或自谋职业,即停止发放社会救济金,待业人员重新就业酌情拨给一定的就业安置费。待业人员在待业期间,享受国家政策规定的每个城市居民都应享受的各种生活补贴。待业人员自谋职业,确属资金困难,经区工商行政管理局批准,可取得保险公司 500 元以下无息贷款,限一年内偿还。[①]

总体上看,单位解体后对待业工人实施的"倒闭救济金""社会救济金""就业安置费""生活补贴"以及"无息贷款"这几项配套制度,都是补偿性的福利保障,是单位福利的进一步延伸。此外,"7 名有劳动能力的痴、盲、聋、哑、残的职工由民政部门管理和安置"(具体情况参见表6-3),这体现了"单位照护"这种"父爱主义"特征。单位内部的组织运行和权力结构不仅具有韦伯所言的科层制特征,还带有明显的家长制特征。企业单位中的家长制源于社会主义体制权力的自我合法性与总体上的"父爱主义"。在社会主义经典体制下,政府部门处于"家长"的位置,所有社会阶层、团体或个人都是"孩子",家长必须对孩子的"健康成长"负起监督和"看

---

① 根据 1986 年 8 月 4 日《东市日报》资料整理。

护"责任。在这个意义上权力的触角就必须深入每个人的日常生活领域以至其心灵深处。①

企业单位中的"家长制"特征主要表现在单位的政治功能和社会功能,前者体现为单位是国家实现对城市社会政治控制的基本单元,单位的特征表现为"严父般的"(paternalistic)形象;后者强调单位对其成员全方位的福利保障,在这个意义上单位表现为"慈母般的"(maternalistic)形象。这两方面角色及其特征,使单位犹如一位承担监督和呵护职责的"家长"。② 在魏昂德新传统主义理论模型中,也主要关注了这两个方面的功能,严密的政治控制及"监督"职能是通过组织性依赖这一机制实现的,而以福利保障为内涵的"呵护"则是通过"有原则的特殊主义"的正面鼓励这种独特的权威制度文化实现的。③

科尔奈和魏昂德等关于社会主义体制内部"父爱主义"或"家长制"逻辑的描述和分析,主要是针对单位制组织运行过程中的权威关系。北厂西院破产后工人的安置方案仍然延续了"家长制"的特征,"父爱主义"理论模型对单位制解体过程中的"普适性"补偿有一定解释力,但是对伴随单位解体发生的工人分化则不能提供有效解释。一般理解是,在市场转型过程中,文化程度高、身体素质好、劳动技能强的年轻人,即人力资本更优者更容易被用人单位青睐。但北厂西院破产后,工人的分化则呈现出与这种理论预期完全不同的逻辑。北厂西院破产后职工安置情况如下:首先,为基本符合退休年龄或接近退休年龄(5 年以内)的 15 名职工办理退休手续,5 名患有较重疾病者办理病退手续,破产前已经办理退休的职工的退休金从企业倒闭救济金中支取。其次,批准职工调转单位,在北厂西院正式宣布破产倒闭前有 18 名职工要求调离单位,经组织部门批准办理正常调转手续。再次,优待残障职工,即前文提到有劳动能力的痴、盲、聋、哑、残的 7 名职工直接由民政部门负责安置。最后,剩余的 27 人转为普通待业人员,进入市场自谋生路,同时由劳动服务公司负责组织培训和介绍就业。具体情况参见表 6-3。

---

① 雅诺什·科尔奈.社会主义体制——共产主义政治经济学[M].张安,译.北京:中央编译出版社,2008.
② LV X, PERRY E J. Introduction[G]//LV X, PERRY, E J. Danwei: The Changing Chinese Workplace in Historical and Comparative Perspective, Armonk: M. E. Sharpe, 1997:1-4.
③ 华尔德.共产党社会的新传统主义——中国工业中的工作环境和权力结构[M].龚小夏,译.香港:牛津大学出版社,1996.

表6-3　北厂西院破产后工人的分化情况

类　型	人数	具　体　情　况	工　资　福　利
正式退休	64	在1986年企业破产前办理的退休人员	退休金正常发放,1998年前医药费能报销,2008年补办了医保。
政策性退休	20	15个提前退休,5个病退	退休金比正常低,1998年前医药费能报销,2008年补办了医保。
转厂调离	18	在破产倒闭前能找到接收单位的按正常手续调转	仍然是单位人,工作条件和福利待遇较此前有提高。
民政安置	7	7名有劳动能力的痴、盲、聋、哑、残由民政负责	正常工资、医疗,正常享受单位福利直至退休。
待业人员	27	27人转为市场中的劳动者,鼓励自谋职业	享受一定救济金和安置费,自谋生路。

　　由表6-3可见,这些被迫成为市场中的劳动者或曰中国的第一批下岗工人,恰恰是文化程度高、劳动技能强、身体素质好的年轻职工。为什么人力资源更优的职工被迫离开单位呢? 通常劳动力市场的竞争规律是人力资本优的求职者更容易获得好的工作机会,而这种"逆市场化"的单位人分化机制又能给我们哪些启发呢? 回到经验事实,或许当年亲历者的回答能给出一些理论不能涵括的认识。

　　1986年北厂西院破产时,郝学民还是一位不满三十岁的小伙子,谈到这段经历他说:"政府要照顾老弱病残,咱也没话说,能提前转走(调换单位)的都不是一般人,咱不能跟人比。"(北厂西院职工郝学民访谈资料,20090711)而另一位被迫离岗的女工刘文芳,等了很久才找到一家生产化纤的接收单位,虽然不愿意干也没办法。回忆那段经历她更多的是抱怨:"我顶替母亲进厂不到十年就破产了,也不老也不小,还没病,谁想着给咱安排呀? 自认倒霉呗。咱倒霉,可有关系的人家更好,人家不等咱单位宣布破产早就都调走了,调的单位比咱那破厂子好多了。谁让咱没关系呢? 就干等着呗! 可咱也是'以厂为家'的单位人啊!"(北厂西院职工刘文芳访谈资料,20090711)

　　职工们对自身处境无论是坦然接受还是愤愤不平,除了抱怨"关系"的非正规运作之外,似乎都能够认可国家对老弱病残的照顾。单位组织解体后,国家对不同情况的职工有选择的关照和有选择的市场化体现了明显的差等化特征:人力资源更优的职工更容易在市场中生存,国家更倾向于将这批人放到市场中去。反之,人力资源较劣的职工不容易在市场中生存,国家更倾向于将其纳入单位体制的轨道照顾起来,以降低改革风险和减少可预见的矛盾。这种企业单位与职工关系互动过程中呈现出的"有差等的父爱主义"既是单位治理的组织惯性和社会主义文化传统的延续,也是国家降低政治风险、减少改革阻力和避免社会矛盾的治理策略。然而,这种解释对那些提前调转单位的职工似乎并不适用。对单位体制下的工人而言,调转单位并不是容易的事。职业流动的大量研究也表明,在改革前,每年只允许有 1%～2% 的跨单位流动,而在其中 85% 属于同一所有制等级内部的流动,很多人终其一生都没有职业流动。[①]工人们所说的关系,在工作调转中发挥极其重要的作用。那么这种关系到底是基于何种社会网络形成的呢?

在工厂单位运行过程中,魏昂德提出的"有原则的特殊主义"关照以及在此基础上形成的庇护关系网络仅仅适用于"积极的少数",普通工人往往会采取另外一种积极的行动方式,即通过与各类掌权者,如单位主要领导及各部门的头头、基层车间主任、食堂工作人员、厂医、总务部门干部等发展"实用性私人关系"(instrumental-personal ties)谋求自我利益。实用性的私人关系,是单位内部个人关系网下形成的非正式的"自然经济",其基本含义是将实用性的目标和个人情感混杂在一起的一种交换性关系。[②]当面临单位破产,全体职工即将转为待业人员的情况下,这里有价值的"关系"已不再是单位运行过程中基层领导与积极分子间的上下互惠关系,而更重要的是"实用主义的私人关系",这种关系既在单位内部发挥作用,也在单位外部发挥作用。这种关系靠长时间的积累,平时并不表现出明显的"交换"特征,其中一方一旦遇到困难,另一方则有承担解决其困难的义务。

与其他几种"被关照"的群体不同,27 位人力资本更优的工人进入市场自主择业,是有选择的市场化过程。一方面,他们个人多抱怨单位的"照顾不周"和自己"关系不硬";另一方面,他们以"待业"身份进入市场被视为"打破铁饭碗"、参与竞争的标志,是改革取得重要突破和进步的表现。20 世纪 80 年代中后期,随着单位制企业破产拍卖、转属改制以及后来的下岗分流,很多体制内的人被迫离开"单位"进入"市场"。当时的改革话语强调,这是"市场公平竞争"之"客观规律"。需要指出的是,市场竞争话语与 1978 年以来国家强调"把工作重心转移到经济建设中来"的整体改革思路和政治布局是相契合的。从后来的实践看,这些利益受损群体也慢慢接受了这套市场观念,他们在年龄大、技能差的"客观事实""大锅饭要不得"的改革共识以及个体生命历程的急剧转型中慢慢接受了"市场化的宿命逻辑"。

基于以上讨论可以看出,在北厂西院的破产过程中,无论是变通解决老

---

① BIAN Y. Chinese Social Stratification and Social Mobility[J]. Annual Review of Sociology, 2002(28):91-116.

② 华尔德.共产党社会的新传统主义——中国工业中的工作环境和权力结构[M].龚小夏,译. 香港:牛津大学出版社,1996.

职工退休、破格批准职工调转单位、优先照顾老弱病残职工,还是让人力资本更优的职工脱离单位进入市场参与竞争,都体现出国家按照职工的不同情况有差等的关照。宣称"市场竞争"为动力的破产改革及职工分化却以一种与劳动力市场选择相逆的"选择方案"体现出来。魏昂德新传统主义模型揭示出,企业单位日常运行过程中工人的分化主要是以对党的政治忠诚程度和评价为标准,体现"有原则的特殊主义"的制度文化。但在单位运行困难甚至濒于解体的时候,"有原则的特殊主义"功能开始弱化,单位内部的"政治表现"让位于基本的"生存需要",在这特殊时刻才会出现"谁能救活工厂谁就当厂长"的逻辑。与此同时,实用主义私人关系的作用开始增强,"父爱主义"的家长制特征仍表现明显。

与单位运行过程中单位人获得的相对普遍化的"父爱主义"不同的是,在单位破产过程中延续的"父爱主义"针对不同职工呈现出明显的差等化。"有差等的父爱主义"表现在:单位破产后国家选择让一部分职工进入市场,让一部分职工重归单位,"父爱主义"的照拂向竞争力弱的老弱病残和"有关系"的职工倾斜。对于进入市场待业的职工,只能通过救济金、生活补贴、无息贷款等方式延续父爱主义的补偿机制。这种有差等的关照构成"等级化父爱主义"的另一种面向,只不过这里的"差等"不是纵向等级序列中的一个结构性位置,而是同一层级或相似职位的单位成员个体之间横向的连接关系及其认同。前者是从国家与企业关系视角来看的,后者是从企业与职工关系来看的。从前文引述的待业职工的访谈资料也可以看出,例如他(她)们认可国家优先照顾老弱病残,而感叹自身"不老不小",他(她)们虽然认为自身"关系不硬"是事实,但也对自身被"照顾不周"而心生怨恨。单位破产后对职工"区别对待"的差等化体现了单位治理和市场治理的并用以及体制内分化和体制外分化的合一。

本章从中国首家破产企业破产拍卖的整体过程入手,从事实出发尝试回答"为何破产""如何破产"和"破谁的产"三个经验问题,在揭示单位解体机制和工人分化逻辑基础上,尝试对转型进程中国家、企业和市场三者关系的变化作出理论连接经验的解释,进而回答改革初期单位制企业产权界定的独特逻辑。基于以上各部分的分析,笔者概括出如下几点结论。

第一,最初的企业破产是国家因财政负担,借助市场竞争话语"甩包袱"的结果,是国家与市场双向形塑的"有选择的市场化"过程。虽然选择的能动主体是国家,但客观上也推进了市场化进程。当时"市场"既是一套公平竞争的法则理念,也是国家规避风险、推进改革的一种手段。

第二,政府层层把关的企业破产过程揭示出国家建构市场的特征,市场演化与产权变革是相辅相成的。在改革初期，国家与企业之间是"等级化的父爱主义"关系。一个企业单位的等级愈高，获得的资源愈多，国家的补贴扶持越充分，预算约束越趋于软化，反之则不然。在市场化改革过程中，企业单位预算约束软化的程度越高，传统体制渗透就越深，市场机制作用的空间就越小，进行彻底产权变革的几率越小。这是理解中国市场化改革进程中"抓大放小"产权变革进路的基础。

第三，在公有产权不能落实到个体的前提下，"工人是企业主人"的法律表达是工人强调身份产权的依凭，也是国家兑现安置职工承诺的体现。长期全面的就业一度是经典社会主义体制的道德指向和重要成就。在单位体制下，单位人的终身就业制一度被视为理所当然，所以安置职工的就业不单是"工人是企业主人"这种朴素产权话语的应有之义，还是社会主义制度化的道德承诺。单位破产后，面对"以厂为家"的主人翁话语，"破谁的产"即社会主义公有制企业的产权如何界定的理论难题已经转变为如何确保破产企业职工的就业权与福利权的现实挑战。

第四，单位解体后的职工分化表现为国家按单位人身份有差等的照拂，这构成"等级化父爱主义"的另一种面向。只不过这里的"差等"不是纵向等级序列中的一个结构性位置，而是同一层级或相似职位的单位成员个体之间横向的连接关系及其认同。国家运用市场在内的多种手段推动的分化，既是社会主义文化传统的延续，亦是减少改革阻力的治理机制。

第七章　产权重组与身份转换：
北厂东院产权变革的探索

第一节　职工身份置换：国企产权改革的重要议程

前面几章揭示了国企产权变革的整体特征以及在不同历史阶段产权变革的实践逻辑，并且围绕着产权的社会视角的相关讨论澄清了一个基本观念：产权的界定是一个社会建构的过程。从产权的社会视角出发，本章所探讨的问题是，在以职工身份置换为先导的国企产权变革进程中，产权的社会建构逻辑体现在哪些方面。

在中国社会主义的劳动人事制度以及福利分配体系的框架之下，国企职工是一种独特的制度性"身份"，社会主义国家中工人的身份特征不仅体现为作为统治阶级成员所具有的政治优先权，同样体现为一种身份地位以及经由这种身份而获得福利分享和支配公共资源的权利。在国有企业产权没有发生实质性变革之前，职工的这种身份结构的基本内涵是单位体制框架下的福利分享权。这种意义上的产权仅仅具有排他性，而不具有可转移性。随着市场化改革的深入，当国有企业产权关系发生制度性变革时，职工的身份产权特征才逐步体现出来。身份置换就是以经济补偿的形式对国企职工既往身份权利加以制度性认可。如果说，产权是一种社会基本权利关系的制度表达，那么，身份则是社会基本权利关系中的一个节点。

虽然既往研究者没有使用"身份产权"概念，但很多学者也注意到了产权界定的身份机制。例如，折晓叶提出了村庄共同体资源配置中的"村籍"问题，她所研究的长江三角洲发达地区的村庄控制着丰富的资源。在这种共同体中，村民身份是获得村庄资源的必要条件。虽然户籍是一种正式制度和法定身份结构，但村庄资源分配并不完全遵循这种法定权利的划分原则，而主要依凭经由村庄共同体成员的社会认可而形成的"村籍"逻辑。比如一些外嫁女并未迁出户口仍具有法定"户籍身份"，但在社会认知层面，"外嫁"就意味着"村籍身份"的消失,所以她们不能再享受村庄的福利。①在这里,如果说"户籍"是一种法定的、正式的制度性身份结构,那么,村籍则是村民社会认可的非正式的制度性身份。前者是在一般性的社会结构和身份制度的意义上存在的,而后者则只有在特定的村庄共同体的成员关系中才得以体现。李培林对珠三角地区羊城村产权配置的研究也揭示了类似的逻辑,作为"外来户"的插队知青不仅获得了按劳动时间计算的"工龄股",也获得了按户籍计算的"人头股",而作为本地人的"外嫁女"则不能再获得村庄产权收益的分享。②

张佩国在对近代江南地权的研究中也注意到"村籍"和"村界"的问题③,他通过对山东某县法院 20 世纪 80 年代初民事诉讼案卷分析,揭示出村队和家户的房产纠纷过程中村队成员权的制度逻辑。村队成员权的制度逻辑本身延续了"公""私"相对化的文化传统。村队成员权蕴含着村落的生存伦理、家族关系和聚落共同体传统,也内在地延续了村落成员权的文化传统,最主要的是受到人民公社时期集体主义传统的影响与形塑。中国小农社会的传统文化和集体主义的政治文化相互融合是促成这种村队成员权逻辑的基本要件。④张静通过对成文法形态的村规民约的研究揭示了在村庄社会秩序和村庄权力结构中呈现出的"村庄成员权"的逻辑。⑤此外,张静通过对一桩财产纠纷案的分析揭示出在产权纠纷的争论和判决实践中,除了认可"投资"作为产权的来源之外,同样也承认公共服务和管理作为财产身份的合法性来源。它们的性质类似于投资、管理、风险承担和运营,可以被视为财产"投资"的另一种形式,因此,它构成了产权责任的一种证明,人们可以以此确立产权所有者的身份。⑥

以上这些学者研究的一个重要贡献在于,揭示了在村社共同体产权的动态演变和界定过程中,由成员认可的身份是分享该共同体产权的基础。在这个意义上,身份成为产权的来源,而社会认知则是确认这种产权来源的前提。虽然这些研究注意到了身份产权这一重要视角,但正如以往研究者已经意识

① 折晓叶.村庄边界的多元化——经济边界开放与社会边界封闭的冲突与共生[J].中国社会科学,1996(3):66 - 78.
② 李培林.企业化村落、产权残缺和人情信用——村落经济运行的社会逻辑[G]//李友梅,孙立平,沈原.转型与发展(第 1 辑).北京:社会科学文献出版社,2006:240 - 245.
③ 张佩国.近代江南乡村地权的历史人类学研究[M].上海:上海人民出版社,2002.
④ 张佩国. 公产与私产之间——公社解体之际的村队成员权及其制度逻辑[J].社会学研究,2006(5):26 - 49.
⑤ 张静.乡规民约体现的村庄治权[J].北大法律评论,1999(1):4 - 48.
⑥ 张静.二元整合秩序:一个财产纠纷案的分析[J].社会学研究,2005(3):1 - 19.

到的:"村落成员权"这样的乡土化概念带有较强的族群关系倾向,而且"村落成员权"的概念边界及其实践意蕴只有在利益分配的意义上才能完全体现出来。①与农村社区中成员身份不同的是,国企职工身份不仅是社会认知的关系结构,而且是一种独特的制度性身份。国有企业职工身份产权的结构和形式是企业职工之间以及企业与政府、职工与政府三种关系共同赋予的。同时,中国国有企业内部身份产权的演进过程也体现了产权理论的一般特征。

著名的产权经济学家德姆塞茨指出,"排他性"(exclusivity)和"可让渡性"(alienability,又译"可转移性")是产权的两个基本特征。②下面本章将从中国国有企业产权变革过程中呈现出的身份产权的排他性与可让渡性这两个方面来看身份产权的基本特征。在这里特别要说明的是,产权经济学所说的产权和本章所要讨论产权的制度性环境有很大不同。只有在体制的历史或曰制度性环境的比较视野下,身份产权的特征才能被描述清楚。

第二节　国企产权变革中的排他性与可转移性

德姆塞茨指出:"排他性是指决定谁在一个特定的方式下使用一种稀缺资源的权利。排他性的概念是从下面的意义中引申出来的,即除了'所有者'外没有其他任何人能坚持有使用资源的权利。"③由此不难看出,产权经济学所指的排他性强调的是所有者完全的排他性,而非"有限的排他性"。④在国有企业产权变革之前,国企职工身份的权利属性主要体现在经由这种身份获得的单位体系下的相对稀缺且覆盖面极广的福利占有。在这种情景下,所谓的"排他性"只是相对于其他无法获得单位福利的身份而言。这种变革前的国企组织形态的主要特征是单位制和身份制。这种福利占有只是对工人个人劳动价值的非工资形式的补偿。在国企以身份置换为先导的产权变革过程中,"排他性"则体现在对不同身份职工的"区别对待"上。例如,在以买断工龄形式进行身份置换的过程中,对不同身份的职工,买断的"价格"即补偿

① 张佩国.公产与私产之间——公社解体之际的村队成员权及其制度逻辑[J].社会学研究,2006(5):26-49+243.

② DEMSETZ H. Ownership, Control and the Firm: The Organization of Economic-activity, volume I[M]. Oxford: Basil Blackwell, 1988.

③ 德姆塞茨.一个研究所有制的框架[G]//科斯,阿尔钦,诺斯,等.财产权利与制度变迁——产权学派与新制度学派译文集.上海:上海三联书店·上海人民出版社,1994:192.

④ 刘世定.占有制度的三个维度及其认定机制——以乡镇企业为例[G]//潘乃谷,马戎.社区研究与社会发展(下).天津:天津人民出版社,1996.

标准不同。这里不单要考虑同一企业组织框架下的职工身份性质——"干部"还是"工人"，还要考虑职工身份的所有制等级——全民工还是集体工①，也要考虑职位的高低、工种以及工龄等因素。

无论是在产权变革前，还是在产权变革进程中，经由身份获得的排他性权利都比较清晰，这一点似乎并不难理解，此不赘述。而问题的关键在于身份产权的可让渡性，德姆塞茨指出"产权的可让渡性是指将所有制再安排给其他人的权利，它包括以任意价格提供销售的权利"②。产权经济学所说的"可让渡性"特征究其实质而言是指产权的"可交易性"。而产权的让渡或曰交易是有成本的。科斯发现，市场中利用价格机制是有成本的，引入企业的主要功能在于替代价格机制，降低交易成本。但随着企业规模的扩大，企业的收益便会递减。换言之，企业中用于额外组织交易的费用会增加，即组织成本的存在又限制了企业完全取代市场中的价格机制。③对于产权的让渡性成本，除了科斯所说的达成交易合约的成本之外，威廉姆森又提出了事后（交易）成本。④

如果将中国国企产权关系变革进程中职工的身份置换视为一种"交易"的话，那么这种"交易"也不是一个简单的"议价"（bargained rates）性交易，而一定程度上体现为波兰尼等使用的"固定价格"（set rates）交易的概念。波兰尼等在 1957 年《早期帝国的贸易市场》（*Trade Market in the Early Empires*）一书中进一步阐发了他对于市场和交易的观念。与形式主义经济学使用的"市场"概念不同，波兰尼从"实体主义"的立场指出，经济学家们使用市场就是"议价市场"，与市场议价这种以逐利（gaining）为基本动因的市场交换行为不同的是，在人类历史上还存在着由互惠和再分配为基本逻辑的"交易"性行为。只不过在这类交易行为中不是按照讨价还价这种"议价"的方式来进行，而是按"固定价格"来进行的。⑤在中国国有企业产权关系的变革进程中，企业按照国家的相关法规通过经济补偿等形式对国企职工的身份实现"转

---

① 国企职工的所有制等级身份并不是与所在企业的身份性质完全一致的，具体而言，既存在全民企业的集体工，也存在集体企业的全民工，一如很多厂办集体企业的领导都是主办国企或上级主管部门下派的全民干部。

② 德姆塞茨.一个研究所有制的框架[G]//科斯，阿尔钦，诺斯，等.财产权利与制度变迁——产权学派与新制度学派译文集.上海：上海三联书店·上海人民出版社，1994：192.

③ 罗纳德·H.科斯.企业的性质(1937)[G]//奥利弗·威廉姆森，西德尼·温特.企业的性质：起源、演变和发展.姚海鑫，邢源源，译.北京：商务印书馆，2007：22 - 40.

④ 奥利弗·E.威廉姆森.资本主义经济制度[M].段毅才，王伟，译.北京：商务印书馆，2004.

⑤ POLANYI K, ARENSBERG C M, PEARSON H W. Trade and Market in the Early Empires: Economies in History and Theory[M]. Florence, MA: The Free Press, 1957.

换"或"置换"。但这种身份置换的经济补偿标准并不是通过和工人议价来决定的,而是国家或单位规定的或曰是"固定的",工人仅仅是执行者。这种置换——无论是早期的政策性补偿,还是通过买断进行的经济性补偿——体现的都是再分配逻辑。

一般而言,产权经济学所说的产权的可让渡性及其成本——无论是交易前以及交易过程中的讨价还价,还是交易后的事后成本——体现的都是一种市场交易成本,而身份产权让渡所产生的成本则是体制变革的成本。换言之,市场交易成本与体制变革成本的交互作用是理解中国国有企业产权界定的社会逻辑的基础。就一般规律而言,产权"界定"的正式规则首先是法律法规,其次是国家的行政命令及其文本表达,即政策法规。诺思认为这些正式规则是界定初始产权的前提,并将其称为"基础性制度设置"。[①]在国有企业的产权改革实践过程中,产权的"被界定"往往以企业职工的身份置换为先导。

在身份置换之后,被界定的企业资产一次性量化分配到具体的个人,企业产权的清晰化最终得以实现。在产权经济学诞生之初,一些经济学学者就意识到:"如果没有一个关于国家的理论,也不能真正完成关于产权的理论,令人遗憾的是到现在还没有这一类理论。由布坎南(James M. Buchanan)、麦基恩(Roland N. Mckean)、尼斯卡宁(William A. Niskanen)、诺思、图洛克(Gordon Tullock)及其他学者正在进行的研究给出许诺要填补这一空白,但是这个一般的研究线索仍处于初始阶段。"[②]而且,不同国家整体性制度安排的复杂性与多样性决定了,即使面对相同的技术知识与相同的市场联结,制度安排也会因国家而异。[③]由此这里需要特别指出的是,身份产权的界定过程是以国家的体制与市场制度的关系演变为基础的。身份产权的排他性和可让渡性也是在市场机制和再分配机制的双重逻辑下呈现出来的,这与苏东等前社会主义国家国企产权变革的进路有很大不同。

无论是以俄罗斯为代表的东欧,还是以波兰为代表的中欧,在推进国企产权变革进程中,工人都是国企产权关系变革的参与者乃至执行者。而且工人身份的转换是伴随着企业所有权性质变更的一个"自然"演进过程,并不构

① NORTH D, THOMAS R.The Rise and Fall of the Manorial System: A Theoretical Model[J]. The Journal of Economic History, 1971, 31(4):777 - 803.
② 菲吕博腾, 配杰威齐.产权与经济理论:近期文献的一个综述[G]//科斯, 阿尔钦, 诺斯, 等.财产权利与制度变迁——产权学派与新制度学派译文集.刘守英, 等译.上海:上海三联书店·上海人民出版,1994:206.
③ 青木昌彦.比较制度分析[M].周黎安,译.上海:上海远东出版社,2001:3.

成产权变革的一个单独议程。与之不同的是，在中国国有企业产权关系变革的过程中，作为"内部人"的企业工人往往先被置换"出局"，在职工身份置换之后再进行所有权（股权）置换。

这种产权改革路径使被身份置换出局的工人成为明显的利益受损者。中国的国有企业产权变革有三个异于苏东前社会主义国家的鲜明特征：其一，中国国企改革涉及股权置换与身份置换的双向进程，而且有的国企变革是以职工身份置换为先导的，而后才进行股权置换①；其二，中国国企产权变革进程中大规模的群体性上访和集体性冲突几乎都是由职工身份置换与身份权利的丧失而引发的，例如吉林省大型国企通钢集团因职工身份置换问题引发的"通钢事件"②。

这一般有两种情形：一是由于职工身份置换缺乏合法性而引发的冲突，尤其是在经历了下岗分流和化公为私的产权变革洗礼之后，效益不错的国有企业进行资产重组或股权置换时将一部分职工作为"包袱"甩出去而引发矛盾；二是由置换职工身份的经济补偿纠纷引发的上访抗争和群体冲突；其三，在一些原国有企业职工身份置换完成，企业股权置换结束，甚至企业破产拍卖以至于空间意义上的企业消失之后，一些原企业职工仍然通过上访抗争等方式对自身权利进行追溯，这在东北老工业基地表现尤为突出。

当然，工人通过集体行动追溯自身权利的过程主要针对的是就业权和福利分享权。在企业产权彻底改变甚至破产拍卖之后，工人进行利益诉求的唯一依据就是其曾经的国企职工的身份。"全民所有制"国有企业的产权所有者是"全民"，但在产权的实施过程中产权主体是"国家"的各级主管部门。从法律意义上讲，企业的普通职工并不是企业产权的所有者，在产权的变革实

---

① 在国有企业产权变革的实践过程中，虽然一般而言职工身份置换先于企业股权置换，因为这样企业股权置换的阻力会减小。但在实际操作过程中往往不是按照统一的规则进行的，一些企业是身份置换与股权置换并进，也有一些企业是先进行股权置换而无视职工的身份权利，当工人有抗争诉求时被迫给工人一些物质性补偿。

② 2009年7月24日，国内著名民营企业建龙集团在对吉林省最大国有企业通化钢铁集团进行二次重组时遭到职工反对，建龙集团委派的总经理陈国军被抗议职工围殴致死。通钢集团子公司通化钢铁停产11小时。为平息事件，当晚吉林省国资委宣布，建龙将永不参与通钢重组。此后，时任国务院总理的温家宝亲临现场化解矛盾，后官方将此事件定性为"严重的群访事件"。在后来的通钢集团的资产重组过程中，最终"选择"了拥有显赫国资背景的首钢集团。与工人强烈拒斥民企建龙集团重组不同的是，工人对于国企首钢集团的重组却表现出相对的热情。在中国的市场化改革历经三十余年之后表现出这种差异，说明了由于中国政治体制的延续以及国企组织的特定历史沿革，在国有企业产权制度变革的过程中，除了市场经济的社会机制的作用之外，再分配逻辑的社会机制同样发挥着重要作用。虽然同样是"资本"，同样作为市场要素，"国资"与"民资"所不同的是，在经历了市场化改革之后，它除了具有体制外市场机制的特性，还具有体制内的再分配逻辑的功能特性。

践中也很难成为企业改革的直接参与者与执行者①。以上所描述的中国国企产权变革的这三个特征揭示了一个基本的事实:国企职工的身份构成了他们分享和追溯国企产权的一个重要依据。由此本章需要探讨的问题是:在中国四十余年的国有企业产权关系变革进程中,产权基础上的身份在制度层面的持续性是如何实现的? 在中国国企产权关系变革的不同历史阶段,身份产权的演变有何不同的特征?

第三节　产权重组:产权结构多元化的探索

东市北厂是一家以生产汽车为主的大型国有企业,拥有辉煌的历史。1959 年 9 月 30 日,北厂汽车公司自行设计制造了新中国历史上第一辆两吨级载货汽车。同时,东市汽车公司还是中国国有企业改革的"典型"。如前文中提到的五项重大改革——率先在全国创办了第一家有中国特色的企业性公司(1984 年),实行租赁经营制(1984 年)、资产经营责任制(1984 年)、企业破产处理(1986 年)和股份制试点(1988 年)。其中,股份制改革为后来企业产权关系的变革奠定了基础。北厂集团公司以股份制为制度框架的重组面临着一个重要的政策背景:1993 年 11 月中国共产党十四届三中全会提出,国有企业改革的方向是"建立适应市场要求、产权明晰、权责明确、政企分开、管理科学的现代企业制度"②。这是国家改革话语中第一次正式提出"产权变革"的问题,至此中国国有企业改革的方向得以明确,国企产权制度改革进入了"理论上"的产权(所有权)变革阶段。

1993 年 12 月 29 日,第八届全国人民代表大会常务委员会第五次会议审议通过了《中华人民共和国公司法》。该法的颁布实施为国有企业建立产权明晰、权责明确、政企分开、管理科学的现代企业制度提供了一个重要的法律依据。在这一背景下,1994 年国务院选择了 100 家大中型国企进行现代产权制度改革试点。到 1997 年底,在 100 家国家试点企业中,仅有 11 家改造为股权多元化的股份有限公司,6 家改造为有限责任公司,69 家改造为国

---

① 虽然原则上所有关乎企业的重要改革都要由职工代表大会研究通过,但能成为职工代表的人往往并不是一般的普通工人,而且在实践中很多企业的重要决策并不是事先通过职代会表决,而只到职代会"通过"。

② 参见《中共中央关于建立社会主义市场经济体制若干问题的决定》,中发〔1993〕13 号,1993-11-14。

有独资公司,还有 10 家是由政府部门改成的国有独资公司,其他 4 家另行处理。①而在这 11 家股权多元化的企业中,所谓的股权多元化实际上只是不同的国有股而已,其本质上仍然是国有企业。因此,1993 年开启的国企产权变革仅仅是"理论上"触及了国企所有权问题。

1988 年北厂开始试行股份制改造,并于 1992 年又和省内另一家以生产汽车为主的大型国企重组后成功上市,成为东北地区第一家在上交所挂牌的上市公司。然而,公司上市不久就出现了亏损,到 1995 年亏损额已高达 2.48 亿元,公司资产负债率接近 70%。就在东市北厂严重亏损之际,国家针对汽车产业布局的政策又出现了变化,强调"强强联合"。②恰恰是由于北厂集团严重亏损,加上国企股份制改革的政策出台,中国第一汽车集团公司和北厂集团公司的联合重组"应运而生"。

1995 年 2 月 18 日,东市北厂的国家股持股单位东市资产经营有限公司与中国第一汽车集团公司签署股权转让协议,东市资产经营有限公司将其持有的本公司 56 938.41 万股国家股中的 49 562.38 万股有偿转让给一汽集团公司,使公司的国家股减至 7 376.03 万股,法人股增至 61 805.10 万股。一汽集团受让东市资产经营有限公司持有的 49 562.38 万北厂集团公司国家股,占总股本的 51%,取得了对北厂集团公司的绝对控股权③,公司改为"一汽北厂集团公司"。为了配合一汽集团的发展规划,一汽派驻北厂集团公司的管理者开始对原北厂集团的零部件厂进行重组改造。在对零部件厂的改造过程中,一汽派驻北厂集团公司的领导对零部件厂职工也提出了考核要求。一些在技术上不能满足规定要求的职工一时之间只能"被放假",最后很多放假的工人联合起来抗议"闹事"。对于当时的"闹事",北厂集团下属以生产汽车架为主的一个零部件厂(在本书中,笔者把它称为北厂东院)的技术处长潘工记忆犹新:"1995 年咱们集团公司亏损得挺厉害,当时国家政策上要把汽车产业做大做强,搞规模经营,要重点扶持八大集团。当时所有的大汽车公司都想争着进这八大集团,结果咱们公司没进去,没进去咋整? 就找个进了八大集团的公司进行联合,就这样在 1995 年,咱集团公司和一汽进行了联合重组,一汽控股 51%。一汽集团控股后对咱们零部件厂全面改革,当时传言说原来咱们北厂集团公司的 40 岁以上的工人全回家。后来工人就闹事抗争,最后妥协的结果是,按照一个标准卡,标准是人家一汽定的,主要是看年龄、

---

①　张文魁. 中国国有企业产权改革与公司治理转型[M].北京:中国发展出版社,2007:7.
②　参见《 国务院关于印发〈汽车工业产业政策〉的通知》,国发〔1994〕17 号,1994-03-12。
③　根据 1995 年北厂集团公司公告整理。

学历和技术等级,就是让人家一汽挑呗。只有那些被挑上的工人才能进入新重组'合资'的企业,可没被挑上的工人也不能没饭吃呀? 再者说企业重组,工人们本来就有意见。后来咱们集团的老领导和一汽新来的领导就商量重新单独成立一个生产汽车零部件的汽车制造公司把那些不符合标准的工人收留进来。"(北厂东院技术处处长潘工访谈资料,20091118)

通过上述对经验材料的简单勾勒,不难发现:中国一汽与北厂集团联合重组后,虽然北厂集团公司的股权结构发生了变化,但产权的性质却没有变化,即仍然是"国有",只不过此国有产权的形式发生了变化,即由原来的单一股权结构转变为多元的股权结构。换言之,在不改变国企所有权性质的前提下产权多元化的结构得以实现。这既响应了国家关于汽车产业强强联合的政策,也符合以产权多元化格局为重要内涵的现代企业制度改革的方向。但这种股权关系组合形式的变化,并没有改变企业的国有产权性质,也没有改变工人的单位人身份,即没有改变国家与工人的身份关系。然而,这一改革却改变了企业与工人的关系,改变了工人对企业的归属关系,在企业获得相对自主的经营权的前提下,企业职工的工资福利等待遇会随之发生具体变化。在这个意义上,北厂集团那些不符合选拔标准并被重新组合的工人与那些被选中并进入"合资"企业的工人之间的身份,则因工资福利的变化而产生了差异。而原本没有实质差异的工人身份的裂变,是企业产权结构多元化的必然结果。

第四节 从"假退"到"真退":下岗分流的实践逻辑

1997 年国家经贸委颁布了《关于 1997 年国有企业改革与发展工作的意见》并明确提出了将"抓大放小"以及"减员增效、下岗分流"作为国有企业改革的方向。[①]就减员增效和下岗分流而言,在对待这一改革上,政府(国家)、企业以及企业职工三者的立场以及行动策略有很大差异。政府对于"减员增效、下岗分流"表现得比较积极,改革话语中强调这是减轻国企负担的重要策略,也是提高国企效率的必然选择,政府把减员增效视为"甩包袱"。国企工人对此改革态度消极,甚至激烈对抗。而国有企业管理者对这一改革实际上也并不积极,在很多地方,"减员增效、下岗分流"是上级主管单位以指标形式

---

① 参见《国务院批转国家经贸委〈关于 1997 年国有企业改革与发展工作意见的通知〉》,国发〔1997〕19 号,1997-05-23。

下发给国有企业的。通常下岗名单的确定往往以年龄为界，一般是男50岁，女45岁以上的"40、50人员"先被下岗。

北厂集团公司内部的北厂东院为了响应国家"减员增效"的号召，满足上级主管部门下派的减员指标，同时也为了能安抚工人的不满，他们采取了一种"假退"的变通性策略。所谓"假退"就是按照国家减员增效的政策，工人名义上下岗回家，但工人和企业之间私下签订一个"秘密协议"。这个协议的主要内容是：工人在"假退"下岗离厂后，除了不能获得几十块钱的浮动绩效津贴外，可以获得与在岗时一样的基本工资，同时享受福利待遇直到退休。而这部分工资和福利实际上由企业利润留成来支付，这并不符合国家政策，所以被称为"假退"和"离岗休养"。

北厂东院原来的技术处处长在谈到1998年的"假退"时情绪仍然很激动："1998年为了响应国家减员增效的号召，咱们厂当时还比较人性化，没有像其他企业一样直接下岗，咱们是'假退'，所谓'假退'其实是企业内部的土政策，'假退'从本质上说是'下岗'，下岗后国家就不再给工人发工资，但企业将这部分工资补上，工人给企业做了多半辈子贡献不能说赶走就赶走啊。当时怕工人不信，企业领导还和每一个'假退'的工人签了协议，所以当时很多工人都高高兴兴地'假退'回家，在册的工人数量减少了，符合国家减员增效的号召和硬性指标，同时又减少了工人的不满，企业也少了很多麻烦。头一年工资还能按时发放，但没过多久就按比例发，先是70%，后又50%，最后干脆一分钱没有了，工人拿着当时的协议到工厂，结果工厂领导也不说不给，就是说企业效益不行了，没有钱，先欠着，那你拿他怎么办？所以'假退'最后成了'真退'，但又没有制度保护，窝窝囊囊地退下来了。后来咱琢磨，其实是被骗了，工厂跟咱签的那个协议也没啥意义。他（企业管理者）说效益不好，在岗上班的工人还开支费劲呢。所以后来很多工人看找也没用，闹也不成，最后干脆买断算了，好歹买断还能拿到一部分补偿金呀。但最后买断也不成了，你都下岗了，关系都转移到再就业中心去了，还买什么断？"（北厂东院技术处处长潘工访谈资料，20091118）

由上述案例可见，虽然这种土政策不符合国家法律规范，但在最初还起到了重要作用，缓和了矛盾。但随着企业效益的下降，企业也就无力承担"假退"带来的额外负担。由此，"假退"也自然演变成了"真退"。与很多工人被劝说"假退"不同，北厂东院的原党委办公室主任李闵舒则是带头"假退"的，直到今天，她仍然追悔莫及："1974年作为知青返城后，我被分配到农机汽车工业局，后来直接进了汽车局下属的车架厂。咱们厂最早是区办的集体企业，1984年合并到汽车集团。我是1999年下的岗，当时咱企业也'减员增效',1998年就开始动员职工'假退','假退'又叫'离岗休养',到1999年动员工作不好做,当时党委书记主管动员工作,最后我看动员工作不好做,咱又是党委办公室主任,我就带头'假退'了。当时吧,我是本科学历又有高级职称,按照'假退'的政策,除了27块钱的浮动工资(绩效津贴)拿不到之外,我可以拿全额,所以也就没多想就痛痛快快地退了。当时想如果工资照常发,再出来干点什么不比在厂子挣得多呀? 1999年开始还行,工资正常发,真有点'离岗休养'的感觉。可好景不长,结果不到一年时间工资发的就越来越少,后来减少到每个月就150块钱,到最后结果一分钱没啦。后来离岗的工人们就到集团公司去上访,我也就硬着头皮跟着去了一次,不去吧怕工人说咱搭便车,去吧一见那些领导,他们就问我你怎么也来啦? 我就特别不好意思,弄得挺难受。越想越憋气,我爱人就在这一年得了脑血栓。但我还比较乐观,后来我看找也没用就自己想办法吧。反正当时才40多岁,我1999年离岗后就到社区居委会应聘书记和主任,我当时条件还不错,有学历和管理经验。但后来一工作就发现自己不行,很复杂,做不了,这和咱以前的大企业根本不一样。2000年我就不干了,就到平安保险公司做保险,干了5年。2005年我家换了一个房子,就在一家亲戚开的卖场里做保管和内勤,一直干到现在。但说实话,连我自己都没想到我能下岗。当然,主要还是怪自己当时太鲁莽,想得也太简单了。"(北厂东院党办主任李闵舒访谈资料,20091120)

无论是"离岗休养"还是"假退",最后的结果都变成了"下岗",这是不争的事实。对于国企产权改革和下岗分流,原来北厂东院的工程师冯连奇说道:"很失落,很彷徨,很无奈! 你想,咱本来是企业的骨干力量,是企业的核心,不知怎么地突然就成了企业的负担,变成包袱了,要被甩掉。最后连买断的钱都欠着,医药费也不说不给你报(销),反正就给你拖给你欠,最后十多年的医药费那还报个啥? 最后都成了死账。要我理解,国企产权改革就是把普通工人赶回家。"(北厂东院总工程师冯连奇访谈资料,20091115)

由此可见,国企内部职工的身份转换,不仅依托于国有企业的产权所有者国家的制度性承诺,还依托于企业组织实际经营者事实上的认定。这也可以进一步印证前文提到的"认知产权"的观点。当"假退"变成了"真退"后,工人们去找企业领导讨说法,认为他们自己被骗了。工人们行动的合法性基础在于,他们认为企业没有履行对工人的福利承诺,虽然这种承诺本身并不具有合法性。但这种承诺是在国家缺席的前提下由工人和企业的管理者之间达成的"默契"。"假退"亦即名义上的"离岗休养"改变的是国家与工人的关系,国家由以往对工人的包揽性的福利供给变为帮助解决工人再就业的制度性承诺。

　　按照一般逻辑,当国家和工人的关系改变之后,工人依托单位组织的合法性身份也不复存在,工人们也不可能享有以往单位人所享有的"福利权"。然而,现实中的案例则并非如此。虽然"假退"改变了工人和国家的关系,也改变了工人法定意义上的身份,即由原来的在岗职工变为现在的下岗职工。但是由于实际操作中并没有改变工人与企业的关系,企业仍然承认这些工人是其本单位的人,企业管理者和工人之间的秘密协议赋予了工人在离岗后仍然能够享受基本福利权的合法性的基础。在这种情形下,"单位人的身份"不再是由企业的所有者国家来认定,而是由企业实际经营者和管理者来认定的。国家、企业和职工三者的互动是理解国有企业行动选择的关键。

　　自1993年开启以建立现代企业制度为目标的改革之后,国有企业的管理者逐步获得了相对独立的自主经营权以及剩余索取权,这是确保企业能在内部进行"假退"的前提。而问题也恰恰出在这里,一旦企业面临经营困难,"假退"工人和在岗工人的福利就会出现明显的差别,企业组织确保在岗职工的福利优先权,不仅在于企业组织的认定,更重要的是作为企业产权所有者的国家的制度性承诺和保障。由此可见,作为国有企业产权关系变革重要内涵的职工身份变革,不仅遵循制度化演化的逻辑,同样还遵循以社会认知为基础的实践逻辑。国有企业的产权界定是以国家、企业和职工三个行动主体的社会认知为基础的。

第五节　小　结

　　在前文中,笔者以中央和地方两级政府颁布的政策文件和法规条例为依托勾勒了中国国有企业产权关系变革的总体进程,以及在这一进程中呈现出来的五个不同阶段。对应改革的整体进程,本章以东北老工业基地大型国有企业北厂集团产权关系变革中的"产权重组"和"下岗分流"事件作为经验基础,从身份产权的框架出发,分析了在不同的历史阶段国有企业产权关系变革的特征。中国国有企业产权关系的变革是一个涉及多重机制的复杂进程。在改革的不同历史阶段,国企产权关系演变具有不同的机制和特征。但总体看来,国企工人的身份关系变革是贯穿始终的,但遗憾的是身份产权没有引起研究者的足够关注。而且更重要的是,从社会学的视角来看,以何种分析工具剖析产权制度变迁的整体进程以及在这一进程中不同阶段表现出的多重机制的交互作用,仍然是一个问题。

　　本章的研究仅仅是抛砖引玉,而且身份产权的理论出发点与认知产权、关系产权、社会合约性产权以及复合产权的理论预设是紧密关联的,"产权是一种身份"这一命题的提出,是在吸收以上几种理论分析模式的基础上对"产权的社会视角"拓展的努力和尝试。下一章将对国企产权界定的身份维度展开更深入的分析。

第八章 身份产权:厂办集体产权改制过程分析

第一节 产权剥离与产权转换

在经历 20 世纪 90 年代中后期"抓大放小"的产权改革洗礼之后,大部分中小型单体国有企业改制已基本完成,当下存留的国企多为大中型集团性企业。新时期国企继续深化改革的主要方向有:一是对国有大中型集团性企业的"母公司"进行股权结构多元化的实质性改革;二是对大中型国企内部的厂办集体企业进行彻底的产权剥离。对于国企产权多元化问题,学术界已经积累了很多研究。①这些研究强调在市场化逻辑的框架下,以混合所有制、现代公司制和绩效目标为指向的产权结构调整。

关于厂办集体企业的问题,在经历了 20 世纪 80 年代城镇集体经济"存在必要性"的讨论、90 年代中期"清产核资"的争论以及 2002 年以来"主辅分离"的政策性探讨之后,并没有实质性的研究进展和理论上的分析。厂办集体企业的产权剥离实质上是在尊重体制历史的前提下,对国家、主办国企、厂办集体、其他出资人以及集体企业职工等多元主体的产权归属进行重新界定。本章着力于此,探究在面临巨大资金缺口和长期产权模糊的背景下,厂办集体产权剥离所面临的现实压力和理论挑战。

产权剥离有狭义和广义之分。狭义的产权剥离是指:在企业改制过程中,将厂办集体企业所占有的土地、厂房、设备和其他生产资料的权属从原主

---

① 对这个问题的研究,参见:魏杰,侯孝国.论产权结构多元化是国有企业产权改革的方向[J].管理世界,1998(5):135-141;罗勤.产权结构多元化的现实选择[J].江西社会科学,2001(10):147-148;余菲菲,包玉玲.中国国有企业产权改革深层探析[J].经济体制改革,2001(5):55-57;蓝定香,张琦.大型国企集团(母)公司产权多元化改革研究[J].国有经济评论,2013(1):45-54;纪尽善.大型国有企业深化改革调整产权结构的战略政策研究[J].经济界,2014(1):13-22.

从北厂东院亏损的原因看,这里的"主辅分离"遵循着将集团中上市部分的优质资产确定为"主业",留在"存续企业"的其他部分归为"辅业"的裁定标准,而产权分离直接目标是确保集团中的上市公司盈利。厂办集体定价权的缺失,造成了"被亏损"的无奈。而主办国企人为压低厂办集体企业产品出厂价格并不符合法律规定。1983 年颁布的《国务院关于城镇集体所有制经济若干政策问题的暂行规定》明确规定城镇集体企业生产经营销售以及人事任免的独立自主权。1991 年 9 月国务院颁布的《中华人民共和国城镇集体所有制企业条例》更直接就产品定价提出"除国家规定由物价部门和有关主管部门控制价格的以外,企业有权自行确定产品价格、劳务价格"①。但由于厂办集体对主办国企的长期依赖,加之产权边界的模糊,厂办集体在"服从大局"的安排下对于这种"侵权"并不敏感,只是感受到了不公平的待遇。

20 世纪 90 年代中后期"抓大放小"的产权改革之后,遗留的大部分厂办大集体的经营状况不佳。以北厂所在的辽宁省为例,到北厂东院改制前的2002 年末,全省国有企业厂办集体企业共计 1 433 家,职工人数 53.6 万人(在岗 17.2 万人、离岗 36.4 万人),离退休职工 11.6 万人,资产总额 200.2 亿元,负债总额 182.9 亿元,账面平均资产负债率 91.4%。很多企业对内对外欠下巨额债务无力偿还,全省厂办集体共拖欠银行贷款本息 28 亿元,拖欠税款13 亿元,欠缴各种保险费 8.2 亿元,拖欠供水供电等部门费用 1.9 亿元,拖欠职工工资、集资款、采暖费及其他费用 28.8 亿元。更糟糕的是,大部分厂办集体职工的基本福利都难以保障,在这 65.2 万名厂办集体职工中(含离退休职工 11.6 万人),未参加养老保险的有 28.5 万人,占 43.7%;未参加失业保险的有 35.3 万人,占 54.1%;未参加医疗保险的有 59.2 万人,占 90.8%。②面对这种现状,2004 年国务院在东北老工业基地一些资源枯竭城市开始厂办集体试点改革。

二、改制中:"集体变全民"与资产清晰化

在 2004 年试点基础上,财政部、国资委、劳动保障部 2005 年联合下发《国务院关于同意〈东北地区厂办大集体改革试点工作指导意见〉的批复》,由此开始在全国推广厂办大集体的改革。《指导意见》第一次明确厂办集体中固定资产、行政划拨土地的产权归属,强调"厂办大集体长期使用的主办国有企业的固定资产可实行无偿划拨,用于厂办大集体企业安置职工所需的费

---

① 参见《中华人民共和国城镇集体所有制企业条例》,国务院令第 88 号,1991-09-09。
② 参见《辽宁省厂办集体企业的调查报告》(内部稿)。

用"；厂办集体占有的土地以及国家和主办国企此前通过各种形式投入的资产都界定为"劳动群众集体所有"。[①]

国家正式推进厂办集体产权改革之前，北厂集团通过变通性手段，对北厂东院完成一项重要的"产权改制"——将企业性质由集体所有制升级为全民所有制。2004年北厂集团下派到北厂东院的"企业改制领导小组"经过调研，提出要将北厂东院这个集体企业升级为全民所有制企业。最初工人非常高兴，长期以来在1 000多人的企业中只有中层以上领导和军转干部20人左右是全民工的身份。当时很多工人都说："这回咱终于扬眉吐气了，再也不是'二全民'了。"（北厂东院负责安全生产的老杨访谈资料，20091208）

在传统的单位体制下，集体职工和全民职工具有明显的身份差别。与乡镇企业之村落共同体意义上的产权结构不同，作为国有企业的下级行政隶属单位的厂办集体在长期的依附结构下不具有任何自然权利的性质。由此，厂办集体的产权特征是：它在产权和经营上具有明显的行政依附特征，属于国家单位支配下的企业范畴，但职工身份却又不属于"国家职工"，不具有一般职工的身份权属。[②]由集体企业变为全民企业，这种所有制等级由低向高的升级转变在20世纪50年代社会主义改造完成后一段时间内比较多见，但在市场化改革进程中与一般产权改制的内涵不太相符。一般而言，不论国企改制采取何种方式，如出售给民企、外企、其他国企、管理层收购（MBO）或员工持股等等，最终目标是完全改变或部分改变企业单一的产权结构，使企业成为独立的"市场主体"。北厂东院改制却是先将集体所有变为全民所有，这种"逆市场化"的产权改制背后体现了一种独特的治理策略。

在企业改制前，虽然大部分工人都放假回家，但对于这次企业身份的提升，很多工人最初将之视为个人发展的难得"机会"——随着企业身份性质的改变，职工的身份也随之发生变化。北厂东院变成全民单位不久，集团公司根据北厂东院经营状况作出评估：北厂东院亏损严重、扭亏无望，资不抵债，要根据市场规则将其"淘汰"。在北厂东院亏损停产状况下，最有价值的资源就是北厂东院的两条成熟生产线和工厂大院所占的2.4万多平方米土地。北厂东院亏损之初，集团公司就将该厂两条重要生产线连带182名技术工人直接转移到车辆制造公司，厂区所占土地的处置是到北厂东院转为全民性质

---

① 参见《国务院关于同意东北地区厂办大集体改革试点工作指导意见的批复》，国函〔2005〕88号，2005-11-06。

② 渠敬东，周飞舟，应星. 从总体支配到技术治理——基于中国30年改革经验的社会学分析[J].中国社会科学，2009(6)：104 - 127.

之后实施的,2005 年底主办国企和所在区域的地方政府商议,决定将北厂东院土地以每平方米 800 元的价格转让给某政府部门。

北厂东院土地处置完毕后,开始进行厂区搬迁,搬到新的厂区后找了一间 20 多平方米的房间作为临时"办事处"。原北厂东院党办主任提到:"等工厂的土地卖完之后,很多工人才开始意识到,除了'全民的身份'之外,我们什么都没了。"(北厂东院党办主任李闵舒访谈资料,20091208)按照国家相关法律,集体企业的产权属于"劳动群众集体所有"。1994 年东市政府为进一步明确城镇集体所有制企业的产权归属制定了《东市贯彻〈中华人民共和国城镇集体所有制企业条例〉实施细则》。该细则明确规定:"集体企业的财产属于劳动群众集体所有,享有财产所有权……国家对集体企业实行的优惠政策,减免税金和税前还贷所形成的资产属本企业劳动群众集体所有。"①

按照以上法律条文,北厂东院改制之前,资产应该归全体职工集体所有。当北厂东院转变为全民单位之后,产权性质发生变化,国企组织是生产资料和公有财产的使用者和经营者,而名义上的"全民所有"实则是"国家所有"。集体变全民之后,职工除了依凭国企职工身份分享部分福利权之外,不再具有成员权意义上的产权主体地位。通常,"成员权是一种建立在共同体成员身份和关系基础上的共享权利,表明的是产权嵌入社会关系网络的状态"②,而厂办集体的全民化体现在职工身份转变上,即从原来集体所有制下身份关系网脱嵌而出的过程。在这一过程中,如何处理工人的不满情绪和安置问题成了一道难题。

三、改制后:职工安置与身份区隔

北厂东院因亏损而停产,集团公司通过"合并""转厂""买断""放假"和"留守"等方式将工人分成了多种不同的类型,不同身份的职工又有不同的福利待遇,从而有效消减了工人集体行动的能力。与此同时,北厂集团公司将北厂东院的轻卡车车架生产线和货车车厢生产线以及两条生产线上的 182名技术工人整体合并到车辆制造公司,这样该公司能很大程度上降低成本,以更低的投入获得此前必须"购买"的汽车零部件。然而,北厂东院所有职工安置与分化却颇费周折。

---

① 参见《东市贯彻〈中华人民共和国城镇集体所有制企业条例〉实施细则》,东政发〔1994〕14 号。
② 折晓叶,陈婴婴.产权怎样界定——一份集体产权私化的社会文本[J].社会学研究,2005(4):1-43.

北厂东院原来的工程师后来调到其他企业做总经理助理的贾工对工人的分化情况说得非常清楚,他讲道:"慢慢地咱们厂亏损越来越严重,工资也开不出来了,很多工人没办法只能放假回家了。一些工人气不过就到集团公司总部讨说法,后来集团公司就专门成立了处理咱们工厂改制的工作组,这个产权改制工作组的一个负责人是咱们北厂东院以前的老领导,他在工人中的威望很高,工人们也都听他的,可没想到就是咱自己人最后把咱们给'忽悠'了。"(北厂东院贾工访谈资料,20091208)

北厂东院的工人在改制过程中因身份不同也有不同境遇,北厂东院改制后一直留守在厂部做财务的会计葛树林把工人分化概括出了三种类型。第一类:合并,把一部分有相关技术经验的工人合并到集团公司下属汽车模具制造有限公司,最初合并 75 人,到后来只剩下 48 人。第二类:转厂,就是把北厂东院轻卡车和货车两条生产线连带 182 名工人转到车辆制造公司,与合并不同的是这些转厂的工人最初并不和北厂东院脱离劳动关系,即"人走关系不走"。第三类:买断,5 年以上工龄的正式职工,距离退休年龄在 3 到 5 年之间的可以买断,这涉及 200 人左右。工厂当时没钱,买断的补偿金是"分期付款"(北厂东院会计葛树林访谈整理,20091107)。

经历改制、卖地、搬迁、买断、合并、转厂,2004 年北厂东院剩下一个"空壳"。"经过这一番折腾,工人们最后也都疲惫了,只要有一技之长能吃上饭谁愿意跟他们耗着,再说弄得四分五裂的,每个工人情况又不一样,心不齐也就闹不起来了。"(北厂东院女记录员徐迎春访谈资料,20091107)虽然经过制造亏损、转属卖地,北厂东院已经有名无实,但企业职工仍然分"壳儿里"与"壳儿外"两种身份。

到笔者调查的 2011 年 12 月,工厂在册职工人数是 249 人,退休工人是413 人。在册职工就是没有买断,也没有达到退休年龄的放假人员。这里面又分为几种:其一,"三长人员",即长病、长假和工伤人员共计 22 人,他们的社保名义上由企业负责,但实际上企业无力承担,等到退休时需要自己补齐,工厂有钱了"再还"。其二,放假人员,包括普通放假(待业)职工 69 名,和每月领取 150 元生活费的 23 名放假职工,后者是在企业改制后工厂搬迁过程中出力的工人。其三,"两不找"的工人,即工人不找企业,企业也不找职工,这主要是停薪留职人员,1993 年前后有 20 多人,后来发展到 130 多人,每年向厂里交几十元钱管理费。其四,"留守"在厂部的 3 名职工,他们负责接待来办事的工人。最后一类是挂名的两个工人,早已离开企业,档案关系仍留在企业。(北厂东院会计葛树林访谈整理,20091107)不论何种类型,"壳儿里"的职工都没有改变工人对单位的隶属关系,从身份角度讲仍是单位人,但通过社保动策略差异的重要原因。无论是产权的实际支配状况与法律表达之间的背离，还是国家和主办国企在厂办集体改制过程中的"无限变通"，两者都集中反映了产权的集体占有与国家占有之间的张力，其背后暗含的问题是：作为利益主体的国家与集体之间的产权边界该如何界定？

四、多元主体的产权追索及其身份机制

本个案呈现出的集体企业国有化，表面看与私营企业集体化的产权变革进路似乎一致，都朝着更高的所有制等级迈进。但在不同的制度背景下，这两种产权变革的动力机制以及造成的产权实践十分不同。改革开放初期，一些私人企业采取"戴红帽子"的策略获得组织的"合法性"身份，即私人投资的企业组织以公有制企业的名义登记注册，或者挂靠在公有制企业名下。这种在产权上名为公有实为私有的结构，在产权的界定过程中遵循多重逻辑。[①]如果说改革初期，私人企业装饰成"集体企业"是为了获得组织身份的"合法性"，那在市场制度相对完善的背景下，以产权改制的名义将集体企业转变为全民企业，背后的动力机制明显不同。

改革初期"戴红帽子"现象，是私人企业通过让渡部分产权，来达致名义上的集体所有，争取地方政府的支持。这里所谓产权模糊是企业组织适应环境的策略，是产权主体为获得组织身份合法性而作出的选择。而市场制度相对完善前提下的"戴高帽子"，则是在产权"改制"的名义下，将原本集体所有、实际由主办国企支配的厂办集体企业转变为全民所有，而后再用市场化手段将所占土地等稀缺性资源置换出去。整个改制过程中，厂办"集体"这个名义上的产权主体一直是被动的，重要决策和行动选择都由主管国企掌控。与"戴红帽子"的模糊化策略不同，"戴高帽子"是一种清晰化策略，"以产权清晰是效率前提"的理论假设为预期，利用市场化手段实现集体产权清晰界定。只不过与一般市场化改革过程中集体产权向个体产权转移的清晰化路径不同，北厂东院的产权改革呈现出集体产权向国有产权转移的"清晰化"路径。

产权清晰的本质是要明确产权主体及其排他性的边界，至于产权主体是个人、集体抑或国家并无硬性规定。实践中以国家或集体名义占有的资产，都不能将其产权清晰界定到具体的个人，只是能有效行使排他性的权利。作为一种重要的产权类型，国家产权与一般法人或自然人的产权结构

---

① 刘世定.占有、认知与人际关系[M].北京：华夏出版社，2003：64 - 65.

相比,特殊性在于国家身份和目标的多重性。①对于国有企业而言,它的产权界定往往限定于狭义的组织框架内。换言之,"全民""国有"这种组织性的身份特征仅仅是企业产权性质的标识。在具体的产权实践过程中,产权的真实涵义主要体现在排他性上,不单国企的产权不能落实到具体的个人头上,同样也不能落实到具体的"集体"头上,"国有"对个人和集体都有形式上的排他性。中国制度性安排的一个核心特征是不同类型的企业所有权的差异。而这种产权结构的差异决定了不同类型的企业面临不同的市场竞争和制度的压力。②这恰恰是再分配体制下企业组织等级化产权特征的重要表现。

在社会主义再分配经济体系中,大多数企业的利润会流入拥有企业所有权的政府管辖部门。这些政府管辖部门的代理机构又把这些财富再分配为投资资金。基于此,魏昂德强调再分配经济的标志是不存在明确的法律和实质性标准可以决定企业有权从公共基金投资的资本中获得收益。当政府和企业单位的产权处于不确定和弹性状态时,决定一个企业补偿职工能力的就不是该企业的盈利额,而是企业与政府之间纯税收的流量。反过来,决定纯税收流量的是影响再分配决策的过程,而不是影响企业盈利的市场条件。③魏昂德揭示软预算约束条件下,企业组织的弹性产权结构会随着企业与政府关系的亲疏远近而伸缩,但这种解释仍然只是"理想类型"。

在实践中,一些国有企业的盈利,除了通过税收机制实现国家收益之外,还不得不将部分盈利转化为职工收益。国有企业运行过程的一个重要特征是倾向于扩大成本,并将成本的一部分转化为企业内部的集体物品。这些集体物品虽然名义上属于企业集体所有,但一经分配,其使用权主要掌握在职工手中。④当多重的单位福利报酬超过劳动生产率之后就形成了经济学所谓的"附加福利"。从产权角度讲,附加福利主要表现为组织内部职工的福利分享权,亦即"身份产权"的一部分。李培林、张翼明确提出在国有企业制度化的利益结构中,除了国家、社会、企业以及企业经营者的收益之外,还包括国企职工以及国有企业所办集体企业的收益。厂办集体企业的职工大多是主办国企职工的家属、子女和近亲属,国营企业与其所在社区休戚与共,使它不

①　马磊.产权性质与企业间网络的形成——对中国上市公司连锁董事的网络分析[J].社会学研究,2016(1):191-216.

②　ZHOU X,ZHAO W,LI Q,CAI H.Embeddedness and Contractual Relationships in China's Transitional Economy[J].American Sociological Review,2003,68(1):75-102.

③　WALDER A G.Property Rights and Stratification in Socialist Redistributive Economies[J].American Sociological Review,1992,57(4):524-539.

④　李培林.另一只看不见的手[M].北京:社会科学文献出版社,2005:125.

得不关注职工就业等社会问题。①

第五节 小 结

综上所述,企业组织的身份性质、企业职工的身份等级是理解公有制企业产权界定的重要前提。通过对不同身份性质的企业组织产权界定逻辑的分析以及典型个案的挖掘,不难发现,无论是全民企业,还是厂办集体企业,它们的产权变革都涉及企业所有权(股权)置换和职工身份置换这一双向进程。企业组织产权的界定是国家、企业和职工三者互构的结果。企业组织性身份与职工个体性身份是产权界定的重要依据。基于以上分析,有几点深化的认识。

第一,身份是一种产权。无论是集体主义时期单位化的身份序列,还是改革开放以来体制二元的社会身份结构,在社会认可的前提下,不同社会成员依凭身份获得或占有资源就意味着一种产权。这一命题不但得到社会成员或组织的广泛社会认知和实践支撑,也得到"劳动群体集体所有"等法律表达以及国家政策的制度性认可。将"身份"变量引入产权分析,解释不同身份的企业以及同一企业内不同身份的职工在产权界定和诉求过程中的不同逻辑,可以将身份产权化约为企业组织的身份产权和企业职工的身份产权。具体而言,影响企业身份产权的主要因素是企业的所有制等级、企业行政级别、企业组织的规模以及企业在社会分工中的位置和行业属性四个变量。而影响企业职工身份产权的主要因素是:职工的所有制等级(全民工/集体工)、职工的身份类型(干部/工人)、职工的职位等级(职称与工资级别)、工种和工龄。

第二,"企业中的企业"与关系性合约。现代产权经济学关注的企业是"市场中的企业",认为企业是替代市场的另一种配置资源的方式,强调"产权是一种市场性合约",产权边界的清晰是效率的前提。然而,对于组织间的边界不清、企业的产权模糊以及反复的产权界定等事实,产权经济学强调这是一种"低效率",至于为什么这种模糊的产权现象会普遍存在,为什么这种所谓低效产权有时会呈现出适应优势并推动经济的高速增长,以及这种产权的正当性,经济学不能给出合理解释。社会学者在与经济学对话的基础上,以

---

① 李培林,张翼.国有企业社会成本分析——对中国 10 个大城市 508 家企业的调查[J].中国社会科学,1999(5):41-56.

乡镇企业产权界定的复杂过程为经验提出"社区(会)中的企业"的认识,强调在不完全市场条件下,中国的企业组织是嵌入整个社会结构和国家制度环境之中的,进而提炼出"产权是一种社会性合约"的命题。本章则从主办国企主导下的厂办集体产权改革过程入手,强调厂办集体企业是"企业(单位)中的企业"。在国有产权、集体产权和个人产权彼此嵌套的多重关系结构下,产权是一种关系性合约。

以上基于理论连接经验的实证研究,对于新时期的厂办集体改革也有重要的政策参考意义。前文提到,虽然 2011 年国务院发文(国办发〔2011〕18号)强调加大财政补贴力度,计划用 3～5 年时间使厂办大集体与主办国有企业彻底分离[1],但直到最后期限,厂办集体的产权改革仍遗留很多问题。面对此种困局,2016 年 12 月 28 日中共中央、国务院则在《关于全面振兴东北地区等老工业基地的若干意见》中全面阐释化解厂办集体企业难题的具体策略:一是继续加大中央支持力度,"奖补结合"的同时,允许中央财政奖励和补助资金统筹用于支付改革成本;二是允许国企划出部分股权转让收益、地方政府出让国企股权用以解决厂办集体的问题[2]。2017 年初,国务院出台《加快推进东北地区国有企业改革专项工作方案》,提出为推进东北地区厂办大集体改革取得实质性进展,继续加大财政补助比例,同时强调国务院国资委、财政部、人力资源和社会保障部、国家发展改革委、三省一区人民政府等按职责分工负责[3]。这些专项政策和改革进路反映了东北厂办集体企业改革的艰巨性和特殊性。

笔者在本章开篇设问:为什么在中央财政扶持和强力约束的双重前提下,东北厂办集体企业的产权改制仍举步维艰? 对这个问题的思考,必须回到厂办集体企业发展的起点,从厂办集体企业的产权起源以及产权界定过程着手,在尊重体制历史的前提下,对中央与地方政府、主办国企、厂办集体、其他出资人以及集体企业职工等多元主体的产权归属进行重新界定。在厂办集体企业改制过程中,不同的产权主体具有不同的利益取向,也呈现出不同

[1]　参见《国务院办公厅关于在全国范围内开展厂办大集体改革工作的指导意见》,国办发〔2011〕18 号,2011-04-18。

[2]　参见《中共中央、国务院关于全面振兴东北地区等老工业基地的若干意见》(2016 年 12 月 28 日),中发〔2016〕7 号,该文件明确指出"加大中央支持力度,允许国有企业划出部分股权转让收益,地方政府出让部分国有企业股权,专项解决厂办大集体和分离企业办社会职能等历史遗留问题。中央财政继续对厂办大集体改革实施'奖补结合'政策,允许中央财政奖励和补助资金统筹用于支付改革成本"。

[3]　参见《关于印发加快推进东北地区国有企业改革专项工作方案的通知》,国办发〔2017〕85 号。

资源的占有权是不能够相互转移的。单位制企业内部的成员利益更多表现为单位集团化,而非社会阶层化。恰恰基于此,当时人们对于单位组织的认同感要高于对职业身份的认同感,这与企业单位的产权结构以及资源配置模式是紧密相关的。①单位身份不仅意味着能够获得全方位的福利这种稀缺性的资产权,还意味着社会等级序列中的地位。在市场缺失、国家经由单位配置资源的结构下,单位身份构成一种总体性的权利和关系,它既关乎纵向的社会地位,又关乎横向的身份认同。②

在改革开放之前,国家与单位的关系以及不同单位组织的结构呈现出同质化的特征,与之相关联的是,单位组织内部职工的福利分配也具有平均主义倾向。团体平均主义是中国集体化时代一般性的制度原则,在单位组织内部的资源配置过程中也表现得尤为明显。③"组织结构的同质性"和"单位福利的均等化"构成了单位研究的两种主导性认知。与这种主导性认知相关联的是,在这种外部化控制的产权结构下,大多数国企的利润会流入拥有企业所有权的政府部门,这些政府部门的代理机构又把这些财富再分配为投资资金。

职工对集体物品、单位福利的占有实际上是一种隐性的产权形态。这也让国企职工以主人翁意识为基础的产权认知得以强化。单位体制下,无论是全民所有制还是劳动群众集体所有制,公有产权都仅仅是理解社会主义中国的一个基本前提,并不构成"问题"。恰恰是中国的经济体制的转轨以及社会结构的转型才赋予产权问题新的时代意涵。

二、以人为本:"工人是企业主人"的话语延续性

长期以来,产权问题被视为经济学的专属研究范畴,但主流经济学家关心的主要是市场机制及其效率,产权并没有成为他们关注的核心议题,他们只是将产权视为市场机制得以运行的给定前提。④与产权经济学聚焦公司治理的法人和法权范畴的分析框架不同,产权社会学将产权分析扩展到组织构成的所有范围,进而确立一种体制治理和组织演变的新范式。体制治理是将国家体制及其政策运动、知识权力及其构成的治理技术以及家庭伦理、社会

① 李培林,姜晓星,张其仔.转型中的中国企业——国有企业组织创新论[M].济南:山东人民出版社,1992:1-2.
② 王庆明.单位组织变迁过程中的产权结构:单位制产权分析引论[J].学习与探索,2015(6):29-35.
③ 路风.单位:一种特殊的社会组织形式[J].中国社会科学,1989(1):71-88.
④ 刘世定.经济资源的占有和产权的社会界定:一个分析框架[J].经济社会学研究,2014(1):3.

关系等传统资源及其背后的民情礼俗基础等一同纳入有关企业行为的扩展性研究中来。①真正有效的治理并不仅仅是自上而下的纵向过程,它同样需要民众的广泛参与,因为"治理是只有被多数人接受才能生效的规则体系"②。在这个意义上,企业职工的产权认知以及对应的产权界定也是企业治理的重要范畴。

在既往研究中,主流的产权分析范式主要关注的是企业组织的股权配置和产权制度改革。即便有研究者注意到组织成员,也更多关注作为企业管理者和企业股权持有者的企业精英,而对作为一般企业职工的普通大众则缺乏必要的关注。然而,在国企改革实践中,产权变革不单关涉到与企业转属改制相关联的组织股权置换,还涉及企业职工的身份置换,身份置换与股权置换并存的双向进程是理解中国国企产权变革独特性的基点。在一些企业的转属改制过程中,伴随着企业股权结构的变化,身份置换并不是一个自然而然的过程。企业产权改革一旦忽略了企业职工身份置换的补偿安置就可能引发激烈冲突。在产权改革过程中,东北老工业基地的通化钢铁公司与河南省林州钢铁公司都曾经因为没有处理好职工身份置换而引发了群体性事件。

当国企产权改制忽略了职工身份置换的合理补偿时,企业职工在维权过程中会再次强调"工人是企业主人",并依凭这种朴素的产权话语来维护工人在产权改制过程中的身份权利,并由此构成一种独特的"身份产权"。③在中国公有制企业中,"工人是企业主人"的话语始终存在。20世纪30年代中华苏维埃时期至1949年新中国成立之前,公营企业的管理者努力宣传"工人是企业主人""工人是企业资产的一分子",并号召工人要承担起主人翁的责任。1949年新中国成立至改革开放前的单位制时代,国家一直强调"工人是企业主人"并号召工人"以厂为家"。1978年以来国企产权变革进程中企业职工再次强调"工人是企业主人",虽然话语内涵相似,但制度环境与产权的真实意涵已经发生了重要变化。

首先,话语虽然相同,但言说的主体不同。在新民主主义革命时期,主人翁话语是由公营企业的管理者作为主要的言说者。公营企业的管理者强调"工人是企业主人",意在强调工人既是为了自己而劳动,也是为了广大民众的解放而劳动,主人翁式的产权认知与革命化的劳动伦理相关联。在新中国

① 渠敬东.占有、经营与治理:乡镇企业的三重分析概念(下)[J].社会,2013(2):1-32.
② 詹姆斯·N.罗西瑙.世界政治中的治理、秩序和变革[C]//詹姆斯·N.罗西瑙.没有政府的治理.张胜军,刘小林,等译.南昌:江西人民出版社,2001:5.
③ 王庆明.身份产权——厂办集体企业产权变革过程的一种解释[J].社会学研究,2019(5):165-191+245.

成立后的集体化时代,国家在努力锻造"新工人"的过程中,不单强调"工人是企业的主人",还强调"工人是国家的主人",在单位体制下,主人翁式的产权话语与集体主义的政治实践相统一。在改革开放的进程中,与此前由企业管理者和国家作为"工人是企业主人"话语的主要言说主体不同,工人面对国企产权改制和下岗失业的风险,他们自身主动言说并再次强调"工人是企业主人",意在凸显工人与企业产权的紧密关联,并依凭这种产权话语的延续性来主张自身的工作权与福利权。

其次,话语虽然相同,暗含的理论面貌不同。从单位人的视角看,虽然话语的表面内容相同,却指向了不同的单位人"理论脸谱"。无论是中华苏维埃政府时期、边区政府时期,还是解放战争时期,在整个新民主主义革命时期,企业管理者强调"工人是企业主人"与"搞生产也是干革命"的革命伦理相统一。在当时的配给制结构下,这种企业主人翁的话语与工人的"翻身解放"话语相关联,新民主主义革命时期的主人翁话语指向的理论面貌是一种"解放的单位人"。在集体化时代的单位制结构下,"工人是企业主人"与社会主义建设的政治理想相统一,与此同时,工人全方位依赖于国家以及企业单位,集体化时代主人翁式的产权话语指向的理论面貌是一种"依赖的单位人"。在改革开放以来,伴随着市场分化,原本同质化的单位人在国企改制过程中分化为多元身份并存的社会人,当工人自身再次强调"工人是企业主人"的产权话语时,他们指向的是一种"分化的单位人"脸谱。[1]

综上所述,虽然不同历史时期中"工人是企业主人"的产权话语内容相似,但在不同的制度背景下,却有不同的言说主体和不同的理论指向。如果说新民主主义革命时期与集体化时代的主人翁话语是国家权力形塑下的主导性话语,那么改革进程中普通工人再次强调"工人是企业主人"的口号则是生活中的日常性话语,这二者并不是割裂的,而是相互补充的,它们共同构成透视社会主义工业建设完整历史画卷的线索。无论是作为社会主义工业的建设者,还是作为国有企业改革的参与者,虽然两重身份决定了他们所体悟与讲述的历史存在一定的差异性,但"单位人"这种统一性身份决定着,普通工人的话语是理解中国社会主义实践以及工业化整体历史进程的基点。[2]基于以上分析,本书强调把"人"特别是作为国有企业主人的"普通工人"带回产权分析的中心。

---

① 王庆明.中国国有企业产权话语的嬗变:一种产权社会学的分析[J].学习与探索,2023(5):42-49.
② 王庆明.口述史研究的方法论悖论及其反思:以单位人讲述为例[J].江海学刊,2022(2):117-124.

第五节 政策建议与研究展望

一、中国社会主义市场经济理论的进一步思考

纵观中国四十余年的改革开放进程,不难发现,产权结构的多元化和经济运作的市场化,是中国经济体制改革的基本内涵。但我们并不能由此推论,中国改革的初始目标就是市场化与私有化。"市场转型论"的代表人物倪志伟与欧索菲(Sonja Opper)在反思中国改革进程时指出,中国改革开放的最初动机,实际上是要提高公有制经济的生产力,以便在社会主义体制框架内完善中央计划经济。①现代产权经济学的开创者科斯也感叹:中国的改革开放与产权变革进路始终没有放弃社会主义,与苏东前社会主义国家化公为私的转型轨迹不同,中国是在坚持公有制前提下逐步推进产权变革的。②

中国公有制与市场机制的相容,不单对新制度经济学的产权理论构成挑战,还对转轨经济学和转型社会学的规范性认识提出了挑战。③透过中国国有企业产权变革的整体进程,不难发现,在中国的渐进化改革进程中,单位制与市场的关系并非此消彼长、二元对立的。在改革的不同阶段,在同一体制之下甚至同一企业组织框架内,市场机制和单位机制的相互作用以及多种产权形态的并存互融构成中国体制转型的重要特征。

需要进一步讨论的问题是,如果说"等级化的父爱主义"与有选择的市场化策略,是改革初期单位制惯性与社会主义文化传统的沿袭以及降低改革风险的需要,那么当改革逐渐深化,不同企业单位的产权改革以及职工分化就该遵循公平竞争的市场法则。然而事实上,即便在改革进入深水期的当下,以产权结构多元化和混合所有制改革为目标的产权变革,仍在不同程度延续差等化的关照和有选择的市场化策略。在企业单位持续深化改革的进程中,以企业组织和企业职工身份差异为依凭的有选择的市场化,其背后是否隐含

---

① 倪志伟,欧索菲.自下而上的变革:中国的市场化转型[M].阎海峰,尤树洋,译.北京:北京大学出版社,2016:1-2
② 罗纳德·H.科斯,王宁.变革中国:市场经济的中国之路[M].徐尧,李哲民,译.北京:中信出版社,2013:205-207.
③ 雅诺什·科尔奈.思想的力量:智识之旅的非常规自传[M].安佳,张涵,译.上海:上海人民出版社,2013:290-291.

着更深刻的正当性呢？这种正当性对理解中国社会主义市场经济及其独特逻辑能提供什么启发呢？这将是后续研究努力的方向。

二、政策建议及相关思考

党的十八大以来，中央政府十分重视国有企业深化改革并将之视为国家治理现代化的重要事项。党的二十大报告也明确指出"深化国资国企改革……完善产权保护、市场准入、公平竞争、社会信用等市场经济基础制度，优化营商环境"。在新的历史时期，深化国资国企改革成为优化营商环境促进经济高质量发展的重要基础。本书既要努力分析讨论产权界定的社会逻辑的理论生命力及其拓展意义，又要尝试分析拓展该研究的实践意义和政策建议。

本书意在揭示社会急剧转型过程中国企产权改革的社会逻辑，从而深化对中国市场秩序形成的独特路径的认识。在理论连接经验的基础上，本书指出：国有企业的产权嵌入特定的社会环境和关系结构之中，国家、企业和职工三者也呈现为一种"等级化的父爱主义"结构。在这个意义上，本研究所揭示的东市北厂产权变革的整体进程以及不同阶段产权界定的独特机制具有进一步拓展的意义。笔者在谨慎拓展理论解释边界的过程中，也尝试对"新东北现象"给出一些初步的思考。

2004 年 9 月，国务院提出振兴东北战略。在二十年的振兴发展过程中，东北三省大体上完成了亏损国有企业的产权改制以及下岗失业人员的安置，然而东北发展内在动力不足等问题仍没有得到有效缓解。2018 年 9 月，习近平总书记在东北三省考察时提出"新时代东北振兴，是全面振兴、全方位振兴"。经过多年的努力，东北三省在努力实现产业转型过程中，出现了一些经济增长的新势能。但与很多发达地区仍然存在比较大的发展差距，由此出现了"新东北现象"，在经济上表现为投资缺乏、内需不足，经济增长下滑；在社会上表现为人才的大量外流，人口负增长和老龄化严重。通过这项实证研究，笔者也斗胆尝试对"新东北现象"的化解提出一些政策思考的方向。

首先，从企业组织嵌入特定制度环境与关系结构的事实前提出发，建议不同层级的政府组织对其辖区内的国有企业、民营企业以及外资企业等不同产权形态的企业提供服务保障的同时，减少政府的优惠扶持和不必要的行政干预，确保不同形态的企业组织成为自负盈亏的独立产权主体。同时，地方政府还要努力完善产权保护制度，优化营商环境，积极发展民营经济，通过高质量的经济发展和广泛公平的就业来吸纳人才，缓解东北人口外流。

其次，从国有企业产权界定的社会逻辑出发，在从根本上解决国有企业及其主办的厂办大集体产权改制问题时,要积极解决集体职工的工资拖欠,养老保险、社会保险的欠缴等历史遗留问题,重视每一位企业职工的身份权利。在新的历史时期深化国资国企改革的过程中,要注意发挥身份产权的作用,在党建引领确保组织优势和制度优势的基础上,发挥产权制度对每一位职工的激励作用。

最后,引导社会民众对东北振兴的理性预期,东北振兴并不是要重新回到东北的辉煌时代,而是要融入国家继续深入推进市场化改革和中国式现代化的大潮之中,创造老工业基地经济社会发展的新方向。此外,从单位产权的视角出发,正向引导东北老工业基地民众单位产权观念和单位意识。在市场机制与单位机制融合的基础上,发挥国有企业在增进社会信用、促进社会和谐中的特殊作用,创造公平公正的社会氛围,提高社会治理效能。

参 考 文 献

中文参考文献

一、著作参考文献

[1] 约拉姆·巴泽尔.国家理论[M].钱勇,曾咏梅,译.上海:上海财经大学出版社,2006.

[2] 约拉姆·巴泽尔.产权的经济分析[M].费方域,段毅才,译.上海:上海人民出版社,1997.

[3] 卡尔·波兰尼.大转型:我们时代的政治与经济起源[M].冯钢,刘阳,译.杭州:浙江人民出版社,2007.

[4] 马克·布洛赫.封建社会(下卷)[M].李增洪,等译.北京:商务印书馆,2007.

[5] 麦克·布洛维.公共社会学[M].沈原,等译.北京:社会科学文献出版社,2007.

[6] 迈克尔·布若威.制造同意——垄断资本主义劳动过程的变迁[M].李荣荣,译.北京:商务印书馆,2008.

[7] 白苏珊.乡村中国的权力与财富:制度变迁的政治经济学[M].郎友兴,方小平,译.杭州:浙江人民出版社,2009.

[8] 边燕杰.市场转型与社会分层:美国社会学者分析中国[M].北京:生活·读书·新知三联书店,2002.

[9] 迪尔凯姆(涂尔干).社会学方法的准则[M].狄玉明,译.北京:商务印书馆,1995.

[10] 哈罗德·德姆塞茨.所有权、控制欲企业——论经济活动的组织[M].段毅才,等译.北京:经济科学出版社,2006.

[11] 埃瑞克·G.菲吕博顿,鲁道夫·瑞切特.新制度经济学[M].孙经

纬,译.上海:上海财经大学出版社,1998.

[12] 樊纲,等.公有制宏观经济理论大纲[M].上海:上海人民出版社,1994.

[13] 费方域.企业的产权分析[M].上海:上海人民出版社,2006.

[14] 符平.市场的社会逻辑[M].上海:上海三联书店,2013.

[15] 桂勇.私有产权的社会基础——城市企业产权的政治重构[M].上海:立信会计出版社,2002.

[16] 阿夫纳·格雷夫.大裂变:中世纪贸易制度比较和西方的兴起[M].郑江淮,等译.北京:中信出版社,2008.

[17] 杰弗里.M.霍奇逊.制度经济学的演化:美国制度主义中的能动性、结构和达尔文主义[M].杨虎涛,等译.北京:北京大学出版社,2012.

[18] 哈里森·怀特.机会链:组织中流动的系统模型[M].张永宏,等译.上海:格致出版社·上海人民出版社,2009.

[19] 华尔德.共产党社会的新传统主义[M].龚小夏,译.香港:牛津大学出版社,1996.

[20] 黄海嵩.中国国有企业改革问题研究[M].北京:中国经济出版社,2007.

[21] 黄宗智.民事审判与民间调解:清代的表达与实践[M].北京:中国社会科学出版社,1998.

[22] 纪廉,等.新经济社会学:一门新兴学科的发展[M].北京:社会科学文献出版社,2006.

[23] 纪坡民.产权与法[M].北京:生活·读书·新知三联书店,2001.

[24] 雅诺什·科尔奈.社会主义体制:共产主义政治经济学[M].张安,译.北京:中央编译出版社,2008.

[25] 雅诺什·科尔奈.短缺经济学[M].张晓光,等译.北京:经济科学出版社,1986.

[26] 罗纳德·科斯.论经济学和经济学家[M].罗君丽,茹玉骢,译.上海:格致出版社·上海人民出版社,2010.

[27] 李汉林.中国单位社会:议论、思考与研究[M].上海:上海人民出版社,2004.

[28] 李路路,李汉林.中国的单位组织:权力、资源与交换[M].杭州:浙江人民出版社,2000.

[29] 李培林.村落的终结——羊城村的故事[M].北京:商务出版社,2004.

[30] 李培林.另一只看不见的手:社会结构转型[M].北京:社会科学文

献出版社,2005.

[31] 李培林,张翼.国有企业社会成本分析[M].北京:社会科学文献出版社,2007.

[32] 李强,胡俊生,洪大用.失业下岗问题对比研究[M].北京:清华大学出版社,2001.

[33] 李友梅.社会的生产:1978年以来的中国社会变迁[M].上海:上海人民出版社,2008.

[34] 李友梅.组织社会学与决策分析[M].上海:上海大学出版社,2009.

[35] 梁慧星,龙翼飞,陈华彬.中国财产法[M].香港:三联书店有限公司,1997.

[36] 刘爱玉.选择:国企变革与工人生存行动[M].北京:社会科学文献出版社,2005.

[37] 刘建军.单位中国:社会调控体系重构中的个人、组织与国家[M].天津:天津人民出版社,2000.

[38] 刘少杰.经济社会学的新视野:理性选择与感性选择[M].北京:社会科学文献出版社,2005.

[39] 刘世定.占有、认知与人际关系[M].北京:华夏出版社,2003.

[40] 刘世定.经济社会学[M].北京:北京大学出版社,2011.

[41] 刘玉照.乡村工业化中的组织变迁:从家庭作坊到公司经营[M].上海:格致出版社·上海人民出版社,2009.

[42] 道格拉斯·C.诺思.理解经济变迁过程[M].钟正生,等译.北京:人民大学出版社,2008.

[43] 道格拉斯·C.诺思.制度、制度变迁与经济绩效[M].杭行,译.上海:格致出版社·上海三联书店·上海人民出版社,2008.

[44] 道格拉斯·诺思.经济史上的结构和变革[M].厉以平,译.北京:商务印书馆,2009.

[45] 道格拉斯·诺斯,罗伯特·托马斯.西方世界的兴起[M].厉以平,蔡磊,译.北京:华夏出版社,2009.

[46] 路易斯·普特曼,兰德尔·克洛茨纳.企业的经济性质[M].孙经纬,译.上海:上海财经大学出版社,2009.

[47] 亨利·勒帕日.美国新自由主义经济学[M].李燕生,王文融,译.北京:北京大学出版社,1985.

[48] 秦晖.江浙乡镇企业转制案例研究[M].香港:香港中文大学出版社,1998.

[49] 青木昌彦.比较制度分析[M].周黎安,译.上海:上海远东出版社,2001.

[50] 詹姆斯·斯科特.弱者的武器——农民反抗的日常形式[M].郑广怀,等译.南京:译林出版社,2007.

[51] 约瑟夫·E.斯蒂格利茨.社会主义向何处去——经济体制转型的理论与证据[M].周立群,等译.长春:吉林人民出版社,2010.

[52] 安德鲁·斯科特.中级微观经济学[M].李俊青,杨玲玲,译.北京:机械工业出版社,2010.

[53] 理查德·斯威德伯格.马克斯·韦伯与经济社会学思想[M].何蓉,译.北京:商务印书馆,2007.

[54] 埃克哈特·施里特.习俗与经济[M].秦海,等译.长春:长春出版社,2005.

[55] 沈原.市场阶级与社会:转型社会学的关键议题[M].北京:社会科学文献出版社,2007.

[56] 孙立平.转型与断裂:改革以来中国社会结构的变迁[M].北京:清华大学出版社,2004.

[57] 田毅鹏,吕方."单位共同体"的变迁与城市社区重建[M].北京:中央编译出版社,2014.

[58] 田毅鹏,漆思.单位社会的终结[M].北京:社会科学文献出版社,2005.

[59] 田毅鹏.东亚"新发展主义"研究[M].北京:中国社会科学出版社,2009.

[60] 王水雄.镶嵌式博弈:对转型社会市场秩序的剖析[M].上海:上海人民出版社,2009.

[61] 马克斯·韦伯.经济与社会(上、下卷)[M].林荣远,译.北京:商务印书馆,2006.

[62] 马克斯·韦伯.经济通史[M].姚曾廙,译,韦森,校订.上海:上海三联书店,2006.

[63] 锡德尼·维伯,比阿特里斯·维伯.资本主义文明的衰亡[M].秋水,译.上海:上海人民出版社,2001.

[64] 奥利弗·E.威廉姆森.治理机制[M].王健,等译.北京:中国社会科学出版社,2001.

[65] 奥利弗·E.威廉姆森.资本主义经济制度:论企业合约与市场合约[M].段毅才,王伟,译.北京:商务印书馆,2002.

[66] 奥利弗·E.威廉姆森,斯科特·马斯滕.交易成本经济学:经典名篇选读[M].李自杰,等译.北京:人民出版社,2008.

[67] 奥利弗·E.威廉姆森.市场与层级制:分析与反托拉斯含义[M].蔡晓月,孟俭,译.上海:上海财经大学出版社,2011.

[68] 韦森.经济学与哲学:制度分析的哲学基础[M].上海:上海人民出版社,2005.

[69] 韦森.社会制序的经济分析导论[M].上海:上海三联书店,2001.

[70] 约瑟夫·熊彼特.经济分析史(第三卷)[M].朱泱,等译.北京:商务印书馆,2009.

[71] 约瑟夫·熊彼特.经济分析史(第一卷)[M].陈锡龄,等译.北京:商务印书馆,2013.

[72] 安德鲁·肖特.社会制度的经济理论[M].陆铭,陈钊,译.上海:上海财经大学出版社,2003.

[73] 许新.转型经济的产权改革——俄罗斯东欧中亚国家的私有化[M].北京:社会科学文献出版社,2003.

[74] 吉尔·伊亚尔,伊万·塞勒尼,艾莉诺·汤斯利.无须资本家打造资本主义[M].吕鹏,吕佳龄,译.北京:社会科学文献出版社,2007.

[75] 约翰·伊特韦尔,等.新帕尔格雷夫经济学大辞典(1—4卷)[M].北京:经济科学出版社,1996.

[76] 游正林.内部分化与流动——一家国有企业的二十年[M].北京:社会科学文献出版社,2000.

[77] 游正林.西厂劳工——国有企业干群关系研究(1979—2006)[M].北京:中国社会科学出版社,2007.

[78] 张佩国.近代江南乡村地权的历史人类学研究[M].上海:上海人民出版社,2002.

[79] 张维迎.产权、激励与公司治理[M].北京:经济科学出版社,2005.

[80] 张文魁.中国国有企业产权改革与公司治理转型[M].北京:中国发展出版社,2007.

[81] 张文魁,袁东明.中国经济改革30年:国有企业卷[M].重庆:重庆大学出版社.2008.

[82] 张翼.国有企业的家族化[M].北京:社会科学文献出版社,2002.

[83] 周黎安.转型中的地方政府:官员激励与治理[M].上海:格致出版社,2008.

[84] 周其仁.产权与制度变迁:中国改革的经验研究[M].北京:北京大

学出版社,2004.

[85] 周雪光,刘世定,折晓叶.国家建设与政府行为[M].北京:中国社会科学出版社,2012.

二、期刊参考文献

[1] 边燕杰、张展新.市场化与收入分配——对1988年和1995年城市住户收入调查的分析[J].中国社会科学,2002(5).

[2] 边燕杰,李路路,李煜,郝大海.结构壁垒、体制转型与地位资源含量[J].中国社会科学,2006(5).

[3] 蔡伏虹.身份继替与劳工制度转型——基于子女接班顶替的制度文本解读[J].福建论坛:人文社会科学版,2015(9).

[4] 蔡禾.政企分离的社会学思考[J].社会学研究,1993(4).

[5] 蔡禾.企业职工的权威意识及其对管理行为的影响——不同所有制之间的比较[J].中国社会科学,2001(1).

[6] 曹正汉.产权的社会建构逻辑——从博弈论的观点评中国社会学家的产权研究[J].社会学研究,2008(1).

[7] 曹正汉,史晋川.中国民间社会的理:对地方政府的非正式约束——一个法与理冲突的案例及其一般意义[J].社会学研究,2008(3).

[8] 陈映芳.权利功利主义逻辑下的身份制度之弊[J].人民论坛·学术前沿,2014(2).

[9] 党航海.浅论"一厂两制"的形成和利弊[J].金山企业管理,1995(2).

[10] 邓大才.中国农村产权变迁与经验——来自国家治理视角下的启示[J].中国社会科学,2017(1).

[11] 方醒世.论"一厂两制"的互补机制[J].经济管理,1992(8).

[12] 高柏.中国经济发展模式转型与经济社会学制度学派[J].社会学研究,2008(4).

[13] 冯仕政.单位分割与集体抗争[J].社会学研究,2006(3).

[14] 黄宗智.连接经验与理论:建立中国的现代学术[J].开放时代,2007(4).

[15] 黄宗智.中国发展经验的理论与实用含义:非正规经济实践[J].开放时代,2010(10).

[16] 黄宗智.国营公司与中国发展经验:"国家资本主义"还是"社会主义市场经济"?[J].开放时代,2012(9).

[17] 姜彩熠,于立新.清退出局!东北签发问题国企破产令[J].南风窗,

2004(4).

[18] 纪丰伟.深化国企产权多元化改革的措施和政策探讨[J].管理世界,2005(2).

[19] 纪尽善.大型国有企业深化改革调整产权结构的战略政策研究[J].经济界,2014(1).

[20] 蓝定香,张琦.大型国企集团(母)公司产权多元化改革研究[J].国有经济评论,2013(1).

[21] 李稻葵.转型经济中的模糊产权理论[J].经济研究,1995(4).

[22] 李铒金.车间政治与下岗名单的确定——以东北的两家国有工厂为例[J].社会学研究,2003(6).

[23] 李汉林.中国单位现象与城市社区的整合机制[J].社会学研究,1993(5).

[24] 李汉林.变迁中的中国单位制度:回顾中的思考[J].社会,2008(3).

[25] 李汉林,李路路.资源与交换——中国单位组织中的依赖性结构[J].社会学研究,1999(4).

[26] 李汉林,李路路.单位成员的满意度和相对剥夺感——单位组织中依赖结构的主观层面[J].社会学研究,2002(2).

[27] 李路路.单位研究[J].社会学研究,2002(5).

[28] 李路路,李汉林.资源与交换:中国单位组织中的依赖性结构[J].社会学研究,1999(4).

[29] 李路路,李汉林.单位组织中的资源获得[J].中国社会科学,1999(6).

[30] 李路路,李汉林,王奋宇.中国的单位现象与体制改革[J].中国社会科学季刊(香港),1994(春季卷).

[31] 李路路,苗大雷,王修晓.市场转型与"单位"变迁:再论"单位"研究[J].社会,2009(4).

[32] 李路路,王修晓,苗大雷."新传统主义"及其后——"单位制"的视角与分析[J].吉林大学社会科学学报,2010(1).

[33] 李路路."单位制"的变迁与研究[J].吉林大学社会科学学报,2013(1).

[34] 李猛,周飞舟,李康.单位:制度化组织的内部机制[J].中国社会科学季刊(香港),1996(16).

[35] 李培林.老工业基地的失业治理:后工业化和市场化——东北地区九家大型国有企业的调查[J].社会学研究,1998(4).

[36] 李培林,张翼.走出生活逆境的阴影——失业下岗职工再就业中的

"人力资本失灵"研究[J].中国社会科学,2003(5).

[37] 张静.二元整合秩序:一个财产纠纷案的分析[J].社会学研究,2005(3).

[38] 林毅夫,李志赟.政策性负担、道德风险与预算软约束[J].经济研究,2004(2).

[39] 林毅夫,刘明兴,章奇.政策性负担与企业的预算软约束:来自中国的实证研究[J].管理世界,2004(8).

[40] 林宗弘,吴晓刚.中国的制度变迁、阶级结构转型和收入不平等:1978—2005[J].社会,2010(6).

[41] 刘平."人力资本失灵现象"与东北老工业基地社会[J].中国社会科学,2004(3).

[42] 刘平.新二元社会与中国社会转型研究[J].中国社会科学,2007(1).

[43] 刘平.社会转型与信访制度改革——以信访制度改革的沈阳经验为例[J].人文杂志,2011(6).

[44] 刘平.单位制组织的公共事务职能与分工——北方城市除雪的启示[J].吉林大学社会科学学报,2012(6).

[45] 刘平,王汉生,张笑会.变动的单位制与体制内分化[J].社会学研究,2008(3).

[46] 刘世定.科斯悖论和当事者对产权的认知[J].社会学研究,1998(2).

[47] 刘世定.嵌入性与关系合同[J].社会学研究,1999(4).

[48] 刘世定.产权保护与社会认可:对产权结构进一步完善的探讨[J].社会,2008(3).

[49] 陆德梅,朱国宏.新经济社会学的兴起和发展探微[J].国外社会科学,2003(3).

[50] 路风.单位:一种特殊的社会组织形式[J].中国社会科学,1989(1).

[51] 路风.中国单位体制的起源和形式[J].中国社会科学季刊(香港),1993(5).

[52] 路风.国有企业转变的三个命题[J].中国社会科学,2000(5).

[53] 罗勤.产权结构多元化的现实选择[J].江西社会科学,2001(10).

[54] 彭玉生.中国转型经济中的宗族网络和私营企业[J].中国社会学(第六卷),2008.

[55] 秦晖.东欧专制私有化"翻船"值得国企改革借鉴[J].经济管理文摘,2004(22).

[56] 渠敬东,应星,周飞舟.从总体性支配到技术治理——基于中国30

年改革经验的社会学分析[J].中国社会科学,2009(6).

[57] 渠敬东.项目制:一种新的国家治理机制[J].中国社会科学,2012(5).

[58] 渠敬东.占有、经营与治理:乡镇企业的三重分析概念(上)[J].社会,2013(1).

[59] 申静,王汉生.集体产权在中国乡村生活的实践逻辑[J].社会学研究,2005(1).

[60] 孙立平.资源重新积聚背景下的底层社会形成[J].战略与管理,2002(1).

[61] 孙立平.迈向对市场转型实践过程的分析[J].中国社会科学,2002(5).

[62] 孙立平,王汉生,王思斌,等.改革以来中国社会结构的变迁[J].中国社会科学,1994(2).

[63] 孙涛.新制度经济学和新经济社会学理论体系比较[J].东岳论丛,2011(4).

[64] 宋林飞.经济社会学研究的最新发展[J].江苏社会科学,2000(1).

[65] 田毅鹏."典型单位制"对东北老工业基地社区发展的制约[J].吉林大学社会科学学报,2004(4).

[66] 田毅鹏.单位制度变迁与集体认同的重构[J].江海学刊,2007(1).

[67] 田毅鹏."典型单位制"的起源和形成[J].吉林大学社会科学学报,2007(4).

[68] 佟新.社会变迁与工人社会身份的重构——"失业危机"对工人的意义[J].社会学研究,2002(6).

[69] 汪海,张卫东.附加职工安置约束的国企产权拍卖机制研究[J].经济研究,2007(10).

[70] 康衢.铁路厂办大集体改革的思路[J].铁道运营技术,2014(1).

[71] 王汉生,等.从等级性分化到集团性分化——单位制在现阶段城市分化中的作用[J].社会学研究,1992(1).

[72] 王汉生,王一鸽.目标管理责任制:农村基层政权的实践逻辑[J].社会学研究,2009(2).

[73] 王汉生,吴莹.基层社会中"看得见"与"看不见"的国家——发生在一个商品房小区中的几个"故事"[J].社会学研究,2011(1).

[74] 汪和建.新经济社会学的中国研究[J].南京大学学报(哲学·人文科学·社会科学),2000(2).

[75] 汪和建.自我行动的逻辑——理解"新传统主义"与中国单位组织

的真实的社会建构[J].社会,2006(3).

[76] 王茂福.新经济社会学的价格理论论析[J].社会学研究,2011(5).

[77] 王庆明.底层视角及其知识谱系:印度底层研究基本进路的检讨[J].社会学研究,2011(1).

[78] 王庆明.社会团结转型与基础秩序重建[J].福建论坛·人文社会科学版,2010(3).

[79] 王庆明.市场转型与底层行动的"去政治化"[J].北华大学学报(社会科学版),2010(4).

[80] 王庆明.改革初期单位制企业破产过程与机制研究——一个产权社会学的分析框架[J].社会学研究,2023(5).

[81] 王庆明.身份产权——厂办集体企业产权变革过程的一种解释[J].社会学研究,2019(5).

[82] 王庆明.产权连续谱:中国国企产权型塑过程的一种解释[J].南开学报(哲学社会科学版),2019(3).

[83] 王庆明.产权变革路径与起源之争:立足转型中国的思考[J].社会科学,2018(6).

[84] 王庆明.产权社会学:社会学与经济学融合的一种新趋向[J].浙江工商大学学报,2021(2).

[85] 王庆明.产权的不完全转移:中国近代以来地权逻辑的延续与变异[J].广东社会科学,2015(3).

[86] 王庆明,蔡伏虹.产权的社会视角:基于对现代产权经济学的检视[J].福建论坛(人文社会科学版),2013(4).

[87] 王绍光.大转型:1980年代以来的中国双向运动[J].中国社会科学,2008(1).

[88] 王晓路.对哈里森·怀特市场模型的讨论:解析、探源与改进[J].社会学研究,2007(1).

[89] 魏杰,侯孝国.论产权结构多元化是国有企业产权改革的方向[J].管理世界,1998(5).

[90] 游正林.私营企业"类单位化":党和政府软性调控劳资关系的一种综合性后果[J].学海,2015(1).

[91] 游正林.60年来中国工会的三次大改革[J].社会学研究,2010(4).

[92] 游正林.制造认同的又一种模式——G公司协调劳资关系的基本经验[J].社会,2009(1).

[93] 游正林.管理控制与工人抗争——资本主义劳动过程研究中的有

关文献述评[J].社会学研究,2006(4).

[94] 游正林.也谈国有企业工人的行动选择——兼评刘爱玉《选择:国企变革与工人生存行动》[J].社会学研究,2005(4).

[95] 余菲菲,包玉玲.中国国有企业产权改革深层探析[J].经济体制改革,2001(5).

[96] 约翰·奈利斯.转型经济中的私有化:该反思了吗?[J].经济社会体质比较,1999(4).

[97] 张海东,王庆明.民生建设中国家与社会的关系——从底层视角看国家的回归[J].湖南师范大学社会科学报,2009(3).

[98] 张汉.中国大陆的城市转型与单位制社区变迁——单位制研究的空间维度[J].香港社会科学学报,2010(39).

[99] 张静.二元整合秩序:一个财产纠纷案的分析[J].社会学研究,2005(3).

[100] 张林.中国的"新制度经济学"运动:新自由主义者与马克思主义者一次触及灵魂的斗争[J].政治经济学评论,2006(1).

[101] 张佩国.公产与私产之间——公社解体之际的村队成员权及其制度逻辑[J].社会学研究,2006(5).

[102] 张小军.象征地权与文化经济——福建阳村的历史地权个案研究[J].中国社会科学,2004(3).

[103] 张小军.复合产权:一个实质论和资本体系的视角[J].社会学研究,2007(4).

[104] 折晓叶.村庄边界的多元化[J].中国社会科学,1996(3).

[105] 折晓叶,陈婴婴.产权选择中的"结构—主体"关系[J].社会学研究,2000(5).

[106] 折晓叶,陈婴婴.资本怎样运作——对改制中资本能动性的社会学分析[J].中国社会科学,2004(4).

[107] 折晓叶,陈婴婴.产权怎样界定——一份集体产权私化的社会文本[J].社会学研究,2005(4).

[108] 折晓叶,陈婴婴.项目制的分级运作机制和治理逻辑[J].中国社会科学,2011(4).

[109] 折晓叶.土地产权的动态建构机制——一个"追索权"分析视角[J].社会学研究,2018(3).

[110] 周长城,吴淑凤.经济社会学:理论、方法与研究[J].社会学研究,2001(1).

［111］周其仁.中国农村改革:国家与土地所有权关系的变化——一个经济制度变迁史的回顾［J］.中国社会科学季刊(香港).1994,夏季卷.

［112］周叔莲,刘戒骄.尚未完成的国有企业改革［J］.理论前沿,2008(18).

［113］周雪光.西方社会学关于中国组织与制度变迁研究状况述评［J］.社会学研究,1999(4).

［114］周雪光.制度是如何思维的?［J］.读书,2001(4).

［115］周雪光."逆向软预算约束":一个政府行为的组织分析［J］.中国社会科学,2005(2).

［116］周雪光."关系产权":产权制度的一个社会学解释［J］.社会学研究,2005(2).

［117］周雪光.基层政府间的"共谋现象":一个政府行为的制度逻辑［J］.社会学研究,2008(6).

［118］周雪光.一叶知秋:从一个乡镇的村庄选举看中国社会的制度变迁［J］.社会,2009(3).

［119］周雪光,赵伟.英文文献中的中国组织现象研究［J］.社会学研究,2009(6).

［120］周雪光,艾云.多重逻辑下的制度变迁:一个分析框架［J］.中国社会科学,2010(4).

［121］周雪光,练宏.政府内部上下级部门间谈判的一个分析模型——以环境政策实施为例［J］.中国社会科学,2011(5).

［122］周雪光,练宏.中国政府的治理模式:一个"控制权"理论［J］.社会学研究,2012(5).

［123］朱冬亮.村庄社区产权实践与重构:关于集体林权纠纷的一个分析框架［J］.中国社会科学,2013(11).

三、析出文献

［1］雅诺什·科尔奈.制度范式［G］//吴敬琏.比较(第一辑).黄少卿,译.北京:中信出版社,2002.

［2］张静.乡规民约体现的村庄治权［G］//《北大法律评论》编辑委员会.北大法律评论(第2卷·第1辑).北京:法律出版社,1999.

［3］李培林.企业化村落、产权残缺和人情信用——村落经济运行的社会逻辑［G］//李友梅,孙立平,沈原.转型与发展(第1辑).北京:社会科学文献出版社,2006.

［4］曹正汉.弱者的产权是如何形成的?——中国被征地农民的"安置

要求权"向土地开发权演变的原因[G]//张曙光.中国制度变迁的案例研究（土地卷）.北京：中国财政经济出版社,2010.

[5] 曹正汉,李国武,周杰.身份权利及其竞争——制约中国社会组织发展的一种机制及其实证检验[G]//周雪光,刘世定,折晓叶.国家建设与政府行为.北京：中国社会科学出版社,2012.

[6] 道格拉斯·C.诺思.绪论[G]//约翰·N.德勒巴克,约翰·V.C.奈.新制度经济学前沿.张宇燕,等译.北京：经济科学出版社,2003.

[7] 道格拉斯·W.艾伦.再论产权、交易成本和科斯[G]//斯蒂文·G.米德玛.科斯经济学：法与经济学和新制度经济学.罗君丽,等译.上海：格致出版社·上海人民出版社,2010.

[8] 哈罗德·德姆塞茨.一个研究所有制的框架[G]//科斯,阿尔钦,诺斯,等.财产权利与制度变迁——产权学派与新制度学派译文集.刘守英,等译.上海：上海三联书店·上海人民出版社,1994.

[9] 刘世定.占有制度的三个维度及占有认定机制——以乡镇企业为例[G]//中国社会科学院社会学所.中国社会学（第五卷）.上海：上海人民出版社,1996/2006.

[10] 刘世定.私有财产运行中的组织权与政府介入[G]//周雪光,刘世定,折晓叶.国家建设与政府行为.北京：中国社会科学出版社,2012.

[11] 刘玉照.市场转型理论的再思考[G]//李友梅,孙立平,沈原.转型社会的研究立场和方法.北京：社会科学文献出版社,2009.

[12] 罗纳德·科斯.社会成本问题[G]//罗纳德·哈里·科斯.企业、市场与法律.陈郁,译.上海：格致出版社·上海三联书店·上海人民出版社,2009.

[13] 罗纳德·科斯.生产的制度结构[M]//罗纳德·H.科斯.论经济学和经济学家.罗君丽,金祥荣,译.上海：格致出版社·上海人民出版社,2010.

[14] 罗纳德·H.科斯.生产的制度结构[G]//载罗纳德·H.科斯.论经济学和经济学家.罗君丽,金祥荣,译.上海：格致出版社、上海人民出版社,2010.

[15] 秦晖.中国的经济转轨、社会公正和民主化问题[G]//姚洋.转轨中国：审视社会公正和平等.北京：中国人民大学出版社,2004.

[16] 青木昌彦.沿着均衡点演进的制度变迁[G]//罗纳德·H.科斯,等.制度、契约与组织.刘刚,等译.北京：经济科学出版社,2003.

[17] 王庆明.法律和道德失范的诊断：涂尔干法律社会学的基本进路[G]//邓正来.西方法律哲学家研究年刊（总第3卷）.北京：北京大学出

社,2009.

[18] 王庆明.透过"底层史观"看"人类中心视野"[G]//邓正来.知识与法律(第三辑).北京:中国政法大学出版社,2009.

[19] 王庆明,蔡伏虹.重识产权神话与产权界定:立足转型中国的思考[G]//沈原.经济社会学(第一辑).北京:社会科学文献出版社,2014.

[20] 王绍光,胡鞍钢.重新认识国家的作用[G]//胡鞍钢,王绍光.政府与市场.北京:中国计划出版社,2000.

[21] 魏昂德.再分配经济中的产权与社会分层[G]//边燕杰.市场转型与社会分层——美国社会学者分析中国.上海:上海三联书店,2002.

[22] 张静.身份:公民权利的社会配置与认同[G]//张静.身份认同研究.上海:上海财经大学出版社,2005.

[23] 张静.法律身份与社会身份:未经区分的重叠认同[G]//张静.身份认同研究.上海:上海财经大学出版社,2005.

四、报纸和其他文献

[1] 邓瑶.最后的包袱:国企厂办大集体千亿改革启动[N].21世纪经济报道,2011-03-29.

[2] 贺林平.当采地成为私产时——试论西欧私有产权的封建源头[J/OL].http://www.libertas2004.net/Article/ShowArticle.asp?ArticleID=341.

[3] 秦晖."中国奇迹"的形成与未来——改革三十年之我见[N].南方周末,2008-02-21.

[4] 天则经济研究所.国有企业的性质、表现与改革(修订稿)[J/OL].2011.http://www.unirule.org.cn/SecondWeb/Article.asp?ArticleID=3094.

[5] 吴邦国.吴邦国作常委会报告:从中国国情出发不搞私有化.[N/OL].[2011-03-10].http://www.china.com.cn/2011/2011-03/10/content_22101268.htm.

[6] 李仁虎,石庆伟,陈光明.辽宁厂办大集体:20万下岗工人生活陷入困境[N].经济参考报,2011-05-20.

[7] 罗小朋.中国的身份游戏[J/OL].2012.http://www.aisixiang.com/toplist/view.php?pid=53069.

[8] 王庆明.全球化背景下的多元现代性选择[N].光明日报(理论版),2007-10-23.

[9] 郑晓波.国资委详释厂办大集体改革热点问题[N].证券时报,2011-09-14.

［10］杨典.马克斯·韦伯与新经济社会学.未刊稿,2013.

［11］姜赟.产权关系中的权利实践[D].清华大学硕士论文,2006.

［12］苏海舟."破茧"之初:1978 年前后中国农村与农民的生存状态及地区差异[D].中国人民大学博士论文,2008.

英文参考文献

［1］ACHIAN A A. Some Economics of Property Rights［M］. Santa Monica, Cali: The RAND Corporation, 1961.

［2］AKERLOF G A, KRANTON R E. Identity Economics: How Our Identities Shape Our Work, Wages, and Well-Being［M］. New Jersey: Princeton University Press, 2010.

［3］ALCHIAN A A, DEMSETZ H. Production, Information Costs, and Economic Organization［J］. American Economic Review, 1972, 62（5）: 777－795.

［4］BECKER G S. The Economic Approach to Human Behavior［J］. University of Chicago Press Economics Books, 1992(4):515－518.

［5］BIAN Y, LOGAN J R. Market Transition and the Persistence of Power: The Changing Stratification System in Urban China［J］. American Sociological Review, 1996, 61(5):739－758.

［6］BIAN Y. Work and Inequality in Urban China［M］. Albany: State University of New York Press, 1994.

［7］BIAN Y. Chinese Social Stratification and Social Mobility［J］. Annual Review of Sociology, 2002(28):91－116.

［8］BOYCKO M, SHLEIFER A, VISHNY R W. A Theory of Privatisation［J］. Economic Journal, 1996, 106(435):309－319.

［9］BRAY D. Social Space and Governance in Urban China: The Danwei System from Origins to Reform［M］. Stanford, CA: Stanford University Press, 2005.

［10］BURAWOY M. A Sociology for the Second Great Transformation? ［J］. Annual Review of Sociology, 2000, 26(1):693－695.

［11］CARRUTHERS B G, ARIOVICH L. The Sociology of Property Rights［J］. Annual Review of Sociology, 2004, 30(30):23－46.

［12］COASE R. The Nature of the Firm［J］. Economica, 1937, 4(16): 386－405.

［13］COASE R. The Federal Communications Commission［J］. Journal of Law & Economics, 1959, 2:1－40.

[14] COMTE A, BOURDEAU M, CLAUZADE L, et al. Cours de philosophie positive[M]. New York: AMS Press, 1974.

[15] DEMSETZ H. Toward a Theory of Property Rights II: The Competition between Private and Collective Ownership[J]. Journal of Legal Studies, 2002, 31(s2):S653 - S672.

[16] DEMSETZ H. Ownership, Control and the Firm: The Organization of Economic-activity[M]. Oxford: Basil Blackwell, 1988.

[17] DEWATRIPONT M, MASKIN E. Credit and Efficiency in Centralized and Decentralized Economies[J]. Review of Economic Studies, 1995, 62(4):541 - 555.

[18] FERGUSON A. An Essay on the History of Civil Society[J]. History of Economic Thought Books, 1966, 15(2):129 - 140.

[19] GARY S, BECKER G S. A Treatise on the Family[M]. Cambridge,MA: Harvard University Press, 1981.

[20] GIDDINGS F H. Utility, Economics and Sociology[J]. Annals of the American Academy of Political and Social Science, 1895(5):398 - 404.

[21] GOERTZ G, MAHONEY J. A Tale of Two Cultures: Qualitative and Quantitative Research in the Social Sciences[M]. Princeton: Princeton University Press, 2012.

[22] GRANOVETTER M. Economic Action and Social Structure: The Problem of Embeddedness[J]. Social Science Electronic Publishing, 1985, 91(3):481 - 510.

[23] GROSSMAN S J, Hart O D. The Costs and Benefits of Ownership: A Theory of Vertical and Lateral Integration[J]. Journal of Political Economy, 1986, 94(4):691 - 719.

[24] HOLLAND A C. Roadblocks: How Property Rights Undermine Development in Colombia[J]. American Journal of Political Science, 2022, online.

[25] KORNAI J. Resource-Constrained versus Demand-Constrained Systems[J]. Econometrica, 1979, 47(4):801 - 819.

[26] KORNAI J. "Hard" and "Soft" Budget Constraint[J]. Acta Oeconomica 1980, 25(3 - 4):231 - 245.

[27] KORNAI J, ERIC M, GÉARD R. Understanding the Soft Budget Constraint[J]. Journal of Economic Literature, 2003. 41 (4):1095 - 1136.

[28] LAWRENCE K, SZELÉNYI I. The New Capitalism of Eastern Europe[G]//SMELSER N J, SWEDBERG R. Handbook of Economic Sociology. New Jersey: Princeton University Press, 2005.

[29] LIN N. Local Market Socialism: Local Corporatism in Action in Rural China[J]. Theory & Society, 1995, 24(3):301 – 354.

[30] LEE C K, SELDEN M. Inequality and Its Enemies in Revolutionary and Reform China[J]. Economic & Political Weekly, 2008, 43(52):27 – 36.

[31] LI D D. Public Ownership as a Sufficient Condition for the Soft Budget Constraint, Working Papers, Michigan-Center for Research on Economic & Social Theory, 1992.

[32] LIN N, BIAN Y. Getting ahead in Urban China[J]. American Journal of Sociology, 1991, 97(3):657 – 688.

[33] LV X, PERRY E J. Introduction[G]//LV X, PERRY, E J. Danwei: The Changing Chinese Workplace in Historical and Comparative Perspective. Armonk: M.E. Sharpe, 1997:1 – 4.

[34] MASKIN E, XU C. Soft Budget Constraint Theories: From Centralization to the Market[J]. Economics of Transition , 2001, 9(1):1 – 27.

[35] MEYER J W, ROWAN B. Institutionalized Organizations: Formal Structure as Myth and Ceremony[J]. American Journal of Sociology, 1977, 83(2):340 – 363.

[36] NEE V. A Theory of Market Transition: From Redistribution to Markets in State Socialism[J]. American Sociological Review, 1989, 54(5):663 – 681.

[37] NEE V. Organizational Dynamics of Market Transition: Hybrid Forms, Property Rights, and Mixed Economy in China[J]. Administrative Science Quarterly, 1992, 37(1):1 – 27.

[38] NEE V. Social Inequalities in Reforming State Socialism: Between Redistribution and Markets in China[J]. American Sociological Review, 1991, 56(3):267 – 282.

[39] NEE V. The Emergence of a Market Society: Changing Mechanisms of Stratification in China[J]. American Journal of Sociology, 1996, 101(4):908 – 949.

[40] NORTH D C, THOMAS R P. The Rise and Fall of the Manorial System: A Theoretical Model[J]. The Journal of Economic History, 1971,

31(4):777 – 803.

[41] OI J C. The Role of the Local State in China's Transitional Economy [J]. China Quarterly, 1995, 144(144):1132 – 1149.

[42] PARISH W L, MICHELSON E. Politics and Markets: Dual Transformations[J]. American Journal of Sociology, 1996, 101(4):1042 – 1059.

[43] PENG Y. Kinship Networks and Entrepreneurs in China's Transitional Economy[J]. American Journal of Sociology, 2004, 109(5): 1045 –1074.

[44] POLANYI K. The Economy as Instituted Process [G]// GRANOVETTER M, Swedberg R. The Sociology of Economical Life. Boulder, Colo: Westview Press, 1992:34.

[45] POLANYI K, ARENSBERG C M, PEARSON H W. Trade and Market in the Early Empires: Economies in History and Theory [M]. Florence, MA: The Free Press, 1957.

[46] QIAN Y. A Theory of Shortage in Socialist Economies Based on the "soft Budget Constraint"[J]. American Economic Review, 1994, 84(1): 145 – 156.

[47] RONA-TAS A. The First Shall Be Last? Entrepreneurship and Communist Cadres in the Transition from Socialism[J]. American Journal of Sociology, 1994, 100(1):40 – 69.

[48] STARK D. Recombinant Property in East European Capitalism[J]. American Journal of Sociology, 1996, 101(4):993 – 1027.

[49] SHLEIFER A, VISHNY R W. Politicians and Firms[J]. The Quarterly Journal of Economics, 1994, 109(4):995 – 1025.

[50] UNGER J. The Decollectivization of the Chinese Countryside: A Survey of Twenty-eight Villages[J]. Pacific Affairs, 1985, 58(4):585 – 606.

[51] WALDER A G. Local Governments as Industrial Firms: An Organizational Analysis of China's Transitional Economy[J]. American Journal of Sociology, 1995, 101(2):263 – 301.

[52] WALDER A, JEAN C O. Property Rights and Economic Reform in China[M]. Stanford: Stanford University Press, 1999.

[53] WALDER A G. Property Rights and Stratification in Socialist Redistributive Economies[J]. American Sociological Review, 1992, 57(4):524 – 539.

[54] WALDER A G, OI J C. Property Rights in the Chinese Econo-

my: Contours of the Process of Change[G]//OI J C, WALDER A G. Property Rights and Economic Reform in China. California: Stanford University Press, 1999.

[55] WHITE H C. Where Do Markets Come from? [J]. American Journal of Sociology, 1981, 87(3):517 – 547.

[56] WILLIAMSON O E. Market and Hierarchies: Analysis and Antitrust Implications[M]. New York: Free Press, 1975.

[57] WILLIAMSON O E. The Economics and Sociology of Organization [G]// Farkas G, England P. Industries, Firms, and Jobs. Boston: Springer, 1988:159 – 185.

[58] WILLIAMSON, OLIVER E, et al. Understanding the Employment Relation: The Analysis of Idiosyncratic Exchange[J]. The Bell Journal of Economics, 1975(Spring):250 – 278.

[59] ZHOU X, ZHAO W, LI Q, CAI H. Embeddedness and Contractual Relationships in China's Transitional Economy[J]. American Sociological Review, 2003, 68(1):75 – 102.

[60] ZHOU K X, Friedman E. How the Farmers Changed China: Power of the People[M]. Boulder: Westview Press, 1996.

[61] ZWEIG D. Freeing China's Farmers: Rural Restructuring in the Reform Era[M]. London: Sharpe, 1997.

附　　录

访谈人员基本情况[①]

编号	称　谓	性别	年龄	身份面貌	背景资料	隶属部门	访谈情况
01	老　吴	男	83 岁	破产厂长	1981—1984 年任厂长，提前退休	北厂西院	直接访谈
02	田主任	男	74 岁	政府领导	1985—1986 年驻厂，全程参与北厂西院破产	市政府	电话访谈
03	赵　刚	男	72 岁	厂长	1986 年组织委派到北厂西院做厂长，身份还在总公司	北厂总院	间接访谈
04	胡　勇	男	61 岁	子弟	1978 年顶替母亲进厂，1986 年破产转岗，后主动"下海"	北厂西院	间接访谈
05	张　珺	女	67 岁	子弟	1978 年顶替母亲进厂，1986 年破产后做小生意	北厂西院	直接访谈
06	刘文芳	女	55 岁	子弟	1979 年顶替母亲进厂，1986 年破产后工作不如意	北厂西院	直接访谈
07	小　王	男	59 岁	普通职工	干黑活儿，被迫辞职	北厂他院	直接访谈
08	王立新	男	52 岁	普通职工	1986 年与妻子一并下岗，在北厂其他子厂任职，做段长	北厂西院	间接访谈
09	郝学民	男	52 岁	普通职工	企业破产后创办多家饭店	北厂西院	间接访谈
10	老　郝	女	72 岁	参与建厂的职工	建厂职工，儿女也下岗	北厂西院	直接访谈
11	老　周	女	78 岁	厂长	1984—1987 年任北厂他院厂长	北厂他院	间接访谈

[①] 访谈人员的年龄按照 2010 年访谈时间计算，在北厂集团公司工作的一律以"北厂总院"称呼，在北厂西院和北厂东院以外的其他子厂工作的以"北厂他院"称呼。

编号	称　谓	性别	年龄	身份面貌	背景资料	隶属部门	访谈情况
12	张厂长	男	82岁	厂长	1976—1978年任北厂西院厂长	北厂西院	间接访谈
13	郝业务	男	78岁	业务	1976—1978年任北厂西院业务员	北厂西院	间接访谈
14	杨柏谦	男	75岁	厂长	1979—1980年任北厂西院厂长	北厂西院	直接访谈
15	冯连奇	男	54岁	总工程师	原在北厂东院,2005年改制出来后在北厂他院任副总经理	北厂东院	直接访谈,回访两次
16	张　云	男	64岁	政府干部	汽车局处长,1980年宣布北厂西院解散	东市政府	直接访谈
17	高　姐	女	56岁	普通职工	2005年改制后,办美容院至今	北厂东院	直接访谈
18	潘　工	男	64岁	技术处处长	1968年进入北厂东院工作,曾任原东院技术处处长	北厂东院	直接访谈,回访两次
19	贾　工	男	57岁	工程师	北厂东院工程师,改制后到北厂他院任总经理助理	北厂东院	直接访谈,回访两次
20	李闵舒	女	59岁	党办主任	1976年进厂,1999年作为党办主任带头"假退"	北厂东院	直接访谈,后多次电话回访
21	马　力	男	53岁	集团干部	集团公司副总,直接参与北厂东院改制	北厂总院	直接访谈
22	常秀梅	女	54岁	质检员	1980年进厂,2004年买断离厂	北厂东院	直接访谈,回访两次
23	老　杨	男	57岁	安全生产员	1979年进厂,一直负责安全生产,三次被放假	北厂东院	直接访谈,回访两次
24	詹主任	女	52岁	厂办主任	东院厂办主任,改制后留守主管人事	北厂东院	直接访谈,后多次电话回访
25	小　董	男	40岁	财务人员	北厂东院留守人员之一,主管财务	北厂东院	直接访谈
26	张调度	男	46岁	车间调度	原二车间调度,改制前转厂到集团公司	北厂东院	直接访谈两次
27	徐迎春	男	39岁	记录员	原北厂东院记录员,现在他院兼管记录和安检	北厂东院	直接访谈
28	洪　魏	男	43岁	模具工人	原北厂东院二车间工人,现他院供应部干事	北厂东院	直接访谈
29	邵　军	男	47岁	保卫处职工	原北厂东院保卫,现他院保卫处副处长	北厂东院	直接访谈
30	宋　伟	男	42岁	厂长司机	原北厂东院厂长司机,现在他院开小货车兼做业务员	北厂东院	直接访谈

编号	称谓	性别	年龄	身份面貌	背景资料	隶属部门	访谈情况
31	张瞎子	男	58岁	焊工	近视眼,话语表达清晰,上访组织者	北厂东院	直接访谈
32	张伟	男	37岁	集团干部	北厂集团宣传部干事	北厂总院	直接访谈
33	孙玲	女	44岁	政府干部	东市经委下属汽车局干部	东市政府	直接访谈
34	赵袁立	男	47岁	政府干部	东市国资委干部	东市政府	直接访谈
35	王舜琦	男	48岁	集团干部	北厂集团工会干部	北厂总院	直接访谈
36	吴厂长	男	58岁	厂长	原北厂东院厂长,后调北厂他院任副总,参与改制	北厂东院	间接访谈
37	老何厂长	男	65岁	厂长	吴厂长前任,在任时北厂东院效益不错	北厂东院	间接访谈
38	郑洁	女	58岁	普通职工	1989年主动下海	北厂东院	直接访谈
39	常姐	女	50岁	团委书记	1980年顶替母亲进厂,改制后买断工龄	北厂东院	直接访谈,回访两次
40	高艳萍	女	56岁	电工	1993年歇病假离厂,2004年买断	北厂东院	直接访谈,回访两次
41	葛树林	男	48岁	会计	1996年进厂做会计,改制后留守主管财务	北厂东院	直接访谈

后 记

　　呈现在读者面前的这本书是我对国有企业产权改革的一点思考。在东北学习生活的十多年中，我感触颇深的是诸多领域存在的国企单位的运作模式、工业主义的城市气质以及当地民众日常生活中的单位制情结。工人们对待国企单位的观念、认知以及行动策略似乎构成一种独特的单位性格与文化印记，在这种氛围的包裹下，我总是免不了去想：这种独特的观念在单位场域中是如何养成的？反过来，这种无形的观念又是如何形塑有形的组织和制度的？上述问题更多地是源于我在日常生活中的观察，进入田野之后，这些想法愈渐清晰。我独立完成的第一次田野调查是针对中国的第一家破产企业和第一批下岗工人，这项调查也直接将我引入到对"产权界定"问题的关注上。

　　如何针对1986年破产的企业展开调查？我一时犯了难，在翻阅了一些档案资料后，我决定以口述史田野调查的方式来补充经验材料。多方打听之后，我终于找到了破产工厂的旧址和"破产厂长"老吴（化名）。最初，我试图从底层记忆和单位依赖视角来研究下岗职工和破产过程，随着调查的深入和受访者的增多，我愈发觉得企业的产权界定问题是绕不开的。在改革初期，当企业经营出现困难甚至资不抵债时，企业一般不会破产，而代之以两种处置方案：一是直接财政补贴的"软预算约束"，二是通过行政命令使企业"关停并转"。前者是通过财政手段进行补贴，后者是通过行政手段对企业重新整合。在当时的制度环境下，"为何破产"成为我的一个重要疑问。我的第二个疑问是"破谁的产"。当时社会主义公有制企业的产权归属界定不清，破产到底是要针对哪些主体进行权利和资产的界定？我的第三个疑问是"如何破产"。一般意义上的企业破产得以实施取决于三个条件：市场经济的制度环境、健全的破产法规以及产权清晰且独立决策的法人主体。在市场机制和法律设置完备的条件下，破产是厘清主体权责关系、降低交易成本的市场行为，其中关键环节是对企业"剩余产权"归属的重新界定和优化配置。在当时企业产权归属不清晰、市场机制不健全以及法律制度不完备的前提下，破产前的清产核资与破产后的产权分配该如何进行？如果说"市场中的企业破产"涉及的核心问题是企业剩余产权的重新界定与优化配置的话，那么在三个破产要件都不具备的前提下，变通性的"转型中的企业破产"过程又呈现出怎样的产权界定逻辑呢？

在这些疑问的助推下，我对田野的追踪调查也逐渐深入。由于这家破产企业只是北厂集团公司（化名）内部 60 个子厂之一，如果将着眼点聚焦于北厂集团，破产则只是这家大国企产权改革的一个环节。基于此，我开始将注意力转移到集团公司上。1993 年党的十四届三中全会第一次在官方话语中提出"产权明晰"，在此之前，虽然没有产权话语，但并不意味着没有产权改革。从改革之初直至 20 世纪 80 年代后期，北厂集团进行了一系列的改革探索，例如针对企业控制权的放权让利改革、针对企业经营权的承包制改革、针对国企资产投入形式的"拨改贷"改革、针对企业盈利资产处置权的"利改税"改革以及该企业 1988 年开始的股份制改革等等。了解了如上事实后，我将1978—1993 年"没有产权话语"的改革时期作为理解国企整体改革进程的第一阶段。在此基础上，我将北厂集团产权改革的整体过程划分为五个阶段，同时从每个阶段中选择一个重要的产权改革的大事件为"典型"。对北厂集团典型改革事件的过程分析，可以透视国企整体改革进程中产权界定的内在机理。

在田野中我慢慢发现，普通职工秉持的"工人是企业主人"和"以厂为家"话语对国有企业产权改革是有一定影响的。但令我困扰的是，企业职工所秉持的这种朴素的"产权话语"是如何影响国企产权改革决策的？其具体的过程和机制是怎样的？2009 年 7 月轰动一时的"通钢事件"警示我：国企产权改制不单涉及组织和制度变革，更直接地还关涉到"人"的身份变革。由此，我开始对田野调查作进一步反思。随着田野的积累我逐步意识到，国企产权改革是涉及企业股权置换和职工身份置换的双向进程，且职工身份置换与企业股权置换是紧密关联、相互影响的。基于上述反思，我试图在组织分析和制度分析的基础上，把国企职工等普通人的认知及行动带入产权分析之中。基于社会学的学术立场，在与产权经济学主流理论对话的基础上，我试图揭示国企改革整体进程中产权界定的社会逻辑。

上述的想法和本书的基本框架是我在课堂、书斋和田野中逐步积累起来的，因此，我要特别感谢在课堂、书斋和田野中给我教诲和帮助的诸位师友和同仁。在吉大读博期间，我选择国企改革进行研究首先受益于导师田毅鹏教授的指导，田老师对东北典型单位制的研究是我开展这项研究的基础。邴正教授、张海东教授、林兵教授、张金荣教授、崔月琴教授和漆思教授在课堂上给予我很多教诲和鼓励。这些老师课程上的讲述让我对东北有了更深刻的体悟。更难得的是，当时邓正来先生在吉大组织小南湖读书小组，我在这个小组中获得很多理论滋养。受邓先生影响，后来社会学系的几位同学组成了"布迪厄读书小组"（后改为"社会理论读书小组"），小组倡导者刘拥华师兄、王建民师兄与同学贾玉娇在读书讨论中给我很多帮助。我在书斋和田野中的很多想法，也得益于与芦恒师兄和好友吕方的交流，特别是我们一起对长春棚户区东安屯的调研给我很大启发。

在往返田野与书斋的过程中，我慢慢找到一些想法。我最终能坚持从社会学视角分析产权问题得益于刘世定教授的教诲和影响，这本著作的很多想法也源自与刘老师的多次讨论。2010年12月，中山大学举办"组织社会学个案分享会"，在会上我讲了田野发现和研究设想。等我汇报完个案材料并提出想以身份产权视角进行研究时，李路路教授和蔡禾教授等提出了很多至关重要的问题，这些问题恰是我的研究没能打通的关键点。当我面对这些精彩的发问有些无力回应时，折晓叶教授提出了一些肯定性意见，并给出了一些修改建议。刘世定教授认为身份产权的研究思路是一个"很不错的视角"，并分析了可能的理论贡献，而后又针对这一框架提出了修改建议。刘老师的肯定让我自己也开始"当真"起来。每当我彷徨时，总习惯性地听一下刘老师论证这个视角如何可行的录音。后来在我博士论文的答辩过程中，作为答辩委员会主席的刘老师又提出了很多具体改进意见，为我日后提出产权界定的社会逻辑提供了很大帮助。

博士毕业后，2012年我进入中国社科院社会学所从事博士后研究。在站期间，合作导师李培林教授给了我很多指导，特别是针对如何从经验事实中提炼理论问题方面给我很大帮助。先生早年提出的产权连续谱、国有企业的社会成本等理论概念也是本书分析框架的重要来源。与张翼教授的几次请教交流也给我很多教益，他关于国有企业家族化以及国企内部社会潜网的分析，为我理解国有企业内部的社会关系网络提供了很大启发。在站学习期间以及出站过程中，陈光金教授、王春光教授、李春玲教授、王延中教授等给我很多宝贵建议。2012年下半年，我参加了黄宗智先生的研修班，课堂上黄先生主张从实践出发，从经验事实中发现既有理论解释不通的悖论，进而在理论连接经验基础上提出新的解释。黄先生倡导的实践性社会科学的理念矫正了我理论先行的思维，为我从事实证研究提供了直接的帮助。

组织社会学实证研究工作坊是帮助我成长并助推本书产生的重要平台。感谢周雪光教授，书中的多个章节作为单篇论文曾在工作坊上汇报，特别感谢周老师的多次批评建议，也感谢周老师的教诲与引领，他对关系产权和控制权的研究更是直接拓展了我的研究视野。感谢折晓叶教授,我在研究思路梗塞后几次请教折老师,她都给我很多指点。折老师的鼓励为我提供了强大的动力,她对于企业产权反复界定、产权的社会合约性以及追索权的分析对我理解产权的动态演化过程有很大帮助。感谢曹正汉教授,曹老师不单在组织社会学会议上给我很多评论建议,在我习作完成后的请教交流中,也给我很多教益,他对"弱者产权"以及政府层级与产权保护之间关系的分析对我思考国企等级化的父爱主义提供了很大帮助。感谢张静教授,2011 年 7 月在吉大召开的第八届组织社会学实证研究工作坊上,她从身份成员权、组织成员权角度的评议给我很大帮助。2024 年 7 月在北大召开的第二十一届组织社会学实证研究工作坊前一天的讨论中,张老师对产权观念冲突的制度分析以及对新兴产权现象的思考都给了我很大启发。感谢刘玉照教授,他对组织社会学实证研究工作坊的热忱以及对产权研究的诸多见解都给我带来了极大的鼓舞。

本书得以有效推进还得益于从事经济社会学或产权相关议题研究的诸位师友的帮助。感谢刘少杰教授,刘老师听完我关于国企产权研究的思路后,建议我要从经济学的理论框架中走出来,坚持社会学的产权分析立场。特别感谢沈原教授,在沈老师的课堂上听了一学期的经济社会学课程后,我对制度主义学派等理论谱系有了更深刻的认识,课后餐叙期间的愉快交流帮我厘清了问题意识。感谢高柏教授,高老师针对质性研究中的变量关系以及比较制度分析方法的教诲给我很大帮助。感谢汪和建教授、桂勇教授、张小军教授、刘能教授、何蓉教授、王水雄教授、李国武教授、冯秋石教授、杨典教授、刘平教授、王茂福教授、符平教授、甄志宏教授、刘长喜教授、耿曙教授、张翔教授、陈宗仕教授、何晓斌教授、郑雄飞教授、梁波教授、冯猛教授,感谢他们在学术会议或交流讨论中给我的建议和帮助。我还要特别感谢激励我一路同行的伙伴。狄金华、陈家建、黄晓星、艾云、严俊、王旭辉、向静林、王修晓、苗大雷、陈颀、凌鹏、聂家昕、谢雯等都给了我很大帮助。

在我根扎田野以及反刍田野的过程中,特别感谢周晓虹教授,他领衔的"新中国工业建设口述史"为我提供了很多难得的田野调查机遇。我感谢南开大学社会学院这个温暖的大家庭给予我的关爱。特别要感谢张文宏教授、王处辉教授、关信平教授、赵万里教授、袁同凯教授、宣朝庆教授、朱健刚教授、吴帆教授、王星教授、尉建文教授、马伟华教授等诸位同仁的帮助和鼓励,刘集林老师"沉潜从容"的鼓励和嘱托一直给我很大的动力。

特别感谢上海三联书店的李英老师,她认真细致的校对指出了书中的不少纰漏,她的专业精神让拙著增色不少。我还要特别感谢激励我静心阅读和热爱田野的同学们,他们给我很大动力坚守读书人的本分与担当。张震、周子玥、孙美玲、程达、熊健然、罗聪聪、常秉钊、王余意、周逸然、蔡树腾、王皓、任兴旺、陈雨衡、李锦晔等,他们有的参与过书中部分章节的讨论,有的就相关议题与我有过多次交流。他们的好学求进,有时会给我一种要偷偷补课的紧迫感,真心感谢他们带给我的这份温暖的力量。在学生的鼓励下,我曾写下一副楹联来彼此共勉:低头读书,心怀天下,以群学的精神律己助人;扎根田野,体察民情,以学术的方式关爱社会。

王庆明

2025 年 2 月 3 日于南开园

图书在版编目(CIP)数据

产权界定的社会逻辑 ： 中国国企产权变革进程的社
会学分析 / 王庆明著. -- 上海 ： 上海三联书店，2025. 5.
-- ISBN 978-7-5426-8638-1

Ⅰ. F279.241

中国国家版本馆 CIP 数据核字第 2024HT4581 号

产权界定的社会逻辑

中国国企产权变革进程的社会学分析

著　　者 / 王庆明

责任编辑 / 李　英
特约编辑 / 姚志刚
装帧设计 / 徐　徐
监　　制 / 姚　军
责任校对 / 王凌霄　章爱娜

出版发行 / 上海三联书店
　　　　　(200041)中国上海市静安区威海路 755 号 30 楼
邮　　箱 / sdxsanlian@sina.com
联系电话 / 编辑部：021 - 22895517
　　　　　　发行部：021 - 22895559
印　　刷 / 上海颛辉印刷厂有限公司

版　　次 / 2025 年 5 月第 1 版
印　　次 / 2025 年 5 月第 1 次印刷
开　　本 / 710mm×1000mm　1/16
字　　数 / 260 千字
印　　张 / 15.25
书　　号 / ISBN 978 - 7 - 5426 - 8638 - 1/F · 926
定　　价 / 78.00 元

敬启读者,如发现本书有印装质量问题,请与印刷厂联系 021 - 56152633